"以就业为导向"的实验教材

旅商语文
第三册

冷耀军 刘 彦 主编 周雪荷 孙 红 副主编

清华大学出版社
北 京

内 容 简 介

本书在"以就业为导向"的职教思想指导下,使语文教学能直接参与到学生综合职业能力的培养上,在一定程度上实现语文与专业学科的无缝对接。本书按文体结构分为六个单元,每单元分为三个栏目内容:经典·语文、专业·语文、生活·语文。三个栏目内容各有侧重,"经典·语文"栏目侧重展示语文的人文基础性,旨在提升学生综合文化素养,加大人文关怀的教育;"专业·语文"栏目侧重关注语文的功用性,挖掘语文为各专业学科的直接或间接服务性。"生活·语文"栏目侧重关注生活中语文知识与语文现象,提醒学生注意语文与生活的紧密关联性,语文就在我们身边,生活中处处有语文,提升学生的学习兴趣。每个单元后设有语文综合实践活动,旨在通过语文活动锻炼学生的综合能力,让学生能够把学到的语文知识和技能运用到实践中,解决实践中的现实问题,进而提升学生的综合素质与能力。

图书在版编目(CIP)数据

旅商语文. 第 3 册/冷耀军,刘彦主编. --北京:清华大学出版社,2015(2020.7重印)
"以就业为导向"的实验教材
ISBN 978-7-302-39812-7

Ⅰ. ①旅… Ⅱ. ①冷…②刘… Ⅲ. ①语文课—中等专业学校—教材 Ⅳ. ①G634.301

中国版本图书馆 CIP 数据核字(2015)第 080567 号

责任编辑: 左卫霞
封面设计: 傅瑞学
责任校对: 刘 静
责任印制: 宋 林

出版发行: 清华大学出版社
          网   址: http://www.tup.com.cn, http://www.wqbook.com
          地   址: 北京清华大学学研大厦 A 座   **邮   编:** 100084
          社 总 机: 010-62770175   **邮   购:** 010-62786544
          投稿与读者服务: 010-62776969, c-service@tup.tsinghua.edu.cn
          质量反馈: 010-62772015, zhiliang@tup.tsinghua.edu.cn
          课件下载: http://www.tup.com.cn, 010-62795764
印 装 者: 北京鑫海金澳胶印有限公司
经   销: 全国新华书店
开   本: 185mm×260mm   **印   张:** 15   **字   数:** 287 千字
版   次: 2015 年 7 月第 1 版   **印   次:** 2020 年 7 月第 6 次印刷
定   价: 35.00 元

产品编号:065077-02

丛 书 序

　　"校店合一"的办学模式突出学校办学与行业企业的有机结合,学生"上学如上班,上课如上岗",在亦店亦校的氛围中培养良好的行为习惯、提高专业技能、提升职业素养和综合素质。

　　语文是最重要的交际工具,是人类文化的重要组成部分和载体。语文课程是一门基础课程,能担当起从培养学生语言应用能力、训练学生思维能力、塑造健全人格到能直接为其他学科服务的重任。"语文"是文化基础性和功用性兼备的学科,文化基础性体现于"语文"在培养人的语言、写作、表达等能力及提升文化素养等方面,功用性则体现在"语文"能为其他学科提供直接或间接的服务。

　　根据"校店合一"办学模式的要求,我们把语文教材定位为在进一步彰显语文人文基础性的同时,突出其功用性特征,将语文学科课程和教材放到职业需求的环境中,改变"学科本位"、"学科中心"的传统做法,以满足劳动力市场对就业人员语文能力水平的需求,关注学生就业所需的人文素质和其他素质的养成,培养学生的综合职业能力。

　　基于语文学科的特点,本套教材重点放在展示语文的人文基础性,旨在提升学生综合文化素养,培养学生语言、表达和写作等基本能力素质,同时加大对人文精神关怀度的拓展,利用语文这一学科的独特性进行其他学科难以企及的道德情操等涉及人文关怀的教育。本套教材也关注语文的功用性,挖掘语文为各专业学科的直接或间接服务性,在"校店合一"办学模式的引领下,使语文教学能直接参与到学生综合职业能力的培养上来,在一定程度上实现语文与专业学科的无缝对接,开阔学生视野,拓展学生的学习空间,培养学生综合职业能力。

广州市旅游商务职业学校校长 吴浩宏

前　言

　　本教材遵循"校店合一"的办学模式特点,注重语文学科的人文基础性和文化素养养成功能,兼顾语文学科的服务功能,实现语文与专业学科的无缝对接,开阔学生视野,拓展学生的学习空间,培养学生综合职业能力。

一、编写结构

　　整套教材分为四册,分别为《旅商语文第一册》《旅商语文第二册》《旅商语文第三册》和《旅商语文第四册》。每册六个单元,以文体为结构单元方式,每单元分为三个栏目内容:经典·语文、专业·语文、生活·语文。三个栏目内容各有侧重,"经典·语文"栏目侧重展示语文的人文基础性,旨在提升学生综合文化素养,加大人文关怀的教育;"专业·语文"栏目侧重关注语文的功用性,挖掘语文为各专业学科的直接或间接服务性,在"以就业为导向"的职教思想指导下,使语文教学能直接参与到学生综合职业能力的培养上,在一定程度上实现语文与专业学科的无缝对接;"生活·语文"栏目侧重关注生活中语文知识与语文现象,提醒学生注意语文与生活的紧密关联性,语文就在我们身边,生活中处处有语文,以开阔学生视野,拓展学生的学习空间,提升学生的学习兴趣。

　　四册教材的同一体裁单元,在内容编排上都有内在的逻辑性和难易度的层递性,与此同时,四册教材间的单元及综合实践活动也在关注语文的基本知识与技能方面有相应的梯度,遵循先易后难的原则,体现对应的层递性,如散文单元以美为内在的结构元素,四册教材遵循发现美、体悟美、欣赏美、创造美几个等级梯度。

二、编写特点

　　每个单元后设有语文综合实践活动,旨在通过语文活动锻炼学生的综合能力,让学生能够把学到的语文知识和技能运用到实践中,解决实践中的现实问题,进而提升学生的综合素质与能力。在每单元综合实践活动后,对应设置"语文综合实践活动学习小组评价表"，通过小组评价检测学生综合实践活动的效果。最后在每单元后设置一个"单元学习小档案"，让学生在单元学习后自主进行知识积累、总结和归纳。

本套教材后以附件形式收录普通话及应用文写作等内容，以强化学生的普通话和职业应用文能力。

本套教材由"校店合一"实验教材《旅商语文》编写组编写，具体分工为：

散文：徐嘉平、潘莉馨、王丽。

现代诗歌：管宛嫦、章朝辉、谢莉娟.

说明文：周雪荷、赵冬梅、李华。

小说：高晓飞、廖玉玲、钟海明。

戏剧文学：李滨鸿、彭江平、黄静瑜。

古诗文：刘彦、游翠峰、张迪。

应用文：孙红。

统稿及审订：冷耀军、吕惠嫦、张宇。

"校店合一"实验教材

《旅商语文》编写组

2015 年 4 月

目　录

单元三　小　　说

单元四　戏 剧 文 学

单元五　古　诗　词

单元六　文　言　文

单元一　散　文

单元导语

欣　赏　美

　　生命,在艰难的环境中彰显她的坚强和毅力,在奋力的拼搏中展示她的能量和意志,在无私的奉献中传达她的意义和价值。

　　在本单元的"经典·语文",我们将欣赏到《石缝间的生命》那股顽强拼搏的精神,由衷地赞叹《都江堰》所展示的生命价值和人类智慧,这些都需要文化精华的滋养。《拿来主义》形象地阐明了吸取精华、剔除糟粕、正确对待古今中外文化遗产的正确态度。

　　"专业·语文"中《上帝偏爱她,让她洗厕所》一文,有助于培养我们吃苦耐劳、精益求精的积极态度。《敬业与乐业》帮助我们树立爱岗敬业、乐于奉献的职业精神。

　　我们可以通过精读和泛读,阅读本单元课文,提升阅读水平。精读可以提高我们阅读的深度,而泛读可以拓展我们阅读的广度。我们必须同时兼顾精读与泛读,提倡精思博览,而非蜻蜓点水。如果只是泛泛而读,不求甚解,最终也难以学有所成。

　　"生活·语文"中的《广告欣赏》,是语言美和创意美的集中表现,你能从中感受到语言艺术的精妙。

　　"语文综合实践活动"以论坛的形式,组织大家一起来"论'美'",互相交流对美的理解、欣赏的角度,并且将自己对美的感悟用文字记录下来。

经典·语文

石缝间的生命①

林　希

课文导读

　　大自然中有无数奇迹,石头缝中生活的一草一木也是其中之一。这些物种虽然看上去十分普通,但却用自己的顽强演绎着生命的尊严和辉煌。作者以平等审视的态度观照石缝间的生命,赋予这些小生命以人的个性、力量和精神,对它们顽强的生命力发出由衷的赞叹。

　　文章善于从细小的自然现象中抽象出富有哲理的思考,语言凝练,含义隽永,富有感染力。

　　石缝间倔强的生命,常使我感动得潸然②泪下。

　　是那不定的风把那无人采撷的种子撒落到海角天涯。当它们不能再找到泥土,它们便把最后一线生的希望寄托在这一线石缝里。尽管它们也能从阳光里分享到温暖,从雨水里得到湿润,而唯有那一切生命赖以生存的土壤却要自己去寻找。它们面对着的现实该是多么严峻。

　　于是,大自然出现了惊人的奇迹,不毛的石缝间丛生出倔强的生命。

　　或者就只是一簇一簇无名的野草,春绿秋黄,岁岁枯荣。它们没有条件生长宽阔的叶子,因为它们寻找不到足以使草叶变得肥厚的营养,它们有的只是三两片长长的细瘦的薄叶,那细微的叶脉告知你生存该是多么艰难;更有的,它们就在一簇一簇瘦叶下自己生长出根须,只为了少向母体吮吸一点乳汁,便自去寻找那不易被觉察到的石缝。这就是生命。如果这是一种本能,那么它正说明生命的本能是多么尊贵,生命有权自认为辉煌壮丽,生机竟是这样地不可扼制。

　　或者,就是一团一团小小的山花,大多又都是那苦苦的蒲公英。它们的茎叶里涌动着苦味的乳白色的浆汁,它们的根须在春天被人们挖去作野菜。而石缝间的蒲公英,却远不似田野上的同宗生长得那样茁壮。它们因山风的凶狂而不能长成高高的躯干,它们因山石的贫瘠而不能拥有众多的叶片,它们的茎显得坚韧而苍老,它们的叶因枯萎而失却光泽;只有它们的根竟似那柔韧而又强固的筋条,似那柔中有刚的藤蔓，深埋在石缝间狭隘的间隙里；它们已经不能再去作为人们佐餐的鲜嫩的野菜，却默默地为攀登山路的人准备了一个可靠的抓手。生命就是这样地被环境规定着，又被环境改变着，适者生存的规律尽管无情，但一切的适者都是战胜环境的强者，生命的现象告诉你，生命就是拼搏。

如果石缝间只有这些小花小草，也许还只能引起人们的哀怜；而最为令人赞叹的，就在那石岩的缝隙间，还生长着参天的松柏，雄伟苍劲、巍峨挺拔。它们使高山有了灵气，使一切的生命在它们的面前都显得苍白逊色。它们的躯干就是这样顽强地从石缝间生长出来，扭曲地，旋转地，每一寸树衣上都结着伤疤。向上，向上，向上是多么的艰难，每生长一寸都要经过几度寒暑，几度春秋。然而它们终于长成了高树，伸展开了繁茂的枝干，团簇着永不凋落的针叶。它们耸立在悬崖断壁上、耸立在高山峻岭的峰巅，只有那盘结在石崖上的树根在无声地向你述说，它们的生长是一次多么艰苦的拼搏。那粗如巨蟒、细如草蛇的树根，盘根错节，从一个石缝间扎进去，又从另一个石缝间钻出来，于是沿着无情的青石，它们延伸过去，像犀利的鹰爪抓住了它栖身的岩石。有时，一株松柏，它的根须竟要爬满半壁山崖，似把累累的山石用一根粗粗的缆绳紧紧地缚住，由此，它们才能迎击狂风暴雨的侵袭，它们才终于在不属于自己的生存空间为自己占有一片土地。

如果一切的生命都不屑于去石缝间寻求立足的天地，那么，世界上就会有一大片一大片的地方成为永远的死寂。飞鸟无处栖身，一切借花草树木赖以生存的生命就要绝迹，那里便会沦为永无开化之日的永远的黑暗。如果一切的生命只贪恋于黑黝黝的沃土，它们又如何完备自己驾驭环境的能力，又如何使自己在一代一代的繁衍中变得愈加坚强呢？世界就是如此奇妙。试想，那石缝间的野草，一旦将它们的草籽儿撒落在肥沃的大地上，它们一定会比未经过风雨考验的娇嫩的种子具有更为旺盛的生机，长得更显繁茂；试想，那石缝间的蒲公英，一旦它们的种子，撑着团团的絮伞，随风飘向湿润的乡野，它们一定会比其他的花卉生长得苗壮，更能经暑耐寒。至于那顽强的松柏，它本来就是生命的崇高体现，是毅力和意志最完美的象征，它给一切的生命以鼓舞，以榜样。

愿一切生命不致因飘落在石缝间而凄凄切切，愿一切生命都敢于去寻求最艰苦的环境。生命正是要在最困厄的境遇中发现自己，认识自己，从而锤炼自己，使自己的精神境界得到升华。

石缝间顽强的生命，它既是生物学的，又是哲学的，是生物学和哲学的统一。它又是美学的：作为一种美学现象，它展现给你的不仅是装点荒山枯岭的层层葱绿，它更向你揭示出美的、壮丽的心灵世界。

石缝间顽强的生命，它具有如此震慑人们心灵的情感力量，它使我们赖以生存的这个星球变得神奇辉煌。

注释:

① 选自 1983 年 9 月 10 日的《人民日报》。
② 潸然:流泪的样子。

思考与探究

1.《石缝间的生命》通过描绘石缝间的顽强的生命,向我们展示了一个"生物学、美学、哲学的统一"的世界。学习《石缝间的生命》,我们可以把重点放在探究文章中的哲理性语言上。文章中有哪些哲理性的语句?它们有哪些丰富的内涵?试从词语选用、句式等角度发现这类句子的表达规律。

2.比较《荷塘月色》和《石缝间的生命》不同的语言风格。

3.搜集一组借物抒怀的文章,探究其中物象与意境之间的对应关系。

都 江 堰①

余秋雨②

课文导读

《都江堰》从长城和都江堰的比较谈起,由都江堰水流联想到修建都江堰的功臣李冰,再由李冰的"为民造福"的崇高人格联想到人们对他的永久的纪念。文章看似在写游记,其实是表现作者深沉的历史感悟和洞察世事的深刻;看似叙写一个古代水利工程,实质是评价李冰的人格魅力,也代表着作者所认同的一种政治品格。文章熔名胜、人物、文化、历史、哲理于一炉,既有对于历史经验、文化传统的严肃思考,又从历史延伸至现实,弦外之音,不难想见。文章笔法简劲而隽美,思想丰富而深刻,情理合一,意味无穷。

一

我以为,中国历史上最激动人心的工程不是长城,而是都江堰。

长城当然也非常伟大,不管孟姜女们如何痛哭流涕,站远了看,这个苦难的民族竟用人力在野山荒漠间修了一条万里屏障,为我们生存的星球留下了一种人类意志力的骄傲。长城到了八达岭一带已经没有什么味道,而在甘肃、陕西、山西、内蒙一带,劲厉的寒风在时断时续的颓壁残垣间呼啸,淡淡的夕照、荒凉的旷野溶成一气,让人全身心地投入对历史、对岁月、对民族的巨大惊悸,感觉就深厚得多了。

但是,就在秦始皇下令修长城的数十年前,四川平原上已经完成了一个了不起的工程。它的规模从表面上看远不如长城宏大,却注定要稳稳当当地造福千年。如果说,长城占据了辽阔的空间,那么,它却实实在在地占据了邈远③的时间。长城的社会功用早已废弛④,而它至今还在为无数民众输送汩汩清流。有了它,旱涝无常的四川平原成了天府之国,每当我们民族有了重大灾难,天府之国总是沉着地提供庇护和濡养。因此,可以毫不夸张地说,它永久性地灌溉了中华民族。

有了它,才有诸葛亮、刘备的雄才大略,才有李白、杜甫、陆游的川行华章⑤。说得近一点,有了它,抗日战争中的中国才有一个比较安定的后方。

它的水流不像万里长城那样突兀在外,而是细细浸润、节节延伸,延伸的距离并不比长城短。长城的文明是一种僵硬的雕塑,它的文明是一种灵动的生活。长城摆出一副老资格等待人们的修缮,它却卑处一隅,像一位绝不炫耀、毫无所求的乡间母亲,只知贡献。一查履历,长城还只是它的后辈。

它,就是都江堰。

二

我去都江堰之前,以为它只是一个水利工程罢了,不会有太大的游观价值。连葛洲坝都看过了,它还能怎么样?只是要去青城山玩,得路过灌县县城,它就在近旁,就乘便看一眼吧。因此,在灌县下车,心绪懒懒的,脚步散散的,在街上胡逛,一心只想看青城山。

七转八弯,从简朴的街市走进了一个草木茂盛的所在。脸面渐觉滋润,眼前愈显清朗,也没有谁指路,只向更滋润、更清朗的去处走。忽然,天地间开始有些异常,一种隐隐然的骚动,一种还不太响却一定是非常响的声音,充斥周际。如地震前兆,如海啸将临,如山崩即至,浑身起一种莫名的紧张,又紧张得急于趋附。不知是自己走去的还是被它吸去的,终于陡然一惊,我已站在伏龙观⑥前,眼前,急流浩荡,大地震颤。

即便是站在海边礁石上,也没有像这里强烈地领受到水的魅力。海水是雍容大度的聚会,聚会得太多太深,茫茫一片,让人忘记它是切切实实的水,可掬可捧的水。这里的水却不同,要说多也不算太多,但股股叠叠都精神焕发,合在一起比赛着飞奔的力量,踊跃着喧嚣的生命。这种比赛又极有规矩,奔着奔着,遇到江心的分水堤,刷地一下裁割为二,直窜出去,两股水分别撞到了一道坚坝,立即乖乖地转身改向,再在另一道坚坝上撞一下,于是又根据筑坝者的指令来一番调整……也许水流对自己的驯顺有点恼怒了,突然撒起野来,猛地翻卷咆哮,但越是这样越是显现出一种更壮丽的驯顺。已经咆哮到让人心魄俱夺,也没有一滴水溅错了方位。阴气森森间,延续着一场千年的收伏战。水在这里吃够了苦头也出足了风头，就像一场千年的收伏战。就像一大拨翻越各种障碍的马拉松健儿，把最强悍的生命付之于规整，付之于企盼，付之于众目睽睽。看云看雾看日出各有胜地，要看水，万不可忘了都江堰。

三

这一切，首先要归功于遥远得看不出面影的李冰⑦。

四川有幸，中国有幸，公元前 251 年出现过一项毫不惹人注目的任命：李冰任蜀郡守。

此后中国千年官场的惯例，是把一批批有所执持的学者遴选为无所专攻的官僚，而李冰，却因官位而成了一名实践科学家。这里明显地出现了两种判然不同的政治走向，在李冰看来，政治的含义是浚理⑧，是消灾，是滋润，是濡养，它要实施的事儿，既具体又质朴。他领受了一个连孩童都能领悟的简单道理：既然四川最大的困扰是旱涝，那么四川的统治者必须成为水利学家。

前不久我曾接到一位极有作为的市长的名片，上面的头衔只印了"土木工程师"，我立即追想到了李冰。

没有证据可以说明李冰的政治才能，但因有过他，中国也就有过了一种冰清玉洁的政治纲领。

他是郡守，手握一把长锸⑨，站在滔滔的江边，完成了一个"守"字的原始造型。那把长锸，千年来始终与金杖玉玺、铁戟钢锤反复辩论。他失败了，终究又胜利了。

他开始叫人绘制水系图谱。这图谱，可与今天的裁军数据、登月线路遥相呼应。

他当然没有在哪里学过水利。但是，以使命为学校，死钻几载，他总结出治水三字经（"深淘滩，低作堰"）、八字真言（"遇湾截角，逢正抽心"），直到 20 世纪仍是水利工程的圭臬⑩。他的这点学问，永远水气淋漓，而后于他不知多少年的厚厚典籍，却早已风干，松脆得无法翻阅。

他没有料到，他治水的韬略很快被替代成治人的计谋；他没有料到，他想灌溉的沃土将会时时成为战场，沃土上的稻谷将有大半充作军粮。他只知道，这个人要想不灭绝，就必须要有清泉和米粮。

他大愚，又大智。他大拙，又大巧。他以田间老农的思维，进入了最澄彻的人类学的思考。

他未曾留下什么生平资料，只留下硬扎扎的水坝一座，让人们去猜详⑪。人们到这儿一次次纳闷：这是谁呢？死于两千年前，却明明还在指挥水流。站在江心的岗亭前，"你走这边，他走那边"的吆喝声、劝诫声、慰抚声，声声入耳。没有一个人能活得这样长寿。

秦始皇筑长城的指令，雄壮、蛮吓、残忍；他筑堰的指令，智慧、仁慈、透明。

有什么样的起点就会有什么样的延续。长城半是壮胆半是排场，世世代代，大体是这样。直到今天，长城还常常成为排场。都江堰一开始就清朗可鉴，结果，它的历史也总显出超乎寻常的格调。李冰在世时已考虑事业的承续,命令自己的儿子作三个石人,镇于江间,测量水位。李冰逝世四百年后,也许三个石人已经损缺,汉代水官重造高及三米的"三神石人"测量水位。这"三神石人"其中一尊即是李冰雕像。这位汉代水官一定是承接了李冰的伟大精魂,竟敢于把自己尊敬的祖师,放在江中镇水测量。他懂得李冰的心意,唯有那里才是他最合适的岗位。这个设计竟然没有遭到反对而顺利实施,只能说都江堰为自己流泻出了一个独特的精神世界。

石像终于被岁月的淤泥掩埋,本世纪70年代出土时,有一尊石像头部已经残缺,手上还紧握着长锸。有人说,这是李冰的儿子。即使不是,我仍然把他看成是李冰的儿子。一位现代作家见到这尊塑像怦然心动,"没淤泥而蔼然含笑,断颈项而长锸在握",作家由此而向现代官场衮衮诸公⑫诘问:活着或死了应该站在哪里?

出土的石像现正在伏龙观里展览。人们在轰鸣如雷的水声中向他们默默祭奠。在这里,我突然产生了对中国历史的某种乐观。只要都江堰不坍,李冰的精魂就不会消散,李冰的儿子会代代繁衍,轰鸣的江水便是至圣至善的遗言。

注释:

① 选自《文化苦旅》,知识出版社(沪版)1992年3月第1版。
② 余秋雨,1946年生,艺术理论家,中国文化史学者,散文作家。
③ 邈远:遥远。
④ 废弛:原指法令、政令等松弛而变得无约束力,这里指失去原有的作用。
⑤ 华章:华丽的诗文。
⑥ 伏龙观:在都江堰离堆北端。系纪念性建筑。传说李冰父子治水,曾制伏岷江孽龙,锁于离堆下伏龙潭中。后人立祠祭祀。北宋初改名伏龙观。
⑦ 李冰:战国末秦国的水利专家。约在公元前256—前251年被秦昭王任为蜀郡守。精通天文、地理,重实地考察,在岷江流域兴建了许多工程,以都江堰最为著名。
⑧ 浚理:疏通治理。
⑨ 长锸(chā):挖土的工具,铁锹。
⑩ 圭臬(guī niè):指圭表,比喻准则或法度。臬,古代测日影的标杆。
⑪ 猜详:猜测辨析。
⑫ 衮衮(gǔn gǔn)诸公:指众多身居高位而碌碌无为的官僚政客。衮衮:众多。

思考与探究

1. 本文的主题具有多义性。有对中国千年官场所形成的惯例的激烈批评,有对务实、苦干、恤民、懂行的为官者人格魅力的褒扬,也有联系现实的感慨……你是怎样理解的?请在反复诵读课文的基础上,谈谈自己的看法。

2. 全文共分三大部分,说说每一部分的内容所包含的意义以及这几部分内容之间的内在联系;并进一步说说本文是用什么方法展开联想的,这种联想的展开方式有何表达效果?

3. 文章第三部分中,作者着意描绘了屹立在滔滔江流中的李冰的"原始造型",后面又再一次提及出土的石像。想一想,作者是怎样进行描写的?为什么要反复写"手中紧握着长锸"?作者借一个作家的话,"向现代官场衮衮诸公诘问:活着或者死了应该站在哪里?"这和李冰的形象有何关系?

4. 本文语言简劲而隽永,思想丰富而深刻。文章中的治水人物,在作者的笔端都极具张力,仿佛其封存久远的文化内涵一下子彰显出来似的。细读下面一段文字,然后回答问题。

他是郡守,手握一把长锸,站在滔滔的江边,完成了一个"守"字的原始造型。那把长锸,千年来始终与金杖玉玺、铁戟钢锤反复辩论。他失败了,终究又胜利了。

(1)"完成了一个'守'字的原始造型"这句话的含义是什么?

(2)"金杖玉玺、铁戟钢锤"是指什么?"反复辩论"又是什么意思?怎样理解"他失败了,终究又胜利了"?

(3)这段文字主要用了什么表达方式,这样写有何效果?

拿来主义①

鲁 迅

课文导读

《拿来主义》是鲁迅杂文的代表作,最初发表于 1934 年 6 月 7 日《中华日报·动向》,署名霍冲,后由作者编入《且介亭杂文》。

《拿来主义》旨在论述如何正确对待外国文化的问题,对于为什么要"拿来"、怎样"拿来",都作了明确而又深刻的阐释。

文中通过"送去"、"送来"与"拿来"的鲜明对照,辅以贴切、生动和形象的比喻,以其幽默、犀利的语言,酣畅淋漓地表现了"没有拿来的,人不能自成为新人,没有拿来的,文艺不能自成为新文艺"的主旨。

中国一向是所谓"闭关主义"②，自己不去，别人也不许来。自从给枪炮打破了大门之后，又碰了一串钉子③，到现在，成了什么都是"送去主义"了。别的且不说罢，单是学艺④上的东西，近来就先送一批古董到巴黎去展览⑤，但"终不知后事如何"；还有几位"大师"们捧着几张古画和新画，在欧洲各国一路的挂过去，叫作"发扬国光"⑥。听说不远还要送梅兰芳博士到苏联去，以催进"象征主义"⑦，此后是顺便到欧洲传道。我在这里不想讨论梅博士演艺和象征主义的关系，总之，活人替代了古董，我敢说，也可以算得显出一点进步了。

但我们没有人根据了"礼尚往来"⑧的仪节⑨，说道：拿来！

当然，能够只是送出去，也不算坏事情，一者见得丰富，二者见得大度⑩。尼采⑪就自诩过他是太阳，光热无穷，只是给与，不想取得。然而尼采究竟不是太阳，他发了疯。中国也不是，虽然有人说，掘起地下的煤来，就足够全世界几百年之用。但是，几百年之后呢？几百年之后，我们当然是化为魂灵，或上天堂，或落了地狱，但我们的子孙是在的，所以还应该给他们留下一点礼品。要不然，则当佳节大典之际，他们拿不出东西来，只好磕头贺喜，讨一点残羹冷炙⑫做奖赏。

这种奖赏，不要误解为"抛来"的东西，这是"抛给"的，说得冠冕⑬些，可以称之为"送来"，我在这里不想举出实例⑭。

我在这里也并不想对于"送去"再说什么，否则太不"摩登"⑮了。我只想鼓吹我们再吝啬一点，"送去"之外，还得"拿来"，是为"拿来主义"。

但我们被"送来"的东西吓怕了。先有英国的鸦片，德国的废枪炮，后来法国的香粉，美国的电影，日本的印着"完全国货"的各种小东西。于是连清醒的青年们，也对于洋货发生了恐怖。其实，这正是因为那是"送来"的，而不是"拿来"的缘故。

所以我们要运用脑髓，放出眼光，自己来拿！

譬如罢，我们之中的一个穷青年，因为祖上的阴功⑯，（姑且让我们这么说说罢），得了一所大宅子，且不问他是骗来的，抢来的，或合法继承的，或是做了女婿换来的⑰。那么，怎么办呢？我想，首先是不管三七二十一，"拿来"！但是，如果反对这宅子的旧主人，怕给他的东西染污了，徘徊不敢走进门，是孱头⑱；勃然大怒，放一把火烧光，算是保存自己的清白，则是昏蛋。不过因为原是羡慕这宅子的旧主人的，而这回接受一切，欣欣然的蹩进卧室，大吸剩下的鸦片，那当然更是废物。"拿来主义"者是全不这样的。

他占有，挑选。看见鱼翅⑲，并不就抛在路上以显其"平民化"，只要有养料，也和朋友们像萝卜白菜一样的吃掉，只不用它来宴大宾；看见鸦片，也不当众摔在茅厕里，以见其彻底革命，只送到药房里去，以供治病之用，却不弄"出售存膏，售完即止"的玄虚⑳。只有烟枪和烟灯，虽然形式和印度，波斯㉑，阿剌伯的烟具都不同，确可以算是一种国粹㉒，倘使背着周游世界，一定会有人看，但我想，除了送一点进博物馆之外，其余的是大可以毁掉的了。还有一群姨太太，也大以请她们各自走散为是,要不然,"拿来主义"怕未免有些危机。

总之,我们要拿来。我们要或使用,或存放,或毁灭。那么,主人是新主人,宅子也就会成为新宅子。然而首先要这人沉着,勇猛,有辨别,不自私。没有拿来的,人不能自成为新人,没有拿来的,文艺不能自成为新文艺。

注释:

① 选自《鲁迅全集》第六卷,《且介亭杂文》(人民文学出版社1981年版)。这是一篇关于如何对待外国文化问题的杂文,写于1934年6月4日。作者针对当时的情况,提倡"拿来主义",主张有鉴别地吸收一切优秀的外国文化。

② 闭关主义:指清政府奉行的闭关自守政策。

③ 碰了一串钉子:指鸦片战争后,清政府与英、法、俄、日、美、德、意等帝国主义国家相继签订一系列丧权辱国的不平等条约。

④ 学艺:泛指学术文艺。

⑤ 送一批古董到巴黎去展览:指当时国民党政府在巴黎举办的中国古典艺术展览。

⑥ 还有几位……叫作"发扬国光":指当时国民党政府在西欧各国举办的中国绘画展览。

⑦ 听说不远……以催进"象征主义":1934年5月28日《大晚报》刊载了一条文艺新闻,说著名美术家徐悲鸿等在莫斯科举办中国书画展览会,"切合苏俄正在盛行之象征主义作品",还说"因拟……邀中国戏曲名家梅兰芳等前往奏艺"。鲁迅针对这一则新闻,在同年5月30日写了《谁在没落?》一文,指出象征主义已在苏联没落,驳斥那种认为中国画和戏剧切合象征主义的说法。象征主义是19世纪末叶在法国兴起的文艺流派。

⑧ 礼尚往来:礼节上注重有往有来。尚,崇尚、重视。

⑨ 仪节:礼节。

⑩ 大度:大方,气量宽宏。

⑪ 尼采(1840—1900):德国资产阶级唯心主义哲学家,主张唯意志论,提倡超人哲学,反对民主、社会主义和妇女解放运动,歌颂战争。他的思想后来被德国法西斯主义作为理论根据。他以"太阳"自命,后发疯而死。

⑫ 残羹冷炙:吃剩的饭菜,借指权贵的施舍。炙,烤肉。

⑬ 冠冕:"冠冕堂皇"的省语,意思是很体面、有气派。冕,古代帝王的礼帽。

⑭ 我在这里不想举出实例:暗指按1933年国民党政府与美国签订的《棉麦借款》协定运来的剩余的小麦、面粉和棉花。

⑮ 摩登:英语"modern"的音译,"现代的""时髦"的意思。

⑯ 阴功:迷信的说法,人们做了好事,阴间就给记功,可以泽及后代子孙。

⑰ 做了女婿换来的:这里是讽刺做了富家翁的女婿而炫耀于人的邵洵美之流。

⑱ 孱头:懦弱无能的人。

⑲ 鱼翅:一种名贵的海味,用鲨鱼的鳍干制而成。

⑳ 玄虚:这里指用来掩盖真相、使人迷惑的手段。

㉑ 波斯:伊朗的旧称。

㉒ 国粹:原指国家文化中的精华,这里是反语。

思考与探究

1. 认真阅读课文,总体把握文意,联系上下文,完成下列各题。

(1) 解释"运用脑髓,放出眼光,自己来拿"的含义。

(2) 课文中的"孱头""昏蛋""废物",它们对待文化遗产各持怎样的态度?

(3) 揣摩"看见鱼翅","也和朋友们像萝卜白菜一样的吃掉,只不用它来宴大宾"的内涵。

(4) 课文中的"大宅子""鱼翅""鸦片""烟枪和烟灯""姨太太"等分别比喻什么?

(5) 说说"拿来主义"的含义。

2. 品味下列句子中加点的词语,说说它们在文中的表达效果。

(1) 还有几位"大师"们捧着几张古画和新画,在欧洲各国一路的挂过去,叫作"发扬国光"。

(2) 活人替代了古董,我敢说,也可以算得显出一点进步了。

(3) 当然,能够只是送出去,也不算坏事情,一者见得丰富,二者见得大度。

(4) 总之,我们要拿来。我们要或使用,或存放,或毁灭。

3. 改革开放以来,我国的文化事业在继承传统、借鉴外国方面已经取得了可喜的成果。请根据自己的见闻,结合《拿来主义》,就音乐、舞蹈、美术、建筑……中的某一方面举出"洋为中用"的例子,谈谈自己的看法,并将自己的思考过程记录下来,写一篇不少于300字的文章。

专业·语文

上帝偏爱她，让她洗厕所[①]

佚　名

课文导读

　　在人生的道路上，每个人都会遇到挫折——是勇往直前还是知难而退？当野田圣子面临着人生困境时，她如何抉择？她的选择告诉了我们什么？从普通的酒店服务员到日本邮政大臣，在成功的光环背后，到底是什么成就了她？

　　日本国民中广为传颂着一个动人的小故事：许多年前，一个妙龄少女来到东京帝国酒店当服务员。这是她涉世之初的第一份工作，是她正式步入社会，迈出人生第一步。因此她很激动，暗下决心：一定要好好干！她没有想到：上司竟安排她洗厕所！

　　洗厕所！实话实说没有谁喜欢干，何况她从未干过粗重的活，细皮嫩肉，喜爱干净，干得了吗？洗厕所在视觉上、嗅觉以及体力上都会使她难以接受，心理暗示的作用更是使她忍受不了。当她用白皙细嫩的手拿着抹布伸向马桶时，胃里马上造反，翻江倒海，恶心得几乎呕吐起来，太难受了！而上司对她的工作质量要求特高，高得骇人：必须把马桶抹洗得光洁如新！

　　她当然明白光洁如新的含义是什么，她当然知道自己不适应洗厕所这一工作，真的难以实现光洁如新这一高标准的要求。因此，她陷入困惑、苦恼之中，也哭过鼻子。这时，她面临着这人生第一步怎样走下去的抉择：是继续干下去，还是另谋职业？继续去干——太难了！另谋职业——知难而退？人生之路岂有退堂鼓可打？她不甘心就这样败下阵来，因为她想起了自己初来时曾下过的决心：人生第一步一定要走好，马虎不得！

　　正在此关键时刻，同单位一位前辈出现在她面前，帮她摆脱了困惑、苦恼，帮她迈好这人生的第一步，更重要的是帮助她认清了人生路应该如何走。但他并没有用空洞的理论去说教，只是亲自做个样子给她看了一遍。

　　首先，他一遍遍地抹着马桶，直到抹洗得光洁如新。然后，他从马桶里盛了一杯水,一饮而尽,竟然毫不勉强！实际行动胜过万语千言,他不用一言一语就告诉了少女一个极为朴素、极为简单的真理:光洁如新,要点在于新,新则不脏,因为不会有人认为新马桶脏,里面的水是可以喝的;反过来讲,只有马桶中的水达到可以喝的洁净程度,才算是把马桶抹洗得光洁如新了,而这一点已被证明可以办得到。

同时,他送给她一个含蓄的、富有深意的微笑,送给她一束关注的、鼓励的目光。这已经够用了,因为她早已激动得几乎不能自持,从身体到灵魂都在震颤。她目瞪口呆,热泪盈眶,恍然大悟,如梦初醒！她痛下决心:"就算一生洗厕所,也要做一名洗厕所最出色的人!"

从此,她成为一个全新的、振奋的人;从此,她的工作质量也达到了那位前辈的高水平,当然她也多次喝过厕所水,为了检验自己的自信心,为了证实自己的工作质量,也为了强化自己的敬业心;从此她很漂亮地迈出了人生第一步;从此她踏上了成功之路,开始了她不断走向成功的人生历程。

几十年光阴一瞬而过,如今她已是日本政府的主要官员——邮政大臣。她的名字叫野田圣子。

野田圣子坚定不移的人生信念,表现为她强烈的敬业心:就算一生洗厕所,也要做一名最出色的人！这一点使她拥有了成功的人生,使她成为幸运的成功者、成功的幸运者。

注释:

① 选自 http://hi. baidu. com/jycgx ,思远教育成功学讲坛。

思考与探究

1. 有人认为,在洗干净的马桶里取水喝是没有必要的;还有人认为,这种行为近乎变态,泯灭了人性,把人变成了机器。请谈谈你对这个问题的看法。

2. "一定要好好干!""就算一生洗厕所,也要做一名最出色的人。"——成功和失败都藏在这两句话中。你如何理解这两句话？

3. 你身边有哪些爱岗敬业的精英？请收集、整理相关的资料,结合自身体验,展示他们的风采。

敬业与乐业①

梁启超②

课文导读

　　这是一篇极富针对性的演讲,演讲的对象是上海中华职业学校的学生,演讲的重点是职业态度——敬业与乐业。八十多年过去了,现在我们读来仍然深受教育和启发。

　　课文也是一篇典型议论文,论证层次清晰,论据丰富多样,生动有力。大量口语和文言词语的巧妙结合,使文章既通俗易懂,又具有一定深度。阅读时,要能快速筛选出作者论证每一分论点所用的论据,并注意补充、梳理和积累。

　　我这题目,是把《礼记》里头"敬业乐群"和《老子》里头"安其居乐其业"那两句话③断章取义④造出来的。我所说是否与《礼记》、《老子》原意相合,不必深求;但我确信"敬业乐业"四个字,是人类生活的不二法门④。

　　本题主眼⑥,自然是在"敬"字"乐"字。但必先有业,才有可敬可乐的主体,理至⑦易明。所以在讲演正文以前,先要说说有业之必要。

　　孔子说:"饱食终日,无所用心,难矣哉⑧!"又说:"群居终日,言不及义,好行小慧,难矣哉⑨!"孔子是一位教育大家,他心目中没有什么人不可教诲,独独对于这两种人便摇头叹气说道:"难! 难!"可见人生一切毛病都有药可医,唯有无业游民,虽大圣人碰着他,也没有办法。

　　唐朝有一位名僧百丈禅师⑩,他常常用一句格言教训弟子,说道:"一日不做事,一日不吃饭。"他每日除上堂说法⑪之外,还要自己扫地、擦桌子、洗衣服,直到八十岁,日日如此。有一回,他的门生想替他服务,把他本日应做的工悄悄地都做了,这位言行相顾的老禅师,老实不客气,那一天便绝对地不肯吃饭。

　　我征引⑫儒门、佛门这两段话,不外证明人人都要有正当职业,人人都要不断地劳作。倘若有人问我:"百行什么为先? 万恶什么为首?"我便一点不迟疑答道:"百行业为先,万恶懒为首。"没有职业的懒人,简直是社会上的蛀米虫,简直是"掠夺别人勤劳结果"的盗贼。我们对于这种人,是要彻底讨伐,万不能容赦⑬的。有人说:"我并不是不想找职业,无奈找不出来。我说,职业难找,原是现代全世界普通现象,我也承认。这种现象应该如何救济⑭,别是一个问题,今日不必讨论。但以中国现在情形论,找职业的机会,依然比别国多得多;一个精力充满的壮年人,倘若不是安心躲懒,我敢信他一定能得相当职业。今日所讲,专为现在有职业及现在正做职业上预备的人——学生——说法,告诉他们对于自己现有的职业应采何种态度。

第一要敬业。敬字为古圣贤教人做人最简易直捷的法门,可惜被后来有些人说得太精微,倒变了不适实用了。唯有朱子⑮解得最好。他说:"主一无适便是敬⑯"。用现在的话讲,凡做一件事,便忠于一件事,将全副精力集中到这事上头,一点不旁骛⑰便是敬。业有什么可敬呢?为什么该敬呢?人类一面为生活而劳动,一面也是为劳动而生活。人类既不是上帝特地制来充当消化面包的机器,自然该各人因自己的地位和才力,认定一件事去做。凡可以名为⑱一件事的,其性质都是可敬。当大总统是一件事,拉黄包车⑲是一件事。事的名称,从俗人眼里看来,有高下;事的性质,从学理上解剖起来,并没有高下。只要当大总统的人,信得过我可以当大总统才去当,实实在在把总统当做一件正经事来做;拉黄包车的人,信得过我可以拉黄包车才去拉,实实在在把拉车当做一件正经事来做,便是人生合理的生活。这叫做职业的神圣。凡职业没有不是神圣的,所以凡职业没有不是可敬的。惟其如此,所以我们对于各种职业,没有什么分别拣择。总之,人生在世,是要天天劳作的。劳作便是功德,不劳作便是罪恶。至于我该做哪一种劳作呢?全看我的才能何如、境地何如。因自己的才能、境地,做一种劳作做到圆满,便是天地间第一等人。

怎样才能把一种劳作做到圆满呢?唯一的秘诀就是忠实,忠实从心理上发出来的便是敬。《庄子》记佝偻丈人承蜩的故事⑳说道:"虽天地之大,万物之多,而唯吾蜩翼之知㉑"。凡做一件事,便把这件事看作我的生命,无论别的什么好处,到底不肯牺牲我现做的事来和他交换。我信得过我当挑粪的把马桶收拾得干净,和你们当军人的打胜一支压境的敌人同一价值。大家同是替社会做事,你不必羡慕我,我不必羡慕你。怕的是我这件事做得不妥当,便对不起这一天里头所吃的饭。所以我做事的时候,丝毫不肯分心到事外。曾文正㉒说"坐这山,望那山,一事无成。"我从前看见一位法国学者著的书,比较英法两国国民性,他说:"到英国人公事房里头,只看见他们埋头执笔做他的事;到法国公事房里头,只看见他们衔着烟卷像在那里出神。英国人走路,眼注地下,像用全副精神注在走路上,法国人走路,总是东张西望,像不把走路当一回事。"这些话比较得是否确切,姑且不论,但很可以为敬业两个字下注脚。若果如他所说,英国人便是敬,法国人便是不敬。一个人对于自己的职业不敬,从学理方面说,便亵渎㉓职业之神圣,从事实方面说,一定把事情做糟了,结果自己害自己。所以敬业主义,于人生最为必要,又于人生最为有利。庄子说:"用志不纷,乃凝于神㉔。"孔子说:"素其位而行,不愿乎其外。㉕"我说的敬业,不外这些道理。

第二要乐业。"做工好苦呀!"这种叹气的声音,无论何人都会常在口边流露出来。但我要问他："做工苦，难道不做工就不苦吗？"今日大热天气，我在这里喊破喉咙来讲，诸君扯直耳朵来听，有些人看着我们好苦；翻过来，倘若我们去赌钱、去吃酒，还不是一样淘神费力？难道又不苦？须知苦乐全在主观的心，不在客观的事。人生从出胎的那一秒钟起到咽气的那一秒钟止，除了睡觉以外，总不能把四肢、五官都搁起不用。只要一用，不是淘神，便是费力，劳苦总是免不掉的。会打算盘^④，只有从劳苦中找出快乐来。我想天下第一等苦人，莫过于无业游民，终日闲游浪荡，不知把自己的身子和心子摆在哪里才好，他们的日子真难过。第二等苦人，便是厌恶自己本业的人，这件事分明不能不做，却满肚子里不愿意做。不愿意做逃得了吗？到底不能。结果还是皱着眉头，哭丧着脸去做。这不是专门自己替自己开玩笑吗？我老实告诉你一句话：凡职业都是有趣味的，只要你肯继续做下去，趣味自然会发生。为什么呢？第一，因为凡一件职业，总有许多层累^④、曲折，倘能身入其中，看它变化、进展的状态，最为亲切有味。第二，因为每一职业之成就，离不了奋斗；一步一步地奋斗前去，从刻苦中将快乐的分量加增。第三，职业性质，常常要和同业的人比较骈进^④，好像赛球一般，因竞胜而得快乐。第四，专心做一职业时，把许多游思、妄想杜绝了，省却无限闲烦闷。孔子说："知之者不如好之者，好之者不如乐之者。"人生能从自己职业中领略出趣味，生活才有价值。孔子自述生平，说道："其为人也，发愤忘食，乐以忘忧，不知老之将至云尔^④"这种生活，真算得人类理想的生活了。

我生平受用^④两句话：一是"责任心"，二是"趣味"。我自己常常力求这两句话之实现与调和^④，常把这两句话向我的朋友强聒不舍^④。今天所讲，敬业即是责任心，乐业即是趣味。我深信人类合理的生活应该如此，我盼望诸君和我一同受用！

注释：

① 选自《饮冰室合集》第十四册（上海中华书局1941年版）。

② 梁启超(1873—1929)，字卓如，号任公，又号饮冰室主人，广东新会人，近代资产阶级改良主义者、学者。康有为的弟子，与康有为一起领导著名的"戊戌变法"。他的文章以古文论时事，气势畅达，喜用现代语汇，当时称"新文体"。他积极介绍西方资产阶级社会、政治、经济学说，对当时的知识界有较大影响。他晚年在清华大学讲学，从事著述，其著作编为《饮冰室合集》。

③ 《礼记》里头"敬业乐群"和《老子》里头"安其居乐其业"那两句话：《礼记》，秦汉之际儒家的著作。"敬业乐群"，见《礼记·学记》。敬业，按梁启超讲话的意思，应当是以恭敬的态度对待自己的职业；乐群，和朋友相处的很融洽。《老子》，战国初期道家的代表著作。"安其居乐其业"，意思是安心于自己居住的地方，快乐地从事自己的职业。

④ 断章取义：意思是不顾上下文，孤立截取其中的一段或一句，与原意不符。断，截断。章，篇章。

⑤ 不二法门：佛教用语，指直接入道、不可言传的法门。现在用来比喻最好的或独一无二的方法。

⑥ 本题主眼：即题眼。眼，关键、要点。

⑦ 至：最，极。

⑧ 饱食终日，无所用心，难矣哉：引自《论语·阳货》，意思是整天吃饱了饭，不肯动脑去做点事，实在不行呀！

⑨ 群居终日，言不及义，好行小慧，难矣哉：引自《论语·卫灵公》，意思是和大家整天混在一起，不说一句有道理的话，只是卖弄一点小聪明，实在不行呀！

⑩ 百丈禅师：即怀海禅师，因为居住在江西丈山，所以又称百丈禅师，著有《百丈清规》。

⑪ 说法：说教，讲道理。法，这里指佛经，现在也用来指一般的道理。

⑫ 征引：引用。

⑬ 容赦：加以宽容，免除惩罚。

⑭ 救济：这里是解决的意思。

⑮ 朱子：朱熹（1130—1200），南宋时期的哲学家，儒家理学的代表人物。

⑯ 主一无适便是敬：这是朱熹对《论语·学而》中"敬事而信"句所作的注（见朱熹《论语集注》）。主一无适，专一于某种工作不旁及其他的事情。

⑰ 旁骛：在正业之外有所追求。骛，追求。

⑱ 名为：称为。

⑲ 黄包车：上海方言词，一般称人力车。

⑳《庄子》记佝偻（gōu lóu）丈人承蜩（tiáo）的故事：《庄子》，战国时期道家的代表著作之一。佝偻，鸡胸驼背。丈人，老人。承蜩，捕蝉。这个故事见《庄子·达生》。

㉑ 而唯吾蜩翼之知：这一句是佝偻丈人答复孔子的话，大意是我知道有蝉翼罢了。《庄子》中的这个故事，大意说鸡胸驼背的老人虽然残疾，用竹竿粘蝉，却百发百中。孔子问他有什么办法，他说天地虽大，万物虽多，我知道有蝉翼罢了。这是比喻用心专一的意思。

㉒ 曾文正：指曾国藩（1811—1872），清末洋务派和湘军首领，镇压太平天国运动的主要人物，曾任直隶总督、内阁学士等职，被清王朝封毅勇侯，谥文正。著有《曾文正公全集》。

㉓ 亵渎（xiè dú）：轻慢，蔑视。

㉔ 用志不纷，乃凝于神：见《庄子·达生》，大意是做事不分心，精神就能集中。

㉕ 素其位而行,不愿乎其外:见《礼记·中庸》,大意是现在只做职分以内的事,不要希望做职分外的事。

㉖ 打算盘:算计,谋划。

㉗ 层累:层次。

㉘ 骈(pián)进:一同前进。

㉙ 知之者不如好之者,好之者不如乐之者:见《论语·雍也》大意是知道的人比不上喜欢它的人,喜爱它的人比不上乐意去做的人。

㉚ 其为人也,发愤忘食,乐以忘忧,不知老之将至云尔:见《论语·述而》。大意是(孔子)他做人是发愤读书忘记吃饭,领悟学习的乐趣而忘记忧愁,甚至不知道自己将要老了,如此而已。云尔,如此。

㉛ 受用:享受,受益。

㉜ 调和:这里的意思是协调,使二者一致。

㉝ 强聒(guō)不舍:唠唠叨叨说个没完。

思考与探究

1. 论点应当统率论据,论据应当证明论点。根据论点和论据的这种关系,筛选文中有关信息,完成下列空缺内容。然后就你感兴趣的论点,再想一些其他论据,与同学交流,并记在笔记本上,养成积累材料的好习惯。

(1) 论点:但必先有业,才有可敬可乐的主体,理至易明。

论据:

(2) 论点:凡可以名为一件事的,其性质都是可敬的。

论据:

(3) 论点:

论据:《庄子》记佝偻丈人承蜩的故事;英法两国国民性的比较;"用志不纷,乃凝于神";"素其位而行,不愿乎其外"。

(4) 论点:凡职业都是有趣味的,只要你肯继续做下去,趣味自然会发生。

论据:

2. 本文论证层次清晰,丝丝入扣,令人信服。认真阅读全文,画出详细的论证结构图,学习作者严密的论证思路。

3. 在现代社会,随着人们择业的空间越来越大,"跳槽"现象也越来越多,这与文中所论"敬业乐业"似乎是矛盾的,你怎样理解这个问题?谈谈你的看法。

4. 下面两题任选一题,结合所学专业或现实生活,写一篇500字左右的文章,要注意举一两个实例或者名人论述来论证。

（1）作者说，"凡职业没有不是神圣的"，谈谈你对这个观点的看法。

（2）作者说，"凡职业都是有趣味的，只要你肯继续做下去，趣味自然会发生"，谈谈你对这个观点的看法。

5. 仔细阅读下文《怎样把"真实"传达给顾客》，体会职场中的语言艺术，谈谈你的读后体会。

怎样把"真实"传达给顾客①

张　盛

在美国零售业中，有一家很有知名度的商店，它就是彭奈创设的"基督教商店"。

彭奈对"货真价实"的解释并不是"物美价廉"，而是什么价钱买什么货。他有个与众不同的做法，就是把顾客当成自己的人，事先说明货品等次。关于这一点，彭奈对他的店员要求非常严格，并对他们施以短期训练。

彭奈的第一家零售业开设不久，有一天，一个中年男子到店里买搅蛋器。

店员问："先生，你是想要好一点的，还是要次一点的？"那位男子听了显然有些不高兴："当然是要好的，不好的东西谁要？"

店员就把最好的一种"多佛"牌搅蛋器拿了出来给他看。男子看了问："这是最好的吗？"

"是的，而且是牌子最老的。"

"多少钱？"

"120元。"

"什么！为什么这样贵？我听说，最好的才六十几元钱。"

"六十几元钱的我们也有，但那不是最好的。"

"可是，也不至于差这么多钱呀！"

"差得并不多，还有十几元一个的呢。"男子听了店员的话，马上面现不悦之色，想立即掉头离去。

彭奈急忙赶了过去，对男子说："先生，你想买搅蛋器是不是？我来介绍一种好产品给你。"

男子仿佛又有了兴趣，问："什么样的？"

彭奈拿出另外一种牌子来，说："就是这一种，请你看一看，式样还不错吧？"

"多少钱？"

"54元。"

"照你店员刚才的说法，这不是最好的，我不要。"

"我的这位店员刚才没有说清楚，搅蛋器有好几种牌子，每种牌子都有最好的货色，我刚拿出的这一种，是这种牌子中最好的。"

"可是为什么比'多佛'牌的差那么多钱？"

"这是制造成本的关系。每种品牌的机器构造不一样，所用的材料也不同，所以在价格上会有出入。至于'多佛'牌的价钱高，有两个原因，一是它的牌子信誉好，二是它的容量大，适合做糕点生意用。"彭奈耐心地说。

男子面色缓和了很多："噢，原来是这样的。"

彭奈说："其实，有很多人喜欢用这种新品牌，就拿我来说吧，我用的就是这种牌子，性能并不怎么差。而且它有个最大的优点：体积小，用起来方便，一般家庭最适合。府上有多少人？"

男子回答："五个。"

"那再适合不过了，我看你就拿这个回去用吧，保证不会让你失望。"

彭奈送走顾客，回来对他的店员说："你知道不知道你今天的错误在什么地方？"

那位店员愣愣地站在那里，显然不知道自己的错误。

"你错在太强调'最好'这个观念。"彭奈笑着说。

"可是，"店员说，"您经常告诫我们，要对顾客诚实，我的话并没有错呀！"

"你是没有错。只是缺乏技巧。我的生意做成了，难道我对顾客有不诚实的地方吗？"

店员摇摇头。彭奈又说："除了说话的技巧外，还要摸清对方的心理，他一进门就要最好的，对不？这表示他优越感很强，可是一听价钱太贵，他不肯承认他舍不得买，自然会把不是推到我们做生意的头上，这是一般顾客的通病。假如你想做成这笔生意，一定要变换一种方式，在不损伤他优越感的情形下，使他买一种比较便宜的货。"

彭奈在 80 岁自述中，幽默地说："在别人认为我根本不会做生意的情形下，我的生意由每年几万的营业额增加到十亿元，这是上帝创造的奇迹吧。"

注释：① 选自《年轻人》2006 年第 11 期。

生活·语文

广告欣赏①

课文导读

　　广告是一种具有推广和宣传作用的实用文体,主要用于向公众介绍商品、服务项目或文娱体育节目等。现代的广告还具有塑造企业形象、优化环境的功能,成为一种有计划地通过相关媒体向社会公众传播经济信息的一种宣传手段。同学们通过对广告语的欣赏,掌握广告的阅读方法,了解广告的使用,学习广告语的写作。

一、广告的阅读

　　阅读广告应注意以下几点。

　　(1)获取信息。比如,阅读商业广告要从中了解企业形象、企业经营观念、企业营销决策,并从中获知商品品牌及个性化特点。如果产生消费欲望,特别要注意广告中提供的销售信息。

　　(2)辨清真伪。广告语可以使用生动形象的修辞手法,但是广告所反映的内容必须真实,不能虚构和夸张。阅读过程中,要注意辨清信息是否具有科学依据。尤其是药品、食品等商品广告中,常举出种种证据证明它的“营养含量”或“疗效”,其中不乏虚假之作。阅读广告时要运用科学知识、生活常识去辨清广告的真伪。

　　(3)感受创意。优秀广告在语言、画面、音响等方面综合体现了新颖的创意,具有耐人寻味的艺术魅力。如巧克力的广告“只溶于口,不溶于手”;牙膏的广告“×××使你口气清新,更给你洁白的牙齿”,用语朴实明白,对商品的特点概括准确形象,富有吸引力。电冰箱的广告“谁能惩治腐败”;牙刷广告“一毛不拔”等,这些广告语,都表现出独特的创意。

　　(4)理智选择。阅读广告的最后环节是行动反应,或不予接受,或帮助宣传,或由“看客”转化为顾客。

二、广告的使用

广告是工商企业、事业单位、机关团体以及公民个人通过一定的媒介,向社会公众所进行的商品、劳务、服务及其他信息的宣传活动样式。

在市场经济中,广告的使用十分普遍,最多的是商业广告。企业通过报纸、杂志、电台、电视、广播、网络、汽车车身、牌匾等媒介宣传商品、劳务、服务等。商业广告可以树立企业形象、塑造品牌、指导消费,尤其重要的是,可以使该商品在与同类商品的竞争中赢得市场。

1. 格式

(1)标题。标题是广告的"点睛"之笔,好的标题构思新颖,能引人共鸣,富有表现力、吸引力、概括力,能够发挥传达信息、突出主题、宣传产品的作用,广告文案策划和制作人员应重点推敲,精心制作。

广告的标题有三类。一是直接标题,即以简明的文字直截了当地表明广告的主要内容(如商品、劳务、企业、商标、牌号等)。如"车到山前必有路,有路必有丰田车"、"飞黄腾达,长住久安"一看就知此为汽车、房地产广告。二是间接标题,它不直接点明广告主旨,而用委婉、含蓄的修辞手法和耐人寻味的语句暗示广告信息。如"不打不相识"(打字机)、"贤妻良母"(洗衣机)。三是复合标题。像新闻标题,由引题、正题、副题组成。比如某化妆品的广告,引题为"献给变化多姿的你",主题为"包容你的美丽",副题为"秋冬色彩新主张"。再如"阿里山瓜子——一嗑就开心",前后连读,其意自明,令人称赏。

(2)正文。正文是广告的主体部分,一般包括两方面的内容。首先,扼要解释说明标题提出的问题。如某鞋油广告的标题是"卓别林的爱",如果正文里没有解释卓别林爱用"××鞋油",读者就不易理解,会影响广告效果。其次,要提供信息的具体内容,比如商品名称、款式、规格、性能、功效、特点、质量、用途和价格等。

广告正文可长可短,其写法形式多样,不拘一格。常见的行文形式有:

① 幽默式。运用机智的语言揭示特定内涵,引起人们的共鸣。比如一则交通安全广告写道:"阁下驾驶汽车,时速不超过30公里,可以欣赏到本市的美丽景色;超过60公里,请到法庭做客;超过80公里,请光顾本市设备最新的医院;上了100公里,祝您安息。"用这段话代替"危险!""死亡!"既起了警戒作用,又使人忍俊不禁。

② 陈述式。用准确、简洁的语言,突出介绍商品和某项服务的主要特点。如某汽车的广告"在时速60英里时,这部新××汽车上最吵的声音来自它的电钟"。

③ 问答式。运用一问一答的通俗形式讲清商务、商品特点。如"亿唐网站"对其电子邮件功能做广告宣传时先问:"今天你有否 etang?"然后写道"8兆、21兆、50兆……有完没完? 亿唐电子信箱,不限空间。"

④ 证明式。借用商品或企业荣获的各种证书、奖章来证明产品质量上乘、企业服务一流,从而赢得消费者的信赖。如"国家金质奖"、"ISO9002 国际认证"等。

⑤ 诗歌式。利用诗歌句式整齐、语言优美、合辙押韵、易懂易记的特点来写广告文。如"酿成春夏秋冬酒,醉倒东西南北客"(酒店)、"愿将天上云霓服,换作人间锦绣衣"(服装店)。

(3)结尾。广告的结尾是正文之后作补充说明的文字(又称"随文"),其内容包括广告单位名称、地址、网址、电话号码、电报挂号、邮政编码、银行账号等。

2. 写作要领

(1)内容真实、准确。广告的内容真实与否,直接关系到消费者的利益、企业的声誉和广告商的职业道德问题,因此,广告所宣传内容要真实可靠,不能虚构夸大,更不能无中生有。

(2)重点明确。广告内容必须明确,每则广告只突出一个中心,强调一个重点,给人以强烈的感染力,留下难忘的印象。

(3)抓住顾客的消费心理。如求实心理、求美心理、求新心理、求廉心理、求名心理。同时,注意社会环境中其他心理因素的影响,如购买群体心理、时代风尚、民族习惯等,做到"有的放矢",才能赢得消费者。

(4)讲究语言技巧。广告语言的优劣,直接影响广告的质量和效果。广告语言要求做到准确、简明、形象、生动、幽默、文明。

三、广告语欣赏

1. 广告标语

广告口号或广告词。这是广告者从长远促销考虑,在广告中反复使用的特定宣传用语。广告标语要与品牌个性相吻合,要口语化、生活化。如"让我们做得更好"(飞利浦);"挡不住的感觉"(可口可乐);"牙好,胃口就好,吃嘛嘛香"(蓝天六必治)。

常见的广告标语有如下几种。

① 赞扬式。赞扬式就是对企业或产品加以赞扬。如"容声冰箱,质量取胜"。

② 号召式。号召式即运用鼓动性词句,激励消费者购买该产品或享用该服务,如"要想身体好,请喝'健力宝'"。

③ 情感式。情感式即运用富有人情味并能引人联想的语言显示商品或企业的特点,激发消费者的情感,如"青春宝"的车厢广告语:"二十多年过去了,青春从来也没有消失过。"

④ 综合式。综合式即综合上述各种形式,融为一体,如神州牌热水器的广告口号:"款款'神州',领先潮流,随心所'浴',现代享受"。

2. 广告语欣赏

(1) 联想:人类失去联想,世界将会怎样

在这句广告语里,联想是双关的。从广义上理解,"联想"可以是和人类发展密切相关的"联系"、"想象"之类;而以"失去……会怎样"这样一种假设反问的形式,暗示受众"联想"对人类的重要性。从狭义上理解,这也正是商家的高明之处,联想专指"联想"品牌。不同"联想"含义的暗合,使受众产生"联想电脑对(我们生活的)世界也是很重要的"! 这种"移花接木"类型的广告词对于提升大众心目中的品牌形象比较有效。

(2) 诺基亚:科技以人为本

来自芬兰首都赫尔辛基的一个小镇的通信品牌诺基亚,最终能成为一个"世界移动通信巨人",这句广告语起到了很大的作用。"科技以人为本"是诺基亚的品牌核心价值。它是诺基亚在品牌传播中始终如一的理念,向消费者传递诺基亚时时处处为消费者着想的精神——使用户充分享受人性化科技所带来的种种乐趣与方便,获得成就、时尚、个性等难忘的体验。在这句广告理念的引导下,诺基亚逐渐成为一个科技领先、有个性、充满人性化的品牌;一个勇于创新,颇具品位、时尚和生活情趣的品牌。一步一个脚印,诺基亚最终成就王图霸业。

(3) 百度:百度一下,你就知道

世界搜索引擎的发展,一直靠的是口碑相传,百度也是如此。百度一直低调,依靠网民口碑相传,百度赢得了今日的辉煌。从"有问题百度一下"到"百度一下,你就知道",百度 7 年风雨,改变了人们的生活习惯。"百度一下,你就知道",成了数亿万网民们每天都要做的事。随着百度的这句广告语迅速流传开来,百度的品牌也更加深入人心。

(4) 雀巢咖啡:味道好极了

这是人们最熟悉的一句广告语,也是人们最喜欢的广告语。简单而意味深远,朗朗上口,因为发自内心的感受可以脱口而出,正是其经典之所在。以至于雀巢以重金在全球征集新广告语时,发现没有一句比这句话更经典,所以就永久地保留了它。

(5) 耐克:just do it

耐克通过以 just do it 为主题的系列广告和篮球明星乔丹的明星效应,迅速成为体育用品的第一品牌,而这句广告语正符合青少年的心态,要做就做,只要与众不同,只要行动起来。

(6) 戴比尔斯钻石:钻石恒久远,一颗永流传

事实证明,经典的广告语总是丰富的内涵和优美的语句的结合体,戴比尔斯钻石的这句广告语,不仅道出了钻石的真正价值,而且也从另一个层面把爱情的价值提升到足够的高度,使人们很容易把钻石与爱情联系起来,这的确是最美妙的

感觉。

（7）人头马 XO：人头马一开，好事自然来

尊贵的人头马非一般人能享受起，因此喝人头马 XO 一定会有一些不同的感觉，因此人头马给你一个希望，只要喝人头马就会有好事等着到来。有了这样吉利的"占卜"，谁不愿意喝人头马呢？

注释：

① 选自 http://wenku.baidu.com/view/5094c9ef4afe04a1b071ded9.html.

思考与探究

1. 某地一商厦举办秋装展销会，为此设计了一句广告语："出卖秋天"。请你根据广告语的写作要求和广告的作用，谈谈自己的看法。

2. 根据自己所读的专业，为相关的行业或产品设计一条广告语。

语文综合实践活动

论 "美"

活动主题

美有很多种,有人喜欢"清水出芙蓉,天然去雕饰"的自然美,有人喜欢"大漠孤烟直,长河落日圆"的意境美,有人喜欢"空山新雨后,天气晚来秋"的清新之美,还有人说健康才是真正的美。总之,一千个人心中就有一千个美的标准。时代要发展,社会在进步,而美德的重要性应该是永远都不会变的,它应该成为我们永远的追求。美与美德结合起来,才会散发出动人的光辉。

活动目的

外在美与内在美的结合是至上之美。通过本次活动,学会欣赏美,并且表达出对美的认识和理解。

活动过程

一、活动步骤

1. 在班内进行分组学习,每组选择一篇美的文章、微博或短信,美的图片或视频,思考以下几个话题:谈谈什么是"美","美"体现在哪里,通过什么方式或途径能够欣赏到"美"。

2. 准备照相机、摄录机,记录本次活动美的瞬间,筛选精彩的图片和影像。

3. 整理文字资料和图片影像,描述自己的收获和感受。

二、活动展示

1. 描述生活中美的片段或者美的场景,在学习小组内互相交流自己对"美"的理解,全班进行论坛活动:论"美"。

2. 每位同学写一篇议论文或者散文,将自己对"美"的感悟用文字记录下来。

示例指导

论　美

[英]弗兰西斯·培根

美德好比宝石,它在朴素背景的衬托下反而更华丽。同样,一个打扮并不华贵却端庄严肃而有美德的人,是令人肃然起敬的。

美貌的人并不都有其他方面的才能。因为造物主是吝啬的,他给了此就不再予彼。所以许多容颜俊秀的人却一无作为,他们过于追求外形美而放弃了内在美。但这话也不全对,因为奥古斯都、菲斯帕斯、腓力普王、爱德华四世、阿尔西巴底斯、伊斯梅尔等,都既是大丈夫,又是美男子。

仔细考究起来,形体之美要胜于颜色之美,而优雅行为之美又胜于形体之美。最高的美是画家所无法表现的,因为它是难于直观的。这是一种奇妙的美。曾经有两位画家——阿皮雷特和丢勒滑稽地认为,可以按照几何比例,或者通过摄取不同人身上最美的特点,作画合成一张最完美的人像。其实像这样画出来的美人,恐怕只有画家本人喜欢。美是不能制定规范的,创造它的常常是机遇,而不是公式。有许多脸型,就它的部分看并不优美,但作为整体却非常动人。

有些老人显得很可爱,因为他们的作风优雅而美。拉丁谚语说过:"晚秋的景色是最美好的。"尽管有的年轻人具有美貌,却由于缺乏优美的修养而不配得到赞美。

美犹如盛夏的水果,是容易腐烂而难以保持的。世上有许多美人,他们有过放荡的青春,却迎受着愧悔的晚年。因此,把美的形貌与美的德行结合起来吧。只有这样,美才会放射出真正的光辉。

语文综合实践活动学习小组评价表

评价项目	评价内容	评价结果		
		优秀	良好	待努力
学习态度	对学习始终抱有极大热情,认真对待,积极参与			
学习方法	找到适合的方法,能与其他小组交换、共享信息,善于请教			
组织合作	分工明确、合理,配合默契			
工作能力	信息筛选、整理、加工			
	多媒体制作			
	成果展示			
	创新			
	沟通协调			
学习反思	最大的收获是什么？活动中有遗憾吗？谈谈此次学习活动的感受吧！			

单元学习小档案

序号	项目	内容	备注
1	单元作家谈		
2	单元新字词		
3	成语巧积累		
4	单元找佳句		
5	佳句我来写		
6	单元我最爱		
7	巧用网络搜		
8	单元练习我来出		
9	单元学习小疑问		
10	单元学习来拾趣		
11	意外小收获		
12	学习小建议		
注	1. 佳句我来写:对你所选出的单元佳句进行仿写,创造属于自己的佳句。 2. 单元我最爱:单元学习结束后,选出一篇你最喜欢的文章。 3. 巧用网络搜:查找一篇你喜欢的,并与本单元体裁相同的文章,可以小组内或全班分享。 4. 单元练习我来出:结合本单元的学习内容,为自己出一套单元过关测试题。 5. 单元学习来拾趣:谈谈自己在本单元学习中遇到了哪些有趣的事。		

单元二 现代诗歌

单元导语

祖国颂歌

爱国情怀是一种强大的精神力量，是培养民族自信心和凝聚力最深厚的土壤。爱国诗歌的内涵是很丰富的，既有对祖国命运的忧患，也有对祖国辉煌的自豪，既有面对外侮维护民族尊严的悲愤呐喊，也有远徙游子对家国的魂牵梦萦。爱国情怀古今中外一致，这种情感的表达是诗歌永恒的主题。

"经典·语文"模块，《我爱这土地》中诗人以无论生死都眷念土地的鸟作比，抒发了深沉而真挚的爱国情怀。《乡愁》以民谣的歌调深沉而忧郁地倾诉了对统一的向往，通篇洋溢着游子思乡的亲情和落叶归根的夙愿。《西风颂》运用象征手法，把主观思想感情与自然景物完美结合起来，抒发诗人强烈而豪迈的革命热情。

"专业·语文"模块，《黄山随笔(之一)——猴子观海》以充满童真的笔触描绘黄山风光之美，体现了诗人的赤子情怀。《桂林山水歌》通过对桂林山水的描绘和赞美，热情地歌颂祖国的美丽容颜和灿烂前景，抒发自己对祖国的深情。

"生活·语文"模块，《弯弯的月亮》以月为题，表现心中的故乡不仅是儿时的回忆，更是自己的精神家园，同时也表达了对社会发展的思考。

不管漂流多远，身处何方，家和国永远是人心灵的归属，精神的家园，如何守护好它，这是我们需要认真思考的问题。

本单元的"语文综合实践活动"是"我爱我'家'——改编或仿写歌词"。

经典·语文

我爱这土地①

艾　青②

课文导读

　　本诗作于 1938 年,当时日本侵略者连续攻占了华北、华东、华南的广大地区,所到之处疯狂肆虐,妄图摧毁中国人民的抵抗意志,中国人民奋起反抗,进行了不屈不挠的斗争。诗人在国土沦丧、民族危亡的关头,满怀对祖国的挚爱和对侵略者的仇恨,写下了这首慷慨激昂的诗。

　　诗人把自己比作一只鸟,鸟的歌唱就是诗人对祖国刻骨铭心、至死不渝的爱的表白。本诗内涵丰富,用象征手法描绘了一组鲜明的意象,诗人在描写意象时用由一系列"的"字组成的长句来展现对象的神采风貌,抒发缠绵而深沉的感情,以形成一种特殊的立体感和雕塑感,这是艾青自由诗创作的一个重要特色。

假如我是一只鸟,
我也应该用嘶哑的喉咙歌唱:
这被暴风雨所打击着的土地,
这永远汹涌着我们的悲愤的河流,
这无止息地吹刮着的激怒的风,
和那来自林间的无比温柔的黎明……
——然后我死了,
连羽毛也腐烂在土地里面。

为什么我的眼里常含泪水?
因为我对这土地爱得深沉……

一九三八年十一月十七日

注释:

① 选自林贤治、肖建国主编《旷野》,花城出版社 2008 年版。

② 艾青(1910—1996),原名蒋海澄,浙江金华人,现当代著名诗人。早期诗作浑厚质朴,沉重忧郁;抗战时期的诗作格调昂扬;新中国成立后,作品思想更趋成熟,感情深沉,富于哲理。主要诗集有《大堰河》《火把》等,成名作为《大堰河——我的保姆》。诗人曾自称为"悲哀的诗人"。在中国新诗发展史上,艾青是继郭沫若、闻一多等人之后又一位推动一代诗风并产生过重大影响的诗人,在世界上也享有较高声誉,1985 年,法国授予艾青文学艺术最高勋章。

思考与探究

1. 结合写作背景,准确理解"鸟"歌唱的"土地"、"河流"、"风"、"黎明"所包含的意蕴。

2. 如何理解诗中"鸟"的形象?

3. 第二节诗在全文中的作用是什么?

乡　　愁①

余光中

课文导读

余光中是 20 世纪 90 年代后在大陆最有影响的台湾诗人和散文家之一。他的乡愁诗继承了我国古典诗歌中民族感情的传统,具有深厚的历史感和传统感,又有鲜明的地域感和时代感,富有韵律感和音乐美。《乡愁》写于 1972 年,是其流传最广的代表作之一。它把炽热深沉的思绪寄寓在鲜明的意象之中,用语简洁,句式参差,一唱三叹,集民族情和诗歌艺术于一体。"乡愁"本是一种抽象的情感,但在《乡愁》这首诗里,它转化成了具体可感的东西——作者怎样实现这一转化,由此而抒发内心的乡愁?诗歌的第四节对诗意的拓展有什么重要作用?

小时候
乡愁是一枚小小的邮票
我在这头
母亲在那头

长大后
乡愁是一张窄窄的船票
我在这头
新娘在那头

后来啊
乡愁是一方矮矮的坟墓
我在外头
母亲在里头

而现在
乡愁是一湾浅浅的海峡
我在这头
大陆在那头

注释:

① 选自《余光中诗选》,中国台湾洪范书店,1981年8月版。

思考与探究

1. 理解与揣摩。

(1) 诗中,"邮票""船票""坟墓"和"海峡"各有什么含义?

(2) 全诗四小节,每小节都有形容词,如"小小的""窄窄的""矮矮的""浅浅的",在表达上有什么效果?

(3) 全诗四段,结构相似,在感情表达上,是否也相同呢?

2. 体会《乡愁》的意境和感情并划分诗的节奏和重音。

西 风 颂①

[英]雪 莱②

课文导读

　　《西风颂》是雪莱"三大颂"诗歌中的一首,写于1819年。这首诗是诗人"骄傲、轻捷而不驯的灵魂"的自白,是时代精神的写照。当时,欧洲各国的工人运动和革命运动风起云涌。面对着欧洲山雨欲来风满楼的革命形势,诗人雪莱胸中沸腾着炽热的革命激情,在一场暴风骤雨的自然景象的触发下,诗人借西风,用气势恢宏的篇章唱出了生命的旋律和心灵的狂舞。

　　《西风颂》是欧洲诗歌史上的艺术珍品。全诗共五节,由五首十四行诗组成。从形式上看,五个小节格律完整,可以独立成篇。从内容来看,它们又融为一体,贯穿着一个中心思想,那就是以西风作为革命力量的象征,歌唱西风扫除腐朽、鼓舞新生的强大威力,抒发诗人对西风的热爱和向往,对光明未来的信心和希望。这首政治抒情诗,将自然景物的描写和革命激情的抒发紧紧地结合在一起。学习本诗,要体会诗人献身革命的强烈愿望,投身战斗的爱国激情;品读诗歌中新奇的比喻和鲜明的意象;熟读诗歌,并背诵诗歌中的名句。

第 一 节

哦,狂暴的西风,秋之生命的呼吸!
你无形,但枯死的落叶被你横扫,
有如鬼魅③碰到了巫师,纷纷逃避:
黄的,黑的,灰的,红得像患肺痨,
呵,重染疫疠④的一群:西风呵,是你
以车驾把有翼的种子催送到
黑暗的冬床上,它们就躺在那里,
像是墓中的死穴,冰冷,深藏,低贱,
直等到春天,你碧空的姊妹吹起
她的喇叭,在沉睡的大地上响遍,

（唤出嫩芽，像羊群一样，觅食空中）
将色和香充满了山峰和平原
不羁的精灵呵，你无处不远行；
破坏者兼保护者：听吧，你且聆听！

第 二 节

没入你的急流，当高空一片混乱，
流云像大地的枯叶一样被撕扯
脱离天空和海洋的纠缠的枝干。
成为雨和电的使者：它们飘落
在你的磅礴之气的蔚蓝的波面，
有如狂女的飘扬的头发在闪烁，
从天穹的最遥远而模糊的边沿
直抵九霄的中天，到处都在摇曳
欲来雷雨的卷发，对濒死⑤的一年
你唱出了葬歌，而这密集的黑夜
将成为它广大墓陵的一座圆顶，
里面正有你的万钧之力的凝结；
那是你的浑然之气，从它会迸涌
黑色的雨，冰雹和火焰：哦，你听！

第 三 节

是你，你将蓝色的地中海唤醒，
而它曾经昏睡了一整个夏天，
被澄澈水流的回旋催眠入梦，
就在巴亚海湾的一个浮石岛边，
它梦见了古老的宫殿和楼阁
在水天辉映的波影里抖颤，
而且都生满青苔、开满花朵，
那芬芳真迷人欲醉！呵，为了给你
让一条路，大西洋的汹涌的浪波
把自己向两边劈开，而深在渊底
那海洋中的花草和泥污的森林
虽然枝叶扶疏⑥，却没有精力；
听到你的声音，它们已吓得发青：

一边颤栗，一边自动萎缩：哦，你听！

第 四 节

哎，假如我是一片枯叶被你浮起，
假如我是能和你飞跑的云雾，
是一个波浪，和你的威力同喘息，
假如我分有你的脉搏，仅仅不如
你那么自由，哦，无法约束的生命！
假如我能像在少年时，凌风而舞
便成了你的伴侣，悠游天空
（因为呵，那时候，要想追你上云霄，
似乎并非梦幻），我就不致像如今
这样焦躁地要和你争相祈祷。
哦，举起我吧，当我是水波、树叶、浮云！
我跌在生活底荆棘上，我流血了！
这被岁月的重轭^⑦所制伏的生命
原是和你一样：骄傲、轻捷而不驯。

第 五 节

把我当做你的竖琴吧，有如树林：
尽管我的叶落了，那有什么关系！
你巨大的合奏所振起的音乐
将染有树林和我的深邃^⑧的秋意：
虽忧伤而甜蜜。呵，但愿你给予我
狂暴的精神！奋勇者呵，让我们合一！
请把我枯死的思想向世界吹落，
让它像枯叶一样促成新的生命！
哦，请听从这一篇符咒似的诗歌，
就把我的话语，像是灰烬和火星
从还未熄灭的炉火向人间播散！
让预言的喇叭通过我的嘴唇
把昏睡的大地唤醒吧！西风啊，
如果冬天来了，春天还会远吗？

注释:

① 《西风颂》有众多译本,本文采用查良铮译本。

② 雪莱(1792—1822),19世纪英国著名浪漫主义诗人。诗人一生创作了大量优秀的抒情诗及政治诗,《致云雀》《西风颂》《自由颂》《暴政的假面游行》《解放了的普罗米修斯》等诗都一直传唱不衰。

③ 鬼魅(mèi):泛指一切害人之物。

④ 疫疠(yì lì):流行性急性传染病,瘟疫。

⑤ 濒(bīn)死:临近死亡。

⑥ 扶疏(shū):枝叶茂盛,高低疏密有致。

⑦ 重轭(zhòng è):轭,车前驾牲口的直木和套在牲口脖子上的曲木。重轭:指沉重的负担。

⑧ 深邃(suì):幽深,深奥,深沉。

思考与探究

1. 诗的结束句"如果冬天来了,春天还会远吗?"已成耳熟能详的名句,你是怎样理解这一名句的?

2. "东风""西风"在文学作品中往往具有象征意义,如朱自清"盼望着,盼望着,东风来了,春天的脚步近了","东风"就是指"春风",那么这里的"西风"又象征什么?

3. 阅读济慈的《秋颂》,比较《秋颂》与本诗的异同。

专业·语文

黄山随笔（之一）

猴子观海①

顾　城②

课文导读

　　《黄山随笔（之一）——猴子观海》这首诗写于 1980 年，是作者顾城游览黄山著名景点"猴子观海"后所作。

　　常言道，"五岳归来不看山，黄山归来不看岳"。黄山被世人誉为"天下第一奇山"。黄山"四绝"的怪石，以奇取胜，以多著称，其形态可谓千奇百怪，令人叫绝，其中"猴子观海"就是有名的景观。这首诗是顾城游黄山的随笔，诗人素有"童话诗人"的称号，正如他所写"我总是长久地凝望着露滴、孩子的眼睛、安徒生和韩美林的童话世界，深深感到一种净化的愉快"。透过诗作，我们能感受到作者的童真，他像一个孩子般睁着无邪的眼睛打量着这世界："石猴／默默发呆／多么像／我们的祖先／在那里／想象未来。"这一比喻，新奇独特，很有画面感。学习本诗时，让我们体会诗人孩童般的情趣，感受祖国风景名胜之美，历史遗迹之久远。

云海

无声地澎湃

石猴

默默发呆

多么像

我们的祖先

在那里

想象未来

注释:

① 猴子观海:猴子观海位于黄山风景区北海景区黄山狮子峰前,一石猴独踞峰顶,仿佛极目远望,又似纵身跳跃以观云海起伏,当云海散去时,猴子又可观望太平县的田园风光,因此这一巧石又称"猴子望太平"。

② 顾城(1956—1993),北京人,朦胧诗主要代表人物,被称为"当代仅有的唯灵浪漫主义诗人"。他留下大量诗、文、书法、绘画等作品。主要著作有:《顾城诗集》、《顾城童话寓言诗选》、《顾城诗选》、《顾城新诗自选集》、《顾城散文选集》、《英儿》等。作品被译成英、法、德、西班牙、瑞典等十多种文字。

思考与探究

1. 课外阅读顾城的作品,交流心得。如

远 和 近

你,

一会看我,

一会看云。

我觉得,

你看我时很远,

你看云时很近。

2. 搜集描写风景名胜的诗词、歌曲,与大家一起分享,如《万泉河》《蝴蝶泉边》《谁不说俺家乡好》《长江之歌》。

桂林山水歌①

贺敬之②

课文导读

桂林山水甲天下,古今歌咏桂林山水的诗篇不胜枚举。本诗作者展示了他非凡的想象力,抓住桂林山水的特点,突出其个性,但又不作具体的描绘,而是采用以虚喻实的写法,概括出桂林山水的奇幻神采,以及梦境一般的情调,引发读者无穷无尽的情思。诗人不拘泥于写桂林的自然风貌,借歌咏桂林山水来赞颂祖国的美丽容颜和灿烂前景,抒发自己对祖国的深情。

　　语言形式上,《桂林山水歌》基本采用"信天游"的句式和押韵规则。全诗广泛运用对仗、设问,节奏匀称轻快,音调和谐动听。两行一节,每节押一个韵,产生了抑扬顿挫、活泼自如、余音缭绕的音乐效果。

云中的神啊,雾中的仙,
神姿仙态桂林的山!

情一样深啊,梦一样美,
如情似梦漓江的水!

水几重啊,山几重?
水绕山环桂林城……

是山城啊,是水城?
都在青山绿水中……

啊! 此山此水入胸怀,
此时此身何处来?

……黄河的浪涛塞外的风,
此来关山千万重。

马鞍上梦见沙盘上画:
"桂林山水甲天下"……

啊! 是梦境呵,是仙境?
此时身在独秀峰!

心是醉呵,还是醒?
水迎山接入画屏!

画中画——漓江照我身千影,
歌中歌——山山应我响回声……

招手相问老人山,
云罩江山几万年?

——伏波山下还珠洞,
宝珠久等叩门声……

鸡笼山一唱屏风开,
绿水白帆红旗来!

大地的愁容春雨洗，
请看穿山明镜里——

啊！桂林的山来漓江的水——
祖国的笑容这样美！

桂林山水入胸襟，
此景此情战士的心——

是诗情啊，是爱情，
都在漓江春水中！

三花酒兑一滴漓江水，
祖国啊，对你的爱情百年醉……

江山多娇人多情，
使我白发永不生！

对此江山人自豪，
使我青春永不老！

七星岩去赴神仙会，
招呼刘三姐呵打从天上回……

人间天上大路开，
要唱新歌随我来！

三姐的山歌十万八千箩，
战士啊，指点江山唱祖国……

红旗万梭织锦绣，
海北天南一望收！

塞外的风沙啊黄河的浪，
春光万里到故乡。

红旗下：少年英雄遍地生——
望不尽：千姿万态"独秀峰"！

——意满怀呵，情满胸，
恰似漓江春水浓！

啊！汗雨挥洒彩笔画：
桂林山水——满天下！……

1959 年 7 月 1 日稿，1961 年 8 月整理

注释:

① 选自《中国当代名诗人选集·贺敬之》,人民文学出版社 2006 年版。

② 贺敬之,1924 年生,山东枣庄人,20 世纪 40 年代开始发表作品。著有诗集《放歌集》《贺敬之诗选》《回延安》《放声歌唱》《雷锋之歌》《中国的十月》等。1945 年和丁毅执笔集体创作我国第一部新歌剧《白毛女》,获 1951 年斯大林文学奖。

思考与探究

1. 这首诗在写作上没有如实地描写桂林山水,而是以"神姿仙态""如情似梦"来表明桂林山水的美妙,这种以虚喻实的写法有什么好处?

2. 最后一句"桂林山水——满天下","满"字是前人名句"桂林山水甲天下"的"甲"字巧妙点化,虽然仅有一字之差,但意境却大不相同。作者为什么用"满"字替换"甲"字呢? 谈谈你的理解。

3. 简析本诗语言上的特点。

生活·语文

弯弯的月亮①

李海鹰②

课文导读

歌曲《弯弯的月亮》是中国通俗歌曲的代表作品,国语版词曲作者李海鹰抓住了流行音乐的精髓,并且将其成功地与古典、民族元素进行嫁接。歌词前半段极具诗情画意:月亮—小桥—小船—河水,仿佛一幅淡淡的水墨画;后半段则描绘了社会现实:今天的村庄—过去的歌谣—惆怅忧伤—穿透胸膛,表现了对发展变革的反思,对国家、民族命运的关注,字里行间流淌着忧国忧民的情怀。潘伟源的粤语版歌词则宁静缥缈,意境悠远,幽雅如画。

国 语 版

词曲:李海鹰

遥远的夜空

有一个弯弯的月亮

弯弯的月亮下面

是那弯弯的小桥

小桥的旁边

有一条弯弯的小船

弯弯的小船悠悠

是那童年的阿娇

阿娇摇着船

唱着那古老的歌谣

歌声随风飘

飘到我的脸上

脸上淌着泪

像那条弯弯的河水

弯弯的河水流啊
流进我的心上
我的心充满惆怅③
不为那弯弯的月亮
只为那今天的村庄
还唱着过去的歌谣
啊 我故乡的月亮
你那弯弯的忧伤
穿透了我的胸膛
遥远的夜空
有一个弯弯的月亮
弯弯的月亮下面
是那弯弯的小桥
小桥的旁边
有一条弯弯的小船
弯弯的小船悠悠
是那童年的阿娇

粤 语 版

词：潘伟源
曲：李海鹰

柔柔如雪霜
从银河幽幽透纱窗
茫茫微风中轻渗
是那清清桂花香
遥遥怀里想
如茫然飘飘往家乡
绵绵如丝的忆记
荡过匆匆岁月长
啊……
沉沉如醉乡
迷迷糊推开了心窗
微微清风中
是故乡那风光
盈盈惆怅中
曾彷徨依依看他方

谁曾情深叮嘱我

莫怨苍天怨路长

盼故乡依旧温暖

并没有秋冬与夜凉

我盼故乡依旧不变

让梦里人回眸凝看

噢……梦中盼夜长

盼故乡依旧可爱

绝无愁容和惆怅

柔柔如雪霜

从银河幽幽透纱窗

茫茫微风中轻渗

是那清清桂花香

遥遥怀里想

如茫然飘飘往家乡

绵绵如丝的记忆

荡过匆匆岁月长

注释：

①《弯弯的月亮》是李海鹰在20世纪80年代为独具迷人嗓音的内地歌坛第一美声陈汝佳量身定做，并由其首次演唱，后经刘欢演唱并拍摄成MTV在中央电视台播出。20世纪90年代初，香港宝丽金唱片公司购买此歌，并由填词大师潘伟源重新填写粤语歌词，由香港歌手吕方演唱并收录于同名专辑中，在港、澳、台、内地及海外华人市场引起极大轰动，成为当年销量冠军。

② 李海鹰(1954—)，广州人，当代著名词曲作家。代表作有：《弯弯的月亮》《七子之歌》《我不想说》《走四方》《过河》等，为电影《鬼子来了》《黑冰》《背叛》《荣誉》《亮剑》等写歌编曲。曾获得"五个一工程奖"、文华音乐奖等全国、全军、省、市以及海外音乐创作奖百余项。

③ 惆怅：(chóu chàng)失意，伤感。

思考与探究

关于这首歌的主题众说纷纭，有的认为是游子思乡，有的认为是回望寻根，追忆"童年的阿娇"，还有人猜想歌词背后有一个动人的故事，对此你如何理解？请谈谈你的观点。

我爱我"家"——改编或仿写歌词

活动目的

1. 通过改编或仿写训练,提高学生对诗词的理解能力和文化素养。
2. 激发学生的想象力和创造力,培养学生阅读和写作诗词的兴趣。
3. 通过欣赏、运用优美的诗歌语言,提高语言表达能力。
4. 鼓励学生善于发现生活中的美,热爱生活,热爱家园,热爱祖国。
5. 培养学生团结合作的精神。

活动过程

一、活动步骤

1. 活动准备

(1) 搜集歌词

① 分小组搜集、整理喜爱的歌词,并写出喜欢的理由。

② 搜集由古诗词及现代诗词改编的歌词,并进行分类整理。

(2) 示例指导

① 一首好的歌词,常常富有诗意;一首好的诗,也常常富有旋律节奏。如《爱我中华》"五十六个民族,五十六朵花,五十六个兄弟姐妹是一家,五十六种语言汇成一句话,爱我中华,爱我中华"。既是优秀的歌词,也是一首质朴的小诗;《黄河颂》《长江之歌》既是优秀的诗歌,也是壮丽的歌曲。

② 现代诗歌和古诗词都可以改编成歌词传唱。如蔡琴演唱的《出塞曲》就采自席慕容的一首诗;王菲演唱的《明月几时有》就是苏轼的词《水调歌头》;邓丽君演唱的《无言独上西楼》《恰似一江春水向东流》用的都是李煜的词;哈辉演唱的新雅乐《关雎》《子衿》都来自《诗经》。

2. 小组探讨:歌词的特点

(1) 讨论要点

歌词和诗歌有很多共同点,歌词往往具有诗歌创作的要点。

① 诗歌在修辞手法上常见的特点:修辞手法有对偶、比喻、拟人、夸张、排比、反复等。诗歌中有"兴"的表现手法,即先写景,然后引出所要写的内容,大多放在诗歌的开端。"兴"的表现手法在诗歌以及歌词中使用较为频繁。如《诗经·关雎》中"关关雎鸠,在河之洲;窈窕淑女,君子好逑",以及《诗经·蒹葭》中"蒹葭苍苍,白露为霜;所谓伊人,在水一方",前两句都是"兴"。

② 诗歌的表达方式:叙述、描述、议论、抒情。其中,歌词常常采用描写、抒情的表达方式,直抒胸臆、借景抒情、情景交融,其中借景抒情、情景交融使用较多。

(2)示例指导

① 运用比喻、拟人、夸张等修辞手法,语言凝练。

a. "胆似铁打,骨似精钢,胸襟百千丈,眼光万里长。"——《男儿当自强》

b. "一条条巨龙翻山越岭,为雪域高原送来安康。"——《天路》

② 富含哲理,引人深思。

a. "把握生命里的每一分钟,全力以赴我心中的梦,不经历风雨怎么见彩虹?没有人能随随便便成功。"——《真心英雄》

b. "人生可比是海上的波浪,有时起有时落好运歹命……三分天注定,七分靠打拼,爱拼才会赢!"——《爱拼才会赢》

③ 情真意切,意境优美。

a. "老人不图儿女为家做多大贡献,一辈子不容易就图个团团圆圆。"——《常回家看看》

b. "我家大门常打开,开放怀抱等你……不管远近都是客人,请不用客气,相约好了在一起,我们欢迎你……"——《北京欢迎你》

3. 写作练习:改编或仿写歌词

(1)要求

① 以我爱我"家"为主题,这个"家"可以是国家、家庭、学校、班级等。

② 内容健康,积极向上。

③ 仿写或改编可以依照已有的曲子填词,也可以改编古今中外的诗词作品。

(2)示例指导

① 好歌词,从标题开始:引用或仿用精彩的歌词,拟一个题目。

如《爸爸妈妈看过来》,仿自《对面的女孩看过来》。

② 好歌词,从主题开始:在拟题的基础上,定出相关的主题。

如《爸爸妈妈看过来》——以"理解"为主题。

③ 好歌词,改出来。

如《人面桃花》改编自唐代崔护《题都城南庄》。

原诗:"去年今日此门中,人面桃花相映红。人面不知何处去,桃花依旧笑春风。"

改编:"去年今日此门中,人面桃花相映红。人面是对人常带三分笑,桃花也盈盈含笑舞春风。烽火忽然连天起,无端惊破鸳鸯梦。一霎时流亡载道庐舍空,不见了卖酒人家旧芳容。一处一处问行踪,指望着劫后重相逢,谁知道人面飘泊何处去?只有那桃花依旧笑春风。"(词:姚敏　曲:陈蝶衣　演唱:邓丽君)

④ 练一练。请根据意蕴、韵脚、修辞等特点,仿写歌曲《吉祥三宝》第二段歌词。(不能机械模仿,字数不限)

妈妈?

哎!

叶子绿了什么时候开花?

等夏天来了!

花儿红了果实能去摘吗?

等秋天到啦!

果实种在土里能发芽吗?

它会长大的!

花儿叶子果实就是吉祥的一家!

⑤ 好歌词,写出来:尝试创作歌词,并配上合适的旋律。

示例:同桌的你(词曲:高晓松　演唱:老狼)

(起——)明天你是否会想起/昨天你写的日记/明天你是否还惦记/曾经最爱哭的你

老师们都已想不起/猜不出问题的你/我也是偶然翻相片/才想起同桌的你

谁娶了多愁善感的你/谁看了你的日记/谁把你的长发盘起/谁给你做的嫁衣

(承——)你从前总是很小心/问我借半块橡皮/你也曾无意中说起/喜欢和我在一起

那时候天总是很蓝/日子总过得太慢/你总说毕业遥遥无期/转眼就各奔东西

谁遇到多愁善感的你/谁安慰爱哭的你/谁看了我给你写的信/谁把它丢在风里

(转——)从前的日子都远去/我也将有我的妻/我也会给她看相片/给她讲同桌的你

(合——)谁娶了多愁善感的你/谁安慰爱哭的你/谁把你的长发盘起/谁给你做的嫁衣

(结尾)啦……

分析:在这首经典作品里,首先是对"她"进行了细致传神的刻画,"爱哭的你"、"总是很小心,问我借半块橡皮",言语不多,纯真、可爱的女孩形象跃然纸上。歌曲巧妙地讲述了一个动人的初恋故事:岁月流逝,回首从前,从相识、相爱到分离。唯美的初恋分成三大段来歌唱,每大段都回到高潮的四句排比上,以一种"追忆逝水年华"的情感统御几个并不连续但很经典的画面。众多与爱情有关的意象——日记、相片、长发、信、嫁衣——交错而过,埋藏在内心深处的情感,没有因时光的流逝而褪色,没有在反复歌唱中消散,反倒越来越浓烈,越来越清晰,令人欲罢不能,深深叹息……

二、活动展示——唱出心中的歌

（1）分小组展示歌词创作成果。

要求：

① 以"我爱我'家'"为主题,内容健康,积极向上。

② 展示采取抽签为序。

③ 展示形式不限。

④ 无论仿写或改编的歌词,必须原创。

⑤ 每组展示时间为 3～5 分钟。

⑥ 每组人数 2～6 人为宜（可根据实际情况作调整）。

（2）师生共同点评。

要求：

① 歌词主题鲜明突出,内容积极向上。

② 精神饱满,台风自然,仪态大方,举止得体。

③ 展示形式富有创意,能选择适当的乐曲进行演绎。

④ 能积极参与活动,小组成员分工明确,互相协作,配合默契。

⑤ 小组间互相学习交流,善于沟通协调,有团队精神。

⑥ 采用多媒体进行辅助,效果良好。

（3）活动过程中,用照相机、摄录机记录本次活动美的瞬间,筛选精彩的图片和影像。

（4）活动结束后,整理文字资料和图片影像,描述自己的收获和感受,并在班级宣传栏展示。

知识链接

一、歌词与诗歌的关系

好歌词往往是一首好诗。古代词是古人传唱的流行歌曲;现代流行歌曲的歌词,在相当程度上借鉴了诗歌创作的方法,内容简短,语言富有表现力。优秀歌词的作者大都具有深厚的诗歌创作功底,比如当代词人方文山所作的歌词,意境优美,语言含蓄隽永,与他深厚的古诗词功底以及灵活运用古诗词的创作方法分不开。

二、怎样创作一首好歌词

（1）尽可能描写自己有着强烈感触的故事和情感,只有感动自己,才能引起他人的共鸣。

（2）精心规划歌词的结构，把握好"起、承、转、合（高潮）"的节奏。

（3）注意歌词的结尾以及全词的和谐。词的结尾一般有三种：一是将高潮的全部或部分反复至结束，例如《凡人歌》；二是从高潮过渡到一些虚词上，像"啊"、"啦"之类，例如《同桌的你》；三是重复开头（也可以略加变化），让高亢的情绪平静下来，例如《恋曲 1990》。

语文综合实践活动学习小组评价表

评价项目	评 价 内 容	评 价 结 果		
		优秀	良好	待努力
学习态度	对学习始终抱有极大热情,认真对待,积极参与			
学习方法	找到适合的方法,能与其他小组交换、共享信息,善于请教			
组织合作	分工明确、合理,配合默契			
工作能力	信息筛选、整理、加工			
	多媒体制作			
	成果展示			
	创新			
	沟通协调			
学习反思	最大的收获是什么？活动中有遗憾吗？谈谈此次学习活动的感受吧！			

单元学习小档案

序号	项　目	内　容	备　注
1	单元作家谈		
2	单元新字词		
3	成语巧积累		
4	单元找佳句		
5	佳句我来写		
6	单元我最爱		
7	巧用网络搜		
8	单元练习我来出		
9	单元学习小疑问		
10	单元学习来拾趣		
11	意外小收获		
12	学习小建议		
注	1. 佳句我来写：对你所选出的单元佳句进行仿写，创造属于自己的佳句。 2. 单元我最爱：单元学习结束后，选出一篇你最喜欢的文章。 3. 巧用网络搜：查找一篇你喜欢的，并与本单元体裁相同的文章，可以小组内或全班分享。 4. 单元练习我来出：结合本单元的学习内容，为自己出一套单元过关测试题。 5. 单元学习来拾趣：谈谈自己在本单元学习中遇到了哪些有趣的事。		

单元三　小　说

单元导语

走 进 人 物

　　文学和人的生活息息相关,密不可分,离开人,也就无所谓文学,尤其是小说。本单元将带领你走进经典小说的人物世界,走进他们的内心,走进他们的灵魂。在经典人物的圆脸方脸、弯眉柳叶、穿衣戴帽中洞察不同的人生;在一颦一笑、一举一动、一言一行中体会不同的人物性格。

　　人物是指小说中所描绘的人物形象,是作品内容得以展现的重要依托,更确切地说是作品的主要构成部分。因为小说的核心任务就是通过刻画人物、塑造典型人物形象来揭示社会生活的某些本质方面,从而表现作品的主题的。所以,要评价小说中的人物形象,就要认真分析作者对人物的描写——外貌描写、语言描写、行动描写、心理描写等,从而评价人物的性格特征,进而发掘出各色人物善恶美丑的精神世界。通过对小说的整体阅读,能对各色人物作出自己客观公正的评价,进而准确把握作品的内涵。

　　小说中的人物并非就是现实中的"真人",是作家经过典型化处理的"人"。所谓"典型化",就是作家以概括现实生活、塑造典型形象的方法,对纷繁复杂的社会生活现象进行分析选择集中概括,突出其中本质的主要方面,并加以充分的想象和剔除其中非本质的东西,合理虚构,以此创造出具有鲜明独特个性而又能反映一定社会本质的人物形象,达到反映生活、表达作者主观情感的目的。所以,小说的世界,是作者经过艺术加工的世界,它源于生活又高于生活。认识到这一点,就不会在阅读中钻牛角尖。

　　将多种描写手段集中而精彩表现出来的作品还要数《林黛玉进贾府》一文中王

熙凤出场的那段场面描写。对王熙凤未见其人先闻其声的语言描写，"三角眼"、"吊梢眉"的肖像描写，林黛玉的心理描写，周围人物的肃整和王熙凤的放诞无礼的对比描写，先哭后笑、转悲为喜、又是打量又是抹泪等综合运用的神态描写、动作描写、语言描写、心理描写等手法，把王熙凤察言观色、机变逢迎的性格特征刻画得入木三分。

在综合实践活动中，饱览经典人物的创作长廊，赏析经典人物，学会刻画人物的方法——肖像描写、语言描写、行动描写和心理描写，尝试采用多种方法进行人物刻画，让学生一展身手，塑造一个属于自己的人物形象。

林黛玉进贾府①

（清）曹雪芹

课文导读

曹雪芹的《红楼梦》是中国古代小说史上成就最高的伟大作品。它真实而全面地反映了中国封建社会后期的面貌。

课文所选为《红楼梦》第三回，写林黛玉初到贾府的情况，以她进贾府第一天的行踪为线索，介绍了贾府的主要人物和环境，是贾府主要人物第一次公开亮相，为整个《红楼梦》情节的展开作了精彩的介绍。

尽管是第一次亮相，但主要人物的思想性格已经得到了鲜明的表现，仔细阅读课文，简单分析林黛玉、贾宝玉和王熙凤的性格。

且说黛玉自那日弃舟登岸时，便有荣国府打发了轿子并拉行李的车辆久候了。这林黛玉常听得母亲说过，他外祖母家与别家不同。他近日所见的这几个三等仆妇，吃穿用度，已是不凡了，何况今至其家。因此步步留心，时时在意，不肯轻易多说一句话，多行一步路，惟恐被人耻笑了他去。自上了轿，进入城中，从纱窗向外瞧了一瞧，其街市之繁华，人烟之阜盛，自与别处不同。又行了半日，忽见街北蹲着两个大石狮子，三间兽头大门，门前列坐着十来个华冠丽服之人。正门却不开，只有东西两角门有人出入。正门之上有一匾，匾上大书"敕造②宁国府"五个大字。黛玉想道：这必是外祖之长房了。想着，又往西行，不多远，照样也是三间大门，方是荣国府了。却不进正门，只进了西边角门。那轿夫抬进去，走了一射之地③，将转弯时，便歇下退出去了。后面的婆子们已都下了轿，赶上前来。另换了三四个衣帽周全十七八岁的小厮上来，复抬起轿子。众婆子步下围随至一垂花门④前落下。众小厮退出，众婆子上来打起轿帘，扶黛玉下轿。林黛玉扶着婆子的手，进了垂花门，两边是抄手游廊⑤，当中是穿堂⑥，当地放着一个紫檀架子大理石的大插屏⑦。转过插屏，小小的三间厅，厅后就是后面的正房大院。正面五间上房，皆雕梁画栋，两边穿山游廊⑧厢房，挂着各色鹦鹉、画眉等鸟雀。台矶之上，坐着几个穿红着绿的丫头，一见他们来了，便忙都笑迎上来，说："刚才老太太还念呢，可巧就来了。"于是三四人争着打起帘笼，一面听得人回话："林姑娘到了。"

黛玉方进入房时，只见两个人搀着一位鬓发如银的老母迎上来，黛玉便知是他外祖母。方欲拜见时，早被他外祖母一把搂入怀中，心肝儿肉叫着大哭起来。当下地下侍立之人，无不掩面涕泣，黛玉也哭个不住。一时众人慢慢解劝住了，黛玉方拜见了外祖母。——此即冷子兴所云之史氏太君，贾赦贾政之母也。当下贾母一一指与黛玉："这是你大舅母；这是你二舅母；这是你先珠大哥的媳妇珠大嫂子。"黛玉一一拜见过。贾母又说："请姑娘们来。今日远客才来，可以不必上学去了。"众人答应了一声，便去了两个。

不一时，只见三个奶嬷嬷并五六个丫鬟，簇拥着三个姊妹来了。第一个肌肤微丰，合中身材，腮凝新荔，鼻腻鹅脂，温柔沉默，观之可亲。第二个削肩细腰，长挑身材，鸭蛋脸面，俊眼修眉，顾盼神飞，文彩精华，见之忘俗。第三个身量未足，形容尚小。其钗环裙袄，三人皆是一样的妆饰。黛玉忙起身迎上来见礼，互相厮认过，大家归了坐。丫鬟们斟上茶来。不过说些黛玉之母如何得病，如何请医服药，如何送死发丧。不免贾母又伤感起来，因说："我这些儿女，所疼者独有你母，今日一旦先舍我而去，连面也不能一见，今见了你，我怎不伤心！"说着，搂了黛玉在怀，又呜咽起来。众人忙都宽慰解释，方略略止住。

众人见黛玉年貌虽小，其举止言谈不俗，身体面庞虽怯弱不胜，却有一段自然的风流⑨态度⑩，便知他有不足之症⑪。因问："常服何药，如何不急为疗治？"黛玉道："我自来是如此，从会吃饮食时便吃药，到今日未断，请了多少名医修方配药，皆不见效。那一年我三岁时，听得说来了一个癞头和尚，说要化我去出家，我父母固是不从。他又说：'既舍不得他，只他的病一生也不能好的了。若要好时，除非从此以后总不许见哭声；除了父母之外，凡有外姓亲友之人，一概不见，方可平安了此一世。'疯疯癫癫，说了这些不经⑫之谈，也没人理他。如今还是吃人参养荣丸。"贾母道："正好，我这里正配丸药呢。叫他们多配一料就是了。"

一语未了，只听后院中有人笑声，说："我来迟了，不曾迎接远客！"黛玉纳罕道："这些人个个皆敛声屏气，恭肃严整如此，这来者系谁，这样放诞⑬无礼？"心下想时，只见一群媳妇丫鬟围拥着一个人从后房门进来。这个人打扮与众姑娘不同，彩绣辉煌，恍若神妃仙子：头上戴着金丝八宝攒珠髻⑭，绾着朝阳五凤挂珠钗⑮；项上带着赤金盘螭璎珞圈⑯；裙边系着豆绿宫绦，双衡比目玫瑰佩⑰；身上穿着缕金百蝶穿花大红洋缎窄裉袄⑱，外罩五彩刻丝石青银鼠褂⑲；下着翡翠撒花洋绉裙⑳。一双丹凤三角眼㉑，两弯柳叶吊梢眉㉒，身量苗条，体格风骚㉓，粉面含春威不露，丹唇未启笑先闻。黛玉连忙起身接见。贾母笑道："你不认得他。他是我们这里有名的一个泼皮破落户儿㉔，南省俗谓作'辣子'，你只叫他'凤辣子'就是了。"黛玉正不知以何称呼，只见众姊妹都忙告诉他道："这是琏嫂子。"黛玉虽不识，也曾听见母亲说过，大舅贾赦之子贾琏，娶的就是二舅母王氏之内侄女，自幼假充男儿教养的，学名王熙凤。黛玉忙陪笑见礼，以"嫂"呼之。这熙凤携着黛玉的手，上下细细打谅^㉕了一回，仍送至贾母身边坐下，因笑道："天下真有这样标致的人物，我今儿才算见了！况且这通身的气派，竟不像老祖宗的外孙女儿，竟是个嫡亲的孙女，怨不得老祖宗天天口头心头一时不忘。只可怜我这妹妹这样命苦，怎么姑妈偏就去世了！"说着，便用帕拭泪。贾母笑道："我才好了，你倒来招我。你妹妹远路才来，身子又弱，也才劝住了，快再休提前话。"这熙凤听了，忙转悲为喜道："正是呢！我一见了妹妹，一心都在他身上了，又是喜欢，又是伤心，竟忘记了老祖宗，该打，该打！"又忙携黛玉之手，问："妹妹几岁了？可也上过学？现吃什么药？在这里不要想家，想要什么吃的、什么玩的，只管告诉我；丫头老婆们不好了，也只管告诉我。"一面又问婆子们："林姑娘的行李东西可搬进来了？带了几个人来？你们赶早打扫两间下房，让他们去歇歇。"

说话时，已摆了茶果上来。熙凤亲为捧茶捧果。又见二舅母问他："月钱^㉖放过了不曾？"熙凤道："月钱已放完了。才刚带着人到后楼上找缎子，找了这半日，也并没有见昨日太太说的那样的，想是太太记错了？"王夫人道："有没有，什么要紧。"因又说道："该随手拿出两个来给你这妹妹去裁衣裳的，等晚上想着叫人再去拿罢，可别忘了。"熙凤道："这倒是我先料着了，知道妹妹不过这两日到的，我已预备下了，等太太回去过了目好送来。"王夫人一笑，点头不语。

当下茶果已撤，贾母命两个老嬷嬷带了黛玉去见两个母舅。时贾赦之妻邢氏忙亦起身，笑回道："我带了外甥女过去，倒也便宜^㉗。"贾母笑道："正是呢，你也去罢，不必过来。"邢夫人答应了一声"是"字，遂带了黛玉与王夫人作辞，大家送至穿堂前。出了垂花门，早有众小厮们拉过一辆翠幄青绸车^㉘，邢夫人携了黛玉，坐在上面，众婆子们放下车帘，方命小厮们抬起，拉至宽处，方驾上驯骡，亦出了西角门，往东过荣府正门，便入一黑油大门中，至仪门^㉙前方下来。众小厮退出，方打起车帘，邢夫人搀着黛玉的手，进入院中。黛玉度其房屋院宇，必是荣府中花园隔断过来的。进入三层仪门，果见正房厢庑^㉚游廊，悉皆小巧别致，不似方才那边轩峻壮丽；且院中随处之树木山石皆在。一时进入正室，早有许多盛妆丽服之姬妾丫鬟迎着，邢夫人让黛玉坐了，一面命人到外面书房去请贾赦。一时人来回话说："老爷说了：'连日身上不好，见了姑娘彼此倒伤心，暂且不忍相见。劝姑娘不要伤心想家，跟着老太太和舅母，即同家里一样。姊妹们虽拙，大家一处伴着，亦可以解些烦闷。或有委屈之处，只管说得，不要外道才是。'"黛玉忙站起来，一一听了。再坐一刻，便告辞。邢夫人苦留吃过晚饭去，黛玉笑回道："舅母爱惜赐饭，原不应辞，只是还要过去拜见二舅舅，恐领了赐去不恭，异日再领，未为不可。望舅母容谅。"邢夫人听说，笑道："这倒是了。"遂令两三个嬷嬷用方才的车好生送了姑娘过去。于是黛玉告辞。邢夫人送至仪门前，又嘱咐了众人几句，眼看着车去了方回来。

一时黛玉进了荣府，下了车。众嬷嬷引着，便往东转弯，穿过一个东西的穿堂，向南大厅之后，仪门内大院落，上面五间大正房，两边厢房鹿顶耳房钻山⑭，四通八达，轩昂壮丽，比贾母处不同。黛玉便知这方是正经正内室，一条大甬路，直接出大门的。进入堂屋中，抬头迎面先看见一个赤金九龙青地大匾，匾上写着斗大的三个大字，是"荣禧堂"，后有一行小字："某年月日，书赐荣国公贾源"，又有"万几宸翰之宝⑮"。大紫檀雕螭案上，设着三尺来高青绿古铜鼎，悬着待漏随朝墨龙大画⑯，一边是金蜼彝⑰，一边是玻璃盎⑱。地下两溜十六张楠木交椅，又有一副对联，乃乌木联牌，镶着錾银⑲的字迹，道是："座上珠玑昭日月，堂前黼黻焕烟霞⑳。"

下面一行小字，道是："同乡世教弟勋袭东安郡王穆莳拜手书。"

原来王夫人时常居坐宴息，亦不在这正室，只在这正室东边的三间耳房内。于是老嬷嬷引黛玉进东房门来。临窗大炕上铺着猩红洋罽㉑，正面设着大红金钱蟒靠背，石青金钱蟒引枕㉒，秋香色㉓金钱蟒大条褥。两边设一对梅花式洋漆小几。左边几上文王鼎匙箸香盒㉔；右边几上汝窑美人觚㉕——觚内插着时鲜花卉，并茗碗痰盒等物。地下面西一溜四张椅上，都搭着银红撒花椅搭㉖，底下四副脚踏。椅之两边，也有一对高几，几上茗碗瓶花俱备。其余陈设，自不必细说。老嬷嬷们让黛玉炕上坐，炕沿上却有两个锦褥对设，黛玉度其位次，便不上炕，只向东边椅子上坐了。本房内的丫鬟忙捧上茶来。黛玉一面吃茶，一面打谅这些丫鬟们，妆饰衣裙，举止行动，果亦与别家不同。

茶未吃了，只见一个穿红绫袄青缎掐牙㉗背心的丫鬟走来笑说道："太太说，请林姑娘到那边坐罢。"老嬷嬷听了，于是又引黛玉出来，到了东廊三间小正房内。正房炕上横设一张炕桌，桌上磊着㉘书籍茶具，靠东壁面西设着半旧的青缎靠背引枕。王夫人却坐在西边下首，亦是半旧的青缎靠背坐褥。见黛玉来了，便往东让。黛玉心中料定这是贾政之位。因见挨炕一溜三张椅子上，也搭着半旧的弹墨椅袱㉙，黛玉便向椅上坐了。王夫人再四携他上炕，他方挨王夫人坐了。王夫人因说："你舅舅今日斋戒去了，再见罢。只是有一句话嘱咐你：你三个姊妹倒都极好，以后一处念书认字学针线，或是偶一顽笑，都有尽让的。但我不放心的最是一件：我有一个孽根祸胎，是家里的'混世魔王'，今日因庙里还愿去了，尚未回来，晚间你看见便知了。你只以后不要睬他，你这些姊妹都不敢沾惹他的。"

黛玉亦常听得母亲说过，二舅母生的有个表兄，乃衔玉而诞，顽劣异常，极恶读书，最喜在内帏㉚厮混；外祖母又极溺爱，无人敢管。今见王夫人如此说，便知说的是这表兄了。因陪笑道："舅母说的，可是衔玉所生的这位哥哥？在家时亦曾听见母亲常说，这位哥哥比我大一岁，小名就唤宝玉，虽极憨顽，说在姊妹情中极好的。况我来了，自然只和姊妹同处，兄弟们自是别院另室的，岂得去沾惹之理？"王夫人笑道："你不知道原故：他与别人不同，自幼因老太太疼爱，原系同姊妹们一处娇养惯了的。若姊妹们有日不理他，他倒还安静些，纵然他没趣，不过出了二门，背地里拿着他两个小幺儿⑪出气，咕唧一会子就完了。若这一日姊妹们和他多说一句话，他心里一乐，便生出多少事来。所以嘱咐你别睬他。他嘴里一时甜言蜜语，一时有天无日，一时又疯疯傻傻，只休信他。"

　　黛玉一一的都答应着。只见一个丫鬟来回："老太太那里传晚饭了。"王夫人忙携黛玉从后房门由后廊往西，出了角门，是一条南北宽夹道。南边是倒座⑫三间小小的抱厦厅⑬，北边立着一个粉油大影壁，后有一半大门，小小一所房室。王夫人笑指向黛玉道："这是你凤姐姐的屋子，回来你好往这里找他来，少什么东西，你只管和他说就是了。"这院门上也有四五个才总角⑭的小厮，都垂手侍立。王夫人遂携黛玉穿过一个东西穿堂，便是贾母的后院了。于是，进入后房门，已有多人在此伺候，见王夫人来了，方安设桌椅。贾珠之妻李氏捧饭，熙凤安箸，王夫人进羹。贾母正面榻上独坐，两边四张空椅，熙凤忙拉了黛玉在左边第一张椅上坐了，黛玉十分推让。贾母笑道："你舅母你嫂子们不在这里吃饭。你是客，原应如此坐的。"黛玉方告了座，坐了。贾母命王夫人坐了。迎春姊妹三个告了座方上来。迎春便坐右手第一，探春左第二，惜春右第二。旁边丫鬟执着拂尘⑮、漱盂、巾帕。李、凤二人立于案旁布让⑯。外间伺候之媳妇丫鬟虽多，却连一声咳嗽不闻。寂然饭毕，各有丫鬟用小茶盘捧上茶来。当日林如海教女以惜福养身，云饭后务待饭粒咽尽，过一时再吃茶，方不伤脾胃。今黛玉见了这里许多事情不合家中之式，不得不随的，少不得一一改过来，因而接茶。早见人又捧过漱盂来，黛玉也照样漱了口。盥手毕，又捧上茶来，这方是吃的茶。贾母便说："你们去罢，让我们自在说话儿。"王夫人听了，忙起身，又说了两句闲话，方引凤、李二人去了。贾母因问黛玉念何书。黛玉道："只刚念了《四书》。"黛玉又问姊妹们读何书。贾母道："读的是什么书，不过是认得两个字，不是睁眼的瞎子罢了！"

　　一语未了，只听外面一阵脚步响，丫鬟进来笑道："宝玉来了！"黛玉心中正疑惑着："这个宝玉，不知是怎生个惫懒⑰人物，懵懂顽童？——倒不见那蠢物也罢了。"心中想着，忽见丫鬟话未报完，已进来了一位年轻的公子：头上戴着束发嵌宝紫金冠⑱，齐眉勒着二龙抢珠金抹额⑲；穿一件二色金百蝶穿花大红箭袖，束着五彩丝攒花结长穗宫绦，外罩石青起花八团倭缎排穗褂⑳；登着青缎粉底小朝靴㉑。面若中秋之月，色如春晓之花，鬓若刀裁，眉如墨画，面如桃瓣，目若秋波。虽怒时而若笑，即瞋视而有情。项上金螭璎珞，又有一根五色丝绦，系着一块美玉。黛玉一见，便吃一大惊，心下想道："好生奇怪，倒像在那里见过一般，何等眼熟到如此！"只见这宝玉向贾母请了安㉒，贾母便命："去见你娘来。"宝玉即转身去了。一时回来，再看已换了冠带：头上周围一转的短发，都结成小辫，红丝结束，共攒至顶中胎发，总编一根大辫，黑亮如漆，从顶至梢，一串四颗大珠，用金八宝坠角㉓；身上穿着银红撒花半旧大袄，仍旧带着项圈、宝玉、寄名锁㉔、护身符㉕等物；下面半露松花撒花绫裤腿,锦边弹墨袜,厚底大红鞋。越显得面如敷粉,唇若施脂;转盼多情,语言常笑。天然一段风骚,全在眉梢;平生万种情思,悉堆眼角。看其外貌最是极好,却难知其底细。后人有《西江月》二词,批宝玉极恰,其词曰:

无故寻愁觅恨,有时似傻如狂。纵然生得好皮囊⑥,腹内原来草莽。潦倒不通世务,愚顽怕读文章。行为偏僻⑧性乖张⑰,那管世人诽谤!

富贵不知乐业,贫穷难耐凄凉。可怜辜负好韶光⑱,于国于家无望。天下无能第一,古今不肖无双。寄言纨绔与膏粱:莫效此儿形状⑲!

贾母因笑道:"外客未见,就脱了衣裳,还不去见你妹妹!"宝玉早已看见多了一个姊妹,便料定是林姑妈之女,忙来作揖。厮见毕归坐,细看形容,与众各别:两弯似蹙非蹙罥烟眉⑳,一双似喜非喜含情目。态生两靥之愁,娇袭一身之病㉑。泪光点点,娇喘微微。闲静时如姣花照水,行动处似弱柳扶风。心较比干多一窍,病如西子胜三分㉒。宝玉看罢,因笑道:"这个妹妹我曾见过的。"贾母笑道:"可又是胡说,你又何曾见过他?"宝玉笑道:"虽然未曾见过他,然我看着面善,心里就算是旧相识,今日只作远别重逢,亦未为不可。"贾母笑道:"更好,更好,若如此,更相和睦了。"宝玉便走近黛玉身边坐下,又细细打量一番,因问:"妹妹可曾读书?"黛玉道:"不曾读,只上了一年学,些须㉓认得几个字。"宝玉又道:"妹妹尊名是那两个字?"黛玉便说了名。宝玉又问表字。黛玉道:"无字。"宝玉笑道:"我送妹妹一妙字,莫若'颦颦'二字极妙。"探春便问何出。宝玉道:"《古今人物通考》㉔上说:'西方有石名黛,可代画眉之墨。'况这林妹妹眉尖若蹙,用取这两个字,岂不两妙!"探春笑道:"只恐又是你的杜撰。"宝玉笑道:"除《四书》外,杜撰的太多,偏只我是杜撰不成?"又问黛玉:"可也有玉没有?"众人不解其语,黛玉便忖度着因他有玉,故问我有也无,因答道:"我没有那个。想来那玉是一件罕物,岂能人人有的。"宝玉听了,登时发作起痴狂病来,摘下那玉,就狠命摔去,骂道:"什么罕物,连人之高低不择,还说'通灵'不'通灵'呢!我也不要这劳什子了!"吓的众人一拥争去拾玉。贾母急的搂了宝玉道:"孽障!你生气,要打骂人容易,何苦摔那命根子!"宝玉满面泪痕泣道:"家里姐姐妹妹都没有,单我有,我说没趣;如今来了这们一个神仙似的妹妹也没有,可知这不是个好东西。"贾母忙哄他道:"你这妹妹原有这个来的,因你姑妈去世时,舍不得你妹妹,无法处,遂将他的玉带了去了:一则全殉葬之礼,尽你妹妹之孝心;二则你姑妈之灵,亦可权作见了女儿之意。因此他只说没有这个,不便自己夸张之意。你如今怎比得他?还不好生慎重带上,仔细你娘知道了。"说着,便向丫鬟手中接来,亲与他带上。宝玉听如此说,想一想大有情理,也就不生别论了。

当下,奶娘来请问黛玉之房舍。贾母说:"今将宝玉挪出来,同我在套间㉕暖阁儿㉖里,把你林姑娘暂安置碧纱橱㉗里。等过了残冬,春天再与他们收拾房屋,另作一番安置罢。"宝玉道:"好祖宗,我就在碧纱橱外的床上很妥当,何必又出来闹的老祖宗不得安静。"贾母想了一想说:"也罢了。"每人一个奶娘并一个丫头照管,余者在外间上夜听唤。一面早有熙凤命人送了一顶藕合色花帐，并几件锦被缎褥之类。

黛玉只带了两个人来：一个是自幼奶娘王嬷嬷，一个是十岁的小丫头，亦是自幼随身的，名唤作雪雁。贾母见雪雁甚小，一团孩气，王嬷嬷又极老，料黛玉皆不遂心省力的，便将自己身边的一个二等丫头，名唤鹦哥者与了黛玉。外亦如迎春等例，每人除自幼乳母外，另有四个教引嬷嬷⑰，除贴身掌管钗钏盥沐两个丫鬟外，另有五六个洒扫房屋来往使役的小丫鬟。当下，王嬷嬷与鹦哥陪侍黛玉在碧纱橱内。宝玉之乳母李嬷嬷，并大丫鬟名唤袭人者，陪侍在外面大床上。

注释：

① 本文选自《红楼梦》第三回，人民文学出版社 1982 年版。题目为编者所加。

② 敕(chì)造：奉皇帝之命建造。敕，本来是自上命下的用语，南北朝以前通用于长官对下属、长辈对晚辈，以后作为皇帝发布诏令的专称。

③ 一射之地：就是一箭之地，大约一百五十步。

④ 垂花门：旧时富家豪宅进入大门之后，内院院门一般有雕刻的垂花倒悬于门额两侧，门上边盖有宫殿式的小屋顶，称垂花门。

⑤ 抄手游廊：院门内两侧环抱的走廊。

⑥ 穿堂：宅院中，坐落在前后两个院落之间可以穿行的厅堂。

⑦ 大插屏：放在穿堂中的大屏风，除做装饰外，还可以遮挡视线，以免进入穿堂就直见正房。

⑧ 穿山游廊：从山墙开门接起的游廊。山，指山墙。房子两侧的墙，形状如山，俗称山墙。

⑨ 风流：风韵。

⑩ 态度：言行举止所表现的神态。

⑪ 不足之症：中医病名。由身体虚弱引起，如脾胃虚弱，叫中气不足；气血虚弱，叫正气不足。

⑫ 不经：不合常理，近乎荒诞。

⑬ 放诞：行为放纵，不守规矩。

⑭ 金丝八宝攒珠髻：用金丝穿绕珍珠和镶嵌八宝玛瑙、碧玉之类制成的珠花的发髻。攒，凑聚。用金丝或银丝把珍珠穿扭成各种花样叫"攒珠花"。

⑮ 朝阳五凤挂珠钗：一种长钗，样子是一支钗上分出五股，每股一支凤凰，口衔一串珍珠。

⑯ 赤金盘螭(chī)璎珞圈：螭，古代传说中的无角龙。璎珞，连缀起来的珠玉。圈，项圈。

⑰ 双衡比目玫瑰佩：衡，佩玉上部的小横杠，用以系饰物。比目玫瑰佩，用玫瑰色的玉片雕琢成的双鱼形的玉佩。比目，鱼名，传说这种鱼成双而行。

⑱ 缕金百蝶穿花大红洋缎窄裉（kèn）袄：指在大红洋缎的衣面上用金线绣成百蝶穿花图案的紧身袄。裉，上衣前后两幅在腋下合缝的部分。

⑲ 五彩刻丝石青银鼠褂：石青色的衣面上有各种彩色刻丝、衣里是银鼠皮的褂子。刻丝，在丝织品上用丝平织成的图案，与凸出的绣花不同。石青，淡灰青色。银鼠，又名白鼠、石鼠。

⑳ 翡翠撒花洋绉裙：翡翠，翡翠色。撒花，在绸缎上用散碎小花点组成的花样或图案。洋绉，极薄而软的平纹春绸，微带自然皱纹。

㉑ 丹凤三角眼：眼角向上微翘，俗称丹凤眼。

㉒ 柳叶吊梢眉：形容眉梢斜飞入鬓的样子。

㉓ 风骚：这里指姿容俏丽。

㉔ 泼皮破落户儿：原指没有正当生活来源的无赖，这里形容凤姐泼辣，是戏谑的称谓。

㉕ 打谅：打量。

㉖ 月钱：旧时富户大家每月按等级发给家中人等的零用钱。

㉗ 便（biàn）宜：方便。

㉘ 翠幄（wò）青绸车：用粗厚的绿色绸类做车帐、用青色绸做车帘的轿车。

㉙ 仪门：旧时官衙、府第的大门之内的门。一说，旁门也可称仪门。

㉚ 庑：正房对面和两侧的小屋子。

㉛ 两边厢房鹿顶耳房钻山：两边的厢房用钻山的方式与鹿顶的耳房相连接。鹿顶，单独用时指平屋顶。耳房，连接正房两侧的小房子。钻山，指山墙上开门或开洞，与相邻的房子或游廊相接。

㉜ 万几宸（chén）翰之宝：这是皇帝印章上的文字。万几，万机，就是万事，形容皇帝政务繁多，日理万机的意思。几，同"机"。宸（chén）翰，皇帝的笔迹。宸，北宸，即北极星。皇帝坐北朝南，所以以北宸代指皇帝。翰，墨迹、书法。宝，皇帝的印玺。

㉝ 待漏随朝墨龙大画：待漏，封建时代大臣要在五更天前到朝房里等待上朝。漏，铜壶滴漏，古代计时器，指代时间。随朝，按照大臣的班列朝见皇帝。墨龙大画，巨龙在云雾海潮中隐现的大幅水墨画。旧时以龙象征帝王，画中之"潮"与朝见之"朝"谐音，隐喻朝见君王的意思。

㉞ 金蜼（wěi）彝：原为有蜼形图案的青铜祭器，后作贵重陈设品。蜼，一种长尾猿。彝，古代青铜器中礼器的通称。

㉟ 醢（hǎi）：盛酒器。

㊱ 錾（zàn）银：一种银雕工艺。錾，雕刻。

㊲ 座上珠玑昭日月，堂前黼黻（fǔfú）焕烟霞：形容座中人和堂上客的衣饰

华贵,佩戴的珠玉如日月般光彩照人,衣服的图饰如烟霞般绚丽夺目。珠玑,珍珠。黼黻,古代官僚贵族礼服上绣的花纹。

㊳ 罽(jì):毛织的毯子。

㊴ 引枕:坐时搭扶胳膊的一种圆墩形的倚枕。

㊵ 秋香色:淡黄绿色。

㊶ 文王鼎匙箸香盒:文王鼎,指周朝的传国之鼎,这里是指小型仿古香炉,内烧粉状檀香之类的香料。匙箸,拨弄香灰的用具。香盒,盛香料的盒子。

㊷ 汝窑美人觚(gū):宋代河南汝州窑烧制的一种仿古瓷器。觚,古代一种盛酒的器具。

㊸ 椅搭:搭在椅上的一种长方形的绣花绸缎饰物。

㊹ 掐牙:锦缎双叠成细条,嵌在衣服或背心的夹边上,仅露少许,作为装饰,叫掐牙。

㊺ 磊着:层叠地放着。

㊻ 弹墨椅袱:以纸剪镂空图案覆于织物上,用墨色或其他颜色弹或喷成各种图案花样,叫弹墨。椅袱,用锦、缎之类做成的椅套。

㊼ 内帏:内室,女子的居处。帏,幕帐。

㊽ 小幺(yāo)儿:身边使唤的小仆人。幺,幼小。

㊾ 倒座:正房是坐北朝南,"倒座"是与正房相对的坐南朝北的房子。

㊿ 抱厦厅:围绕厅堂、正房后面的房屋。

51 总角:儿童向上分开的两个发髻,代指儿童时代。

52 拂尘:形如马尾,后有持柄,用以拂拭尘土,或驱赶蝇蚊,俗称"蝇甩子"。古时多用麈(zhǔ)兽之尾制成,所以又称麈尾。

53 布让:宴席间向客人敬菜、劝餐。

54 惫(bèi,旧读bài)懒:涎皮赖脸。

55 嵌宝紫金冠:把头发束扎在顶部的一种髻冠,上面插戴各种饰物或镶嵌珠玉。

56 二龙抢珠金抹额:二龙抢珠,抹额上装饰的图案。抹额,围扎在额前,用以压发、束额。

57 二色金百蝶穿花大红箭袖:用两色金线绣成的百蝶穿花图案的大红窄袖衣服。箭袖,原为便于射箭穿的窄袖衣服,这里指男子穿的一种服饰。

58 五彩丝攒花结长穗宫绦(tāo):五彩丝攒花结,用五彩丝攒聚成花朵的结子,指绦带上的装饰花样。长穗宫绦,指系在腰间的绦带。长穗,是绦带端部下垂的穗子。

59 石青起花八团倭缎排穗褂:团,圆形团花。倭缎,又称东洋缎。排穗,排缀在衣服下面边缘的彩穗。

60 青缎粉底小朝靴:指黑色缎面、白色厚底、半高筒的靴子。青缎,黑色的缎子。朝靴,古代百官穿的"乌皮履"。

⑥ 请了安:请安,即问安。清代的请安礼节是,男子打千,女子双手扶左膝,右腿微屈,往下蹲身,口称"请某人安"。

⑥ 坠角:垂于朝珠、床帐等下端的小装饰品,这里指辫子梢部所坠的饰物。

⑥ 寄名锁:旧俗怕幼儿夭亡,给寺院或道观一定的财物,让幼儿当"寄名"弟子,并在幼儿的项下系一小金锁,叫"寄名锁"。

⑥ 护身符:从道观领来的一种符篆,迷信的人认为带在身上,可以避祸免灾。

⑥ 皮囊:一作"皮袋",指人的躯壳。佛教认为人的灵魂不死不灭,人的肉体只是为灵魂提供暂时住所,犹如皮口袋。

⑥ 偏僻:偏激,不端正。

⑥ 乖张:偏执,不驯顺,与众不同。

⑥ 可怜辜负好韶光:可惜白白浪费了大好时光。可怜,这里指可惜的意思。辜负,对不起,这里有浪费的意思。

⑥ 寄言纨绔与膏粱,莫效此儿形状:赠给公子哥儿们一句话:可别学这孩子的坏样子。寄言,赠言。膏粱,肥肉精米,这里借指富贵子弟。

⑦ 罥(juàn)烟眉:形容眉毛像一抹轻烟。罥,挂、缠绕。

⑦ 态生两靥(yè)之愁,娇袭一身之病:意思是妩媚的风韵生于含愁的面容,娇怯的情态出于孱弱的病体。态,情态、风韵。靥,面颊上的酒窝。袭,承继、由……而来。

⑦ 心较比干多一窍,病如西子胜三分:意思是,林黛玉聪明颖悟胜过比干,病弱娇美胜过西施。比干,商殷朝纣王的叔父。《史记·殷本纪》载,纣王淫乱,"比干曰:'为人臣者,不得不以死争。'乃强谏纣。纣怒曰:'吾闻圣人心有七窍。'剖比干,观其心。"古人认为心窍越多越有智慧。

⑦ 些须:一点儿。

⑦ 《古今人物通考》:从上下文来看,可能是宝玉的杜撰。

⑦ 套间:与正房相连的两侧房间。

⑦ 暖阁儿:在套间内再隔断为小房间,内设炕褥,两边安有隔扇,上边有一横眉,形成床帐的样子,称"暖阁"。

⑦ 碧纱橱:也称隔扇门、格门。用以隔断开间,中间两扇可以开关。格心多灯笼框式样,灯笼心上糊纸,纸上画花或题字。宫殿或富贵人家常在格心处安装玻璃或糊各色纱,所以叫"碧纱橱"。这里的"碧纱橱里",是指以碧纱橱隔开的里间。

⑦ 教引嬷嬷:清代皇子一落生,就有保姆、乳母各八人;断乳后,增"谙达"(满语,伙伴、朋友的意思),这里指陪伴并负有教导责任的人,"凡饮食、言语、行步、礼节皆教之"。见《清稗类钞》。贵族家庭的"教引嬷嬷",职务与皇宫的"谙达"相似。

思考与探究

1. 通读课文，画出林黛玉进贾府的行踪及所到位置的图表。

2. "步步留心，时时在意，不肯轻易多说一句话，多行一步路，惟恐被人耻笑了他去。"这句话是林黛玉进贾府后言行举止的准则。在课文中找出紧扣这句话的有关描写，说说她为什么会有这样的心态。

3. 联系《红楼梦》中有关王熙凤的情节，写一篇三五百字的短文，谈谈你对王熙凤的印象。

阿Q正传(节选)①

鲁 迅

课文导读

《阿Q正传》充分体现了鲁迅小说"民族自我批判"的特点。鲁迅自己说，他写这篇小说是为了画出"沉默的国民的魂灵来"。在这位头戴毡帽的阿Q身上，鲁迅揭示出其"精神胜利法"：尽管处于社会最底层的阿Q在与赵太爷、假洋鬼子，以至王胡、小D的冲突中，他都是永远的失败者，但他在自己的失败命运与奴隶地位面前，却永远是"胜利者"。他沉醉于没有根据的自尊之中："我们先前——比你阔得多啦。你算是什么东西！"或者"忘却"：刚刚挨了假洋鬼子的哭丧棒，转身就忘记一切而且"有些高兴了"。或者"自轻自贱"："我是虫豸——还不放么？"或者在向更弱小者(小尼姑之类)转嫁屈辱的宣泄中得到满足。在这些都失灵时，说一声"儿子打老子"，就"心满意足的得胜"，自欺欺人地在自我幻觉中变现实的失败为精神上虚幻的胜利。他甚至用力在自己脸上连打两个嘴巴，"仿佛是自己打了别个一般"，也就心平气和，天下太平。

读《阿Q正传》，使我们领悟到阿Q式的"精神胜利法"是当时中华民族觉醒与振兴最严重的思想阻力之一。不仅是中国人，许多外国读者也在自己或同胞身上发现了阿Q的影子，法国著名作家罗曼·罗兰就说过，阿Q让他想起了法国大革命时期的农民。鲁迅的《阿Q正传》可以说是一部"为人类写作"的作品，它不仅是最早介绍到世界去的中国现代小说，也是中国现代文学自立于世界文学之林的伟大代表。

第一章　序

我要给阿 Q 做正传，已经不止一两年了。但一面要做，一面又往回想，这足见我不是一个"立言"的人，因为从来不朽之笔，须传不朽之人，于是人以文传，文以人传——究竟谁靠谁传，渐渐的不甚了然起来，而终于归结到传阿 Q，仿佛思想里有鬼似的。

然而要做这一篇速朽的文章，才下笔，便感到万分的困难了。第一是文章的名目。孔子曰，"名不正则言不顺"。这原是应该极注意的。传的名目很繁多：列传，自传，内传，外传，别传，家传，小传……而可惜都不合。"列传"么，这一篇并非和许多阔人排在"正史"里；"自传"么，我又并非就是阿 Q。说是"外传"，"内传"在那里呢？倘用"内传"，阿 Q 又决不是神仙。"别传"呢，阿 Q 实在未曾有大总统上谕宣付国史馆立"本传"②——虽说英国正史上并无"博徒列传"，而文豪迭更司也做过《博徒别传》③这一部书，但文豪则可，在我辈却不可的。其次是"家传"，则我既不知与阿 Q 是否同宗，也未曾受他子孙的拜托；或"小传"，则阿 Q 又更无别的"大传"了。总而言之，这一篇也便是"本传"，但从我的文章着想，因为文体卑下，是"引车卖浆者流"所用的话，所以不敢僭称，便从不入三教九流的小说家所谓"闲话休题言归正传"这一句套话里，取出"正传"两个字来，作为名目，即使与古人所撰《书法正传》④的"正传"字面上很相混，也顾不得了。

第二，立传的通例，开首大抵该是"某，字某，某地人也"，而我并不知道阿 Q 姓什么。有一回，他似乎是姓赵，但第二日便模糊了。那是赵太爷的儿子进了秀才的时候，锣声镗镗的报到村里来，阿 Q 正喝了两碗黄酒，便手舞足蹈的说，这于他也很光采，因为他和赵太爷原来是本家，细细的排起来他还比秀才长三辈呢。其时几个旁听人倒也肃然的有些起敬了。那知道第二天，地保便叫阿 Q 到赵太爷家里去；太爷一见，满脸溅朱，喝道：

"阿 Q，你这浑小子！你说我是你的本家么？"

阿 Q 不开口。

赵太爷愈看愈生气了，抢进几步说："你敢胡说！我怎么会有你这样的本家？你姓赵么？"

阿 Q 不开口，想往后退了；赵太爷跳过去，给了他一个嘴巴。

"你怎么会姓赵！——你那里配姓赵！"

阿 Q 并没有抗辩他确凿姓赵，只用手摸着左颊，和地保退出去了；外面又被地保训斥了一番，谢了地保二百文酒钱。知道的人都说阿 Q 太荒唐，自己去招打；他大约未必姓赵，即使真姓赵，有赵太爷在这里，也不该如此胡说的。此后便再没有人提起他的氏族来，所以我终于不知道阿 Q 究竟什么姓。

第三，我又不知道阿 Q 的名字是怎么写的。他活着的时候，人都叫他阿 Quei，死了以后，便没有一个人再叫阿 Quei 了，那里还会有"著之竹帛"的事。若论"著之竹帛"，这篇文章要算第一次，所以先遇着了这第一个难关。我曾经仔细想：阿 Quei，阿桂还是阿贵呢？倘使他号叫月亭，或者在八月间做过生日，那一定是阿桂了。而他既没有号——也许有号，只是没有人知道他，——又未尝散过生日征文的帖子：写作阿桂，是武断的。又倘若他有一位老兄或令弟叫阿富，那一定是阿贵了；而他又只是一个人：写作阿贵，也没有佐证的。其余音 Quei 的偏僻字样，更加凑不上了。先前，我也曾问过赵太爷的儿子茂才先生，谁料博雅如此公，竟也茫然，但据结论说，是因为陈独秀办了《新青年》提倡洋字，所以国粹沦亡，无可查考了。我的最后的手段，只有托一个同乡去查阿 Q 犯事的案卷，八个月之后才有回信，说案卷里并无与阿 Quei 的声音相近的人。我虽不知道是真没有，还是没有查，然而也再没有别的方法了。生怕注音字母还未通行，只好用了"洋字"，照英国流行的拼法写他为阿 Quei，略作阿 Q。这近于盲从《新青年》，自己也很抱歉，但茂才公尚且不知，我还有什么好办法呢。

第四，是阿 Q 的籍贯了。倘他姓赵，则据现在好称郡望的老例，可以照《郡名百家姓》⑤上的注解，说是"陇西天水人也"，但可惜这姓是不甚可靠的，因此籍贯也就有些决不定。他虽然多住未庄，然而也常常宿在别处，不能说是未庄人，即使说是"未庄人也"，也仍然有乖史法的。

我所聊以自慰的，是还有一个"阿"字非常正确，绝无附会假借的缺点，颇可以就正于通人。至于其余，却都非浅学所能穿凿，只希望有"历史癖与考据癖"的胡适之先生的门人们，将来或者能够寻出许多新端绪来，但是我这《阿 Q 正传》到那时却又怕早经消灭了。

以上可以算是序。

第二章　优胜记略

阿 Q 不独是姓名籍贯有些渺茫，连他先前的"行状"也渺茫。因为未庄的人们之于阿 Q，只要他帮忙，只拿他玩笑，从来没有留心他的"行状"的。而阿 Q 自己也不说，独有和别人口角的时候，间或瞪着眼睛道：

"我们先前——比你阔的多啦！你算是什么东西！"

阿 Q 没有家，住在未庄的土谷祠里；也没有固定的职业，只给人家做短工，割麦便割麦，春米便春米，撑船便撑船。工作略长久时，他也或住在临时主人的家里，但一完就走了。所以，人们忙碌的时候，也还记起阿 Q 来，然而记起的是做工，并不是"行状"；一闲空，连阿 Q 都早忘却，更不必说"行状"了。只是有一回，有一个老头子颂扬说："阿 Q 真能做！"这时阿 Q 赤着膊，懒洋洋的瘦伶仃的正在他面前，别人也摸不着这话是真心还是讥笑，然而阿 Q 很喜欢。

阿 Q 又很自尊，所有未庄的居民，全不在他眼睛里，甚而至于对于两位"文童"⑥也有以为不值一笑的神情。夫文童者,将来恐怕要变秀才者也;赵太爷、钱太爷大受居民的尊敬,除有钱之外,就因为都是文童的爹爹,而阿Q在精神上独不表格外的崇奉,他想:我的儿子会阔得多啦!加以进了几回城,阿Q自然更自负,然而他又很鄙薄城里人,譬如用三尺长三寸宽的木板做成的凳子,未庄叫"长凳",他也叫"长凳",城里人却叫"条凳",他想:这是错的,可笑!油煎大头鱼,未庄都加上半寸长的葱叶,城里却加上切细的葱丝,他想:这也是错的,可笑!然而未庄人真是不见世面的可笑的乡下人呵,他们没有见过城里的煎鱼!

阿Q"先前阔",见识高,而且"真能做",本来几乎是一个"完人"了,但可惜他体质上还有一些缺点。最恼人的是在他头皮上,颇有几处不知起于何时的癞疮疤。这虽然也在他身上,而看阿Q的意思,倒也似乎以为不足贵的,因为他讳说"癞"以及一切近于"赖"的音,后来推而广之,"光"也讳,"亮"也讳,再后来,连"灯""烛"都讳了。一犯讳,不问有心与无心,阿Q便全疤通红的发起怒来,估量了对手,口讷的他便骂,气力小的他便打;然而不知怎么一回事,总还是阿Q吃亏的时候多。于是他渐渐的变换了方针,大抵改为怒目而视了。

谁知道阿Q采用怒目主义之后,未庄的闲人们便愈喜欢玩笑他。一见面,他们便假作吃惊的说:

"哈,亮起来了。"

阿Q照例的发了怒,他怒目而视了。

"原来有保险灯在这里!"他们并不怕。

阿Q没有法,只得另外想出报复的话来:

"你还不配……"这时候,又仿佛在他头上的是一种高尚的光荣的癞头疮,并非平常的癞头疮了;但上文说过,阿Q是有见识的,他立刻知道和"犯忌"有点抵触,便不再往底下说。

闲人还不完,只撩他,于是终而至于打。阿Q在形式上打败了,被人揪住黄辫子,在壁上碰了四五个响头,闲人这才心满意足的得胜的走了,阿Q站了一刻,心里想,"我总算被儿子打了,现在的世界真不像样……"于是也心满意足的得胜的走了。

阿Q想在心里的,后来每每说出口来,所以凡有和阿Q玩笑的人们,几乎全知道他有这一种精神上的胜利法,此后每逢揪住他黄辫子的时候,人就先一着对他说:

"阿Q,这不是儿子打老子,是人打畜生。自己说:人打畜生!"

阿Q两只手都捏住了自己的辫根,歪着头,说道:

"打虫豸,好不好?我是虫豸——还不放么?"

但虽然是虫豸,闲人也并不放,仍旧在就近什么地方给他碰了五六个响头,这才心满意足的得胜的走了,他以为阿Q这回可遭了瘟。然而不到十秒钟,阿Q也心满意足的得胜的走了,他觉得他是第一个能够自轻自贱的人,除了"自轻自贱"不算外,余下的就是"第一个"。状元不也是"第一个"么?"你算是什么东西呢!?"

阿Q以如是等等妙法克服怨敌之后,便愉快的跑到酒店里喝几碗酒,又和别人调笑一通,口角一通,又得了胜,愉快的回到土谷祠,放倒头睡着了。假使有钱,他便去押牌宝,一堆人蹲在地面上,阿Q即汗流满面的夹在这中间,声音他最响:

"青龙四百!"

"咳——开——啦!"桩家揭开盒子盖,也是汗流满面的唱。"天门啦——角回啦! 人和穿堂空在那里啦——! 阿Q的铜钱拿过来——!"

"穿堂一百——一百五十!"

阿Q的钱便在这样的歌吟之下,渐渐的输入别个汗流满面的人物的腰间。他终于只好挤出堆外,站在后面看,替别人着急,一直到散场,然后恋恋的回到土谷祠,第二天,肿着眼睛去工作。

但真所谓"塞翁失马安知非福"罢,阿Q不幸而赢了一回,他倒几乎失败了。

这是未庄赛神⑦的晚上。这晚上照例有一台戏,戏台左近,也照例有许多的赌摊。做戏的锣鼓,在阿Q耳朵里仿佛在十里之外;他只听得桩家的歌唱了。他赢而又赢,铜钱变成角洋,角洋变成大洋,大洋又成了迭。他兴高采烈得非常:

"天门两块!"

他不知道谁和谁为什么打起架来了。骂声打声脚步声,昏头昏脑的一大阵,他才爬起来,赌摊不见了,人们也不见了,身上有几处很似乎有些痛,似乎也挨了几拳几脚似的,几个人诧异的对他看。他如有所失的走进土谷祠,定一定神,知道他的一堆洋钱不见了。赶赛会的赌摊多不是本村人,还到那里去寻根柢呢?

很白很亮的一堆洋钱! 而且是他的——现在不见了! 说是算被儿子拿去了罢,总还是忽忽不乐;说自己是虫豸罢,也还是忽忽不乐:他这回才有些感到失败的苦痛了。

但他立刻转败为胜了。他擎起右手,用力的在自己脸上连打了两个嘴巴,热剌剌的有些痛;打完之后,便心平气和起来,似乎打的是自己,被打的是别一个自己,不久也就仿佛是自己打了别个一般,——虽然还有些热剌剌,——心满意足的得胜的躺下了。

他睡着了。

第三章　续优胜记略

然而阿Q虽然常优胜,却直待蒙赵太爷打他嘴巴之后,这才出了名。

他付过地保二百文酒钱,愤愤的躺下了,后来想:"现在的世界太不成话,儿子打老子……"于是忽而想到赵太爷的威风,而现在是他的儿子了,便自己也渐渐的得意起来,爬起身,唱着《小孤孀上坟》⑧到酒店去。这时候,他又觉得赵太爷高人一等了。

说也奇怪,从此之后,果然大家也仿佛格外尊敬他。这在阿Q,或者以为因为他是赵太爷的父亲,而其实也不然。未庄通例,倘如阿七打阿八,或者李四打张三,向来本不算一件事,必须与一位名人如赵太爷者相关,这才载上他们的口碑。一上口碑，则打的既有名，被打的也就托庇有了名。至于错在阿Q，那自然是不必说。所以者何？就因为赵太爷是不会错的。但他既然错，为什么大家又仿佛格外尊敬他呢？这可难解，穿凿起来说，或者因为阿Q说是赵太爷的本家，虽然挨了打，大家也还怕有些真，总不如尊敬一些稳当。否则，也如孔庙里的太牢一般，虽然与猪羊一样，同是畜生，但既经圣人下箸，先儒们便不敢妄动了。

阿Q此后倒得意了许多年。

有一年的春天，他醉醺醺的在街上走，在墙根的日光下，看见王胡在那里赤着膊捉虱子，他忽然觉得身上也痒起来了。这王胡，又癞又胡，别人都叫他王癞胡，阿Q却删去了一个癞字，然而非常渺视他。阿Q的意思，以为癞是不足为奇的，只有这一部络腮胡子，实在太新奇，令人看不上眼。他于是并排坐下去了。倘是别的闲人们，阿Q本不敢大意坐下去。但这王胡旁边，他有什么怕呢？老实说：他肯坐下去，简直还是抬举他。

阿Q也脱下破夹袄来，翻检了一回，不知道因为新洗呢还是因为粗心，许多工夫，只捉到三四个。他看那王胡，却是一个又一个，两个又三个，只放在嘴里毕毕剥剥的响。

阿Q最初是失望，后来却不平了：看不上眼的王胡尚且那么多，自己倒反这样少，这是怎样的大失体统的事呵！他很想寻一两个大的，然而竟没有，好容易才捉到一个中的，恨恨的塞在厚嘴唇里，狠命一咬，劈的一声，又不及王胡响。

他癞疮疤块块通红了，将衣服摔在地上，吐一口唾沫，说："这毛虫！"

"癞皮狗，你骂谁？"王胡轻蔑的抬起眼来说。

阿Q近来虽然比较的受人尊敬，自己也更高傲些，但和那些打惯的闲人们见面还胆怯，独有这回却非常武勇了。这样满脸胡子的东西，也敢出言无状么？

"谁认便骂谁！"他站起来，两手叉在腰间说。

"你的骨头痒了么？"王胡也站起来，披上衣服说。

阿Q以为他要逃了，抢进去就是一拳。这拳头还未达到身上，已经被他抓住了，只一拉，阿Q跄跄踉踉的跌进去，立刻又被王胡扭住了辫子，要拉到墙上照例去碰头。

"君子动口不动手！"阿Q歪着头说。

王胡似乎不是君子，并不理会，一连给他碰了五下，又用力的一推，至于阿Q跌出六尺多远，这才满足的去了。

在阿Q的记忆上，这大约要算是生平第一件的屈辱，因为王胡以络腮胡子的缺点，向来只被他奚落，从没有奚落他，更不必说动手了。而他现在竟动手，很意外，难道真如市上所说，皇帝已经停了考⑨，不要秀才和举人了，因此赵家减了威风，因此他们也便小觑了他么？

阿Q无可适从的站着。

远远的走来了一个人，他的对头又到了。这也是阿Q最厌恶的一个人，就是钱太爷的大儿子。他先前跑上城里去进洋学堂，不知怎么又跑到东洋去了，半年之后他回到家里来,腿也直了,辫子也不见了,他的母亲大哭了十几场,他的老婆跳了三回井。后来,他的母亲到处说,"这辫子是被坏人灌醉了酒剪去的。本来可以做大官,现在只好等留长再说了。"然而阿Q不肯信,偏称他"假洋鬼子",也叫作"里通外国的人",一见他,一定在肚子里暗暗的咒骂。

阿Q尤其"深恶而痛绝之"的,是他的一条假辫子。辫子而至于假,就是没有了做人的资格;他的老婆不跳第四回井,也不是好女人。

这"假洋鬼子"近来了。

"秃儿。驴……"阿Q历来本只在肚子里骂,没有出过声,这回因为正气忿,因为要报仇,便不由的轻轻的说出来了。

不料这秃儿却拿着一支黄漆的棍子——就是阿Q所谓哭丧棒——大踏步走了过来。阿Q在这刹那,便知道大约要打了,赶紧抽紧筋骨,耸了肩膀等候着,果然,拍的一声,似乎确凿打在自己头上了。

"我说他!"阿Q指着近旁的一个孩子,分辩说。

拍!拍拍!

在阿Q的记忆上,这大约要算是生平第二件的屈辱。幸而拍拍的响了之后,于他倒似乎完结了一件事,反而觉得轻松些,而且"忘却"这一件祖传的宝贝也发生了效力,他慢慢的走,将到酒店门口,早已有些高兴了。

但对面走来了静修庵里的小尼姑。阿Q便在平时,看见伊也一定要唾骂①,而况在屈辱之后呢?他于是发生了回忆,又发生了敌忾了。

"我不知道我今天为什么这样晦气,原来就因为见了你!"他想。

他迎上去,大声的吐一口唾沫:

"咳,呸!"

小尼姑全不睬,低了头只是走。阿Q走近伊身旁,突然伸出手去摸着伊新剃的头皮,呆笑着,说:

"秃儿!快回去,和尚等着你……"

"你怎么动手动脚……"尼姑满脸通红的说,一面赶快走。

酒店里的人大笑了。阿Q看见自己的勋业得了赏识,便愈加兴高采烈起来:

"和尚动得,我动不得?"他扭住伊的面颊。

酒店里的人大笑了。阿Q更得意,而且为满足那些赏鉴家起见,再用力的一拧,才放手。

他这一战,早忘却了王胡,也忘却了假洋鬼子,似乎对于今天的一切"晦气"都报了仇;而且奇怪,又仿佛全身比拍拍的响了之后更轻松,飘飘然的似乎要飞去了。

"这断子绝孙的阿Q!"远远地听得小尼姑的带哭的声音。

"哈哈哈!"阿Q十分得意的笑。

"哈哈哈!"酒店里的人也九分得意的笑。

注释：

① 选自《呐喊》，见《鲁迅全集》第 1 卷，人民文学出版社 1981 年版。本文最初分章发表于北京《晨报副刊》，署名巴人。1922 年收入小说集《呐喊》。

② 宣付国史馆立"本传"：旧时效忠于统治阶级的重要人物或所谓名人，死后由政府明令褒扬，令文末尾常有"宣付国史馆立传"的话。历代编纂史书的机构，名称不一，清代叫国史馆。辛亥革命后，北洋军阀及国民党政府都沿用这一名称。

③ 迭更司也做过《博徒别传》：实际上这是英国小说家柯南·道尔(1859—1930)写的一部小说，鲁迅说是狄更斯所写，是他的误记。鲁迅 1926 年 8 月 8 日给韦素园的信中曾做说明。博徒，赌徒。"迭更司"现在一般译作"狄更斯"。

④《书法正传》：清代冯武所著的一部关于写字方法的书。"传"在这里读 chuán。

⑤《郡名百家姓》：《百家姓》是旧时私塾所用的识字课本之一，宋初人编纂。为便于诵读，将姓氏连缀为四言韵语。《郡名百家姓》则在每一姓上都附注郡名，表示某姓望族曾居古代某地，如赵为"天水"，钱为"彭城"之类。

⑥ 文童：即"童生"。明清科举制度，凡在县学列名学习准备考秀才的人，不论年龄大小，都称为"童生"、"儒童"。这里指赵太爷的儿子赵秀才和钱太爷的儿子假洋鬼子。

⑦ 赛神：即迎神赛会。旧时的一种迷信习俗，用仪仗、鼓乐和杂戏迎神出庙，周游街巷，以酬神祈福。

⑧《小孤孀上坟》：当时流行的一出绍兴地方戏。小孤孀，指年轻寡妇。

⑨ 皇帝已经停了考：指光绪三十一年(1905 年)，清朝政府下令废止科举考试。

⑩ 看见伊也一定要唾骂：这是一种迷信意识，阿 Q 认为见到尼姑就倒霉，所以要吐唾沫或骂一句。

思考与探究

1. 仔细阅读小说，谈谈阿 Q 是个什么样的人，根据小说情节，概括阿 Q 的性格特征。

2. 有人说，在现实生活中，人还是要有一点阿 Q 精神的。你同意这种观点吗？以小组为单位，展开讨论。

3. 将小说的某几个片断改编为课本剧，并分角色表演。

堂吉诃德大战风车①

[西班牙]塞万提斯②

课文导读

在一部书中有这样一个人物,有人说他是疯子,也有人说他是英雄;有人说他是懦夫,也有人说他是勇士;有人说他是武士,也有人说他是诗人。

他就是西班牙作家塞万提斯笔下的堂吉诃德。

著名长篇小说《堂吉诃德》是塞万提斯的代表作。小说全名为《奇情异想的绅士堂吉诃德·台·拉·曼》,共2卷。塞万提斯通过《堂吉诃德》的创作奠定了世界现代小说的基础,给予近现代小说发展深刻的、革命性的影响,所以说他是"现代小说第一人"。正因为他是第一人,他的《堂吉诃德》对西班牙文学、欧洲文学,乃至整个世界文学的影响也是不可估量的。

现代小说的主要写作手法,如真实与想象、严肃与幽默、准确与夸张、故事中套故事,甚至作者走进小说对小说指指点点等,在《堂吉诃德》中都有所体现。

小说主要描写一个瘦弱的没落贵族堂吉诃德因迷恋古代骑士小说,竟像古代骑士那样用破甲驽马装扮起来,以丑陋的牧猪女作为美赛天仙的崇拜贵妇,再以矮胖的农民桑丘·潘沙做侍从,三次出发周游全国,去创建扶弱锄强的骑士业绩,以致闹出不少笑话,到处碰壁受辱,被打成重伤或被当作疯子遣送回家。

作品主人公堂吉诃德是一个不朽的典型人物。这个人物的性格具有两重性:一方面他是神志不清的、疯狂而可笑的,但又正是他代表着高度的道德原则、无畏的精神、英雄的行为、对正义的坚信以及对爱情的忠贞等。小说中出现的人物近700个,描绘的场景从宫廷到荒野遍布全国。揭露了16世纪末到17世纪初正在走向衰落的西班牙王国的各种矛盾,谴责了贵族阶级的荒淫腐朽,展现了人民的痛苦和斗争,触及了政治、经济、道德、文化和风俗等诸方面的问题。

堂吉诃德趁这时候,游说他街坊上的一个农夫。假如穷苦人也可以称为"好人",那么这人该说是个好人,不过他脑袋里没什么脑子。反正堂吉诃德说得天花乱坠,又是劝诱,又是许愿,这可怜的老乡就决心跟他出门,做他的侍从。堂吉诃德还对他这么说:他尽管放心,跟自己出门,因为可能来个意外奇遇,一眨眼征服了个把海岛,就让他做岛上的总督。这农夫名叫桑丘·潘沙,他听了这话,又加许他的其他种种好处,就抛下老婆孩子去充当他街坊的侍从。

　　堂吉诃德马上去筹钱，或卖或当，出脱了些东西，反正都是吃亏的交易；这样居然筹到小小一笔款子。他又弄到一面圆盾牌，是向朋友商借的；又千方百计把破碎的头盔修补完善。他就把上路的日期和时间通知他的侍从桑丘，让他收拾些随身必需的东西，还特别嘱咐他带一只褡裢③袋。桑丘说一定带，还说他有一头很好的驴子，也想骑着走，因为他不惯长途步行。堂吉诃德为这头驴的问题踌躇④了一下。他搜索满腹书史，寻思有没有哪个游侠骑士带着个骑驴的侍从。他记不起任何先例，可是决计让桑丘带着他的驴子，等有机会再为他换上比较体面的坐骑；也许路上碰到个无礼的骑士，就可以把他的马抢来换去驴子。他按照客店主人的劝告，尽力置备了衬衣和其他东西。一切齐备，桑丘和堂吉诃德都没向自己家里告辞，两人在一个晚上离开了村子，没让任何人看见。他们一夜走了老远的路，到第二天早上，家里人即使找他们准也找不到了。

　　桑丘一路上骑着驴，像一位大主教，他带着褡裢袋和皮酒袋，满心希望马上做到东家许他的海岛总督。堂吉诃德正好又走了前番的道路，向蒙铁尔郊原跑去。他这回不像上回那么受罪，因为是清早，太阳光斜照着他们，不那么叫人疲劳。桑丘·潘沙这时对他主人说：

　　"游侠骑士先生，您记着点儿，别忘了您许我的海岛；不论它有多么大，我是会管理的。"

　　堂吉诃德答道："桑丘·潘沙朋友，你该知道，古时候游侠骑士征服了海岛或者王国，总把自己的侍从封做那些地方的总督，那是个通常的习惯。我决不让这个好规矩坏在我手里，还打算做得更漂亮些呢。那些骑士往往要等自己的侍从上了年纪，厌倦了白天受累、夜晚吃苦的当差，才封他们在或大或小的县里、省里，做个伯爵或至多做个侯爵。可是只要你我都留着性命，很可能六天之内，我就会征服一个连带有几个附庸国⑤的王国，那就现成可以封你做一个附庸国的国王。你别以为这有什么稀奇。游侠骑士的遭遇，好些是从古未有而且意想不到的，所以我给你的报酬即使比我答应的还多，我也绰⑥有余力。"

　　桑丘·潘沙答道："假如我凭您说的什么奇迹做了国王，那就连我的老伴儿华娜·谷帖瑞斯也成了王后了，我的儿子也成了王子了。"

　　堂吉诃德道："那还用说吗？"

　　桑丘·潘沙说："我就不信。我自己肚里有个计较，即使老天爷让王国像雨点似的落下地来，一个也不会稳稳地合在玛丽·谷帖瑞斯头上。先生，我跟您说吧，她不是王后的料，当伯爵夫人还凑合，那也得老天爷帮忙呢。"

　　堂吉诃德说："那你就听凭老天爷安排吧，他自会给她最合适的赏赐。可是你至少也得做个总督才行，别太没志气。"

　　桑丘回答说："我的先生，我不会。况且我还有您这么尊贵的主人呢，只要对我合适，我又担当得起，您什么职位都会给我。"

　　这时候，他们远远望见郊野里有三四十架风车。堂吉诃德一见就对他的侍从说：

"运道的安排,比咱们要求的还好。你瞧,桑丘·潘沙朋友,那边出现了三十多个大得出奇的巨人。我打算去跟他们交手,把他们一个个杀死,咱们得了胜利品,可以发财。这是正义的战争,消灭地球上这种坏东西是为上帝立大功。"

桑丘·潘沙道:"什么巨人哪?"

他主人说:"那些长胳膊的,你没看见吗?有些巨人的胳膊差不多二哩瓦⑦长呢。"

桑丘说:"您仔细瞧瞧,那不是巨人,是风车;上面胳膊似的东西是风车的翅膀,给风吹动了就能推转石磨。"

堂吉诃德道:"你真是外行,不懂冒险。他们确是货真价实⑧的巨人。你要是害怕,就走开些,做你的祷告⑨去,我一人单干,跟他们大伙儿拼命好了。"

他一面说,一面踢着坐骑冲出去。他的侍从桑丘大喊说,他前去冲杀的明明是风车,不是巨人;他满不理会,横着念头那是巨人,既没听见桑丘叫喊,跑近了也没看清是什么东西,只顾往前冲,嘴里嚷道:

"你们这伙没胆量的下流东西!不要跑!来跟你们厮杀⑩的只是个单枪匹马的骑士!"

这时微微刮起一阵风,转动了那些庞大的翅翼。堂吉诃德见了说:

"即使你们挥舞的胳膊比巨人布利亚瑞欧⑪的还多,我也要和你们见个高下!"

他说罢一片虔诚⑫向他那位杜尔西内娅小姐祷告一番,求她在这个紧要关头保佑自己,然后把盾牌遮稳身体,横托着长枪飞马向第一架风车冲杀上去。他一枪刺中了风车的翅膀;翅膀在风里转得正猛,把长枪迸作几段,一股劲儿把堂吉诃德连人带马直扫出去;堂吉诃德滚翻在地,狼狈不堪。桑丘·潘沙趱⑬驴来救,跑近一看,他已经不能动弹,驽骍难得⑭把他摔得太厉害了。

桑丘说:"天哪!我不是跟您说了吗,仔细着点儿,那不过是风车。除非自己的头脑里有风车打转儿,谁还不知道这是风车呢?"

堂吉诃德答道:"甭说了,桑丘朋友,打仗的胜败最拿不稳。看来把我的书连带书房一起抢走的弗瑞斯冬法师对我冤仇很深,一定是他把巨人变成风车,来剥夺我胜利的光荣。可是到头来,他的邪法毕竟敌不过我这把剑的锋芒。"

桑丘说:"这就要瞧老天爷怎么安排了。"

桑丘扶起堂吉诃德;他重又骑上几乎跌歪了肩膀的驽骍难得。他们谈论着方才的险遇,顺着往拉比塞峡口的大道前去,因为据堂吉诃德说,那地方来往人多,必定会碰到许多形形色色的奇事。

注释:

① 选自人民文学出版社 2003 年版杨绛译塞万提斯《堂吉诃德》第七、八章。

②米盖尔·德·塞万提斯·萨万德拉(1547—1616),是文艺复兴时期西班牙小说家、剧作家、诗人。他被誉为西班牙文学世界里最伟大的作家。在他的作品中,以《堂吉诃德》最为著名,影响也最大,是文艺复兴时期西班牙和欧洲杰出的作品。

③褡(dā)裢(lian):长方形的口袋,中央开口,两端各成一个袋子,装钱物用,一般分大小两种,大的可以搭在肩上,小的可以挂在腰带上。

④踌(chóu)躇(chú):犹豫。

⑤附庸国:古代指附属于大国的小国,也泛指依附于其他事物而存在的事物。

⑥绰(chuò):宽绰,宽裕。

⑦哩瓦:此处为西班牙里程单位,一哩瓦合6.4千米。

⑧货真价实:货物不是冒牌的,价钱也是实在的。原是商人招揽生意的用语,现在引申为实实在在,一点不假。

⑨祷(dǎo)告:向神祈求保佑。

⑩厮(sī)杀:相互拼杀,指战斗。

⑪布利亚瑞欧:希腊神话里和神道作战的巨人,有一百条手臂。

⑫虔(qián)诚:恭敬而有诚意,多指宗教信仰。

⑬趱(zǎn):催促,催逼。

⑭驽骍(xīng)难得:驽骍,驽马;难得,堂吉诃德所骑驽马的名字。

思考与探究

1. 请阅读《堂吉诃德》原著。

2. 读《堂吉诃德》对我们来说,有什么现实意义?

3. 试把堂吉诃德与阿Q进行比较,谈谈作者塑造人物形象的成功之处,并说说在刻画人物手法上两者的共性。

专业·语文

天龙八部（节选）①

金 庸②

课文导读

天龙八部，佛教术语，天龙八部都是"非人"，包括八种神道怪物，因为"天众"及"龙众"最为重要，所以称为"天龙八部"。八部包括：一天众、二龙众、三夜叉、四乾达婆、五阿修罗、六迦楼罗、七紧那罗、八摩睺罗伽。许多大乘佛经叙述佛向诸菩萨、比丘等说法时，常有天龙八部参与听法。如《法华经·提婆达多品》："天龙八部、人与非人，皆遥见彼龙女成佛。""非人"是形貌似人，而实际不是人的众生。

《天龙八部》是著名作家金庸的武侠代表作。著于1963年，历时4年创作完成，前后改动6次，2005年版改动较大。小说以北宋哲宗时期为背景，通过宋、辽、大理、西夏、吐蕃等王国之间的武林恩怨和民族矛盾，从哲学的高度对人生和社会进行审视和描写，展示了一幅波澜壮阔的生活画卷。"天龙八部"出于佛经，有"世间众生"的意思，寓意象征着大千世界的芸芸众生，背后笼罩着佛法的无边与超脱。全书主旨"无人不冤，有情皆孽"，作品风格宏伟悲壮，是一部悲剧色彩浓厚的作品。

课文节选了《天龙八部》第四十一回"燕云十八飞骑 奔腾如虎风烟举"，讲的是萧峰到少林寺救阿紫，在山上力斗丁春秋、慕容复、游坦之三大高手，充分展示了他的绝世武功和英雄气概。

但听得蹄声如雷，十余乘马疾风般卷上山来。马上乘客一色都是玄色薄毡大氅，里面玄色布衣，但见人似虎，马如龙，人既矫捷，马亦雄骏，每一匹马都是高头长腿，通体黑毛，奔到近处，群雄眼前一亮，金光闪闪，却见每匹马的蹄铁竟然是黄金打就。来者一共是一十九骑，人数虽不甚多，气势之壮，却似有如千军万马一般，前面一十八骑奔到近处，拉马向两旁一分，最后一骑从中驰出。

丐帮帮众之中，大群人猛地里高声呼叫："乔帮主，乔帮主！"数百名帮众从人丛中疾奔出来，在那人马前躬身参见。

这人正是萧峰，他自被逐出丐帮之后，只道帮中弟子人人视他有如寇仇，万没料到敌我已分,竟然仍有这许多旧时兄弟如此热诚地过来参见,陡然间热血上涌,虎目含泪,翻身下马,抱拳还礼,说道:"契丹人萧峰被逐出帮,与丐帮更无瓜葛。众位何得仍用旧日称呼?众位兄弟,别来俱都安好?"最后这句话中,旧情拳拳之意,竟是难以自已。

过来参见的大都是帮中的三袋、四袋弟子。一二袋弟子是低辈新进,平素少有机会和萧峰相见,五六袋以上弟子却严于夷夏之防,年长位尊,不如年轻的热肠汉子那么说干便干,极少顾虑。这数百名弟子听他这么说,才省起行事太过冲动,这位"乔帮主"乃是大对头契丹人,帮中早已上下均知,何以一见他突然现身,爱戴之情油然而生,竟将这大事忘了? 有些人当下低头退了回去,却仍有不少人道:"乔……乔……你老人家好,自别之后,咱们无日不……不想念您老人家。"

那日阿紫突然外出不归,连续数日没有音讯,萧峰自是焦急万分,派出大批探子寻访。过了数月,终于得到回报,说她陷身丐帮,那个铁头人也与她在一起。

萧峰一听之下,甚是心惊,心想丐帮恨己切齿,这次将阿紫掳去,必是以她为质,向自己胁迫,须当立时将她救回。当下奏知辽帝,告假两月,将南院军政事务交由南院枢密使耶律莫哥代拆代行,径自南来。

萧峰这次重到中原,仍是有备而来,所选的"燕云十八骑",个个是契丹族中顶尖儿的高手。他上次在聚贤庄中独战群雄,若非有一位大英雄突然现身相救,难免为人乱刀分尸,可见无论武功如何高强,真要以一敌百,终究不能,现下偕燕云十八骑俱来,每一人都能以一当十,再加胯下坐骑皆是千里良马,危急之际,倘若只求脱身,当非难事。

一行人来到河南,萧峰擒住一名丐帮低袋弟子询问,得知阿紫双目已盲,每日与新帮主形影不离,此刻已随同新帮主前赴少林寺。萧峰惊怒更增,心想阿紫双目为人弄瞎,则在丐帮中所遭种种惨酷的虐待拷打,自是可想而知,当即追向少林寺来,只盼途中遇上,径自劫夺,不必再和少林寺诸高僧会面。

来到少室山上,远远听到星宿派门人大吹,说什么星宿派武功远胜降龙十八掌,不禁怒气陡生。他虽已不是丐帮帮主,但那降龙十八掌乃恩师汪剑通所亲授,如何能容旁人肆意诬蔑? 纵马上得山来,与丐帮三四袋群弟子厮见后,一瞥之间,见丁春秋手中抓住一个紫衣少女,身材婀娜,雪白的瓜子脸蛋,正是阿紫。但见她双目无光,瞳仁已毁,已然盲了。

萧峰心下又是痛惜,又是愤怒,当即大步迈出,左手一划,右手呼的一掌,便向丁春秋击去,正是降龙十八掌的一招"亢龙有悔",他出掌之时,与丁春秋相距尚有十五六丈,但说到便到,力自掌生之际,两人相距已不过七八丈。

天下武术之中,任你掌力再强,也决无一掌可击到五丈以外的。丁春秋素闻"北乔峰,南慕容"的大名,对他决无半点小觑之心,然见他在十五六丈之外出掌,万料不到此掌是针对自己而发。殊不料萧峰一掌既出,身子已抢到离他三四丈处,又是一招"亢龙有悔",后掌推前掌,双掌力道并在一起,排山倒海地压将过来。

只一瞬之间,丁春秋便觉气息窒滞,对方掌力竟如怒潮狂涌,势不可当,又如是一堵无形的高墙,向自己身前疾冲。他大惊之下,哪里还有余裕筹思对策,但知若是单掌出迎,势必断臂腕折,说不定全身筋骨尽碎,百忙中将阿紫向前急抛,双掌连画三个半圆护住身前,同时足尖着力,飘身后退。

萧峰跟着又是一招"亢龙有悔",前招掌力未消,次招掌力又至。丁春秋不敢正面直撄其锋,右掌斜斜挥出,与萧峰掌力的偏势一触,但觉右臂酸麻,胸中气息登时沉浊,当即乘势纵出三丈之外,唯恐敌人又再追击,竖掌当胸,暗暗将毒气凝到掌上。萧峰轻伸猿臂,将从半空中坠下的阿紫接住,随手解开了她的穴道。

阿紫虽然目不能视物,被丁春秋制住后又口不能说话,于周遭变故却听得清清楚楚,身上穴道一解,立时喜道:"好姊夫,多亏你来救了我。"

萧峰心下一阵难过,柔声安慰:"阿紫,这些日子来可苦了你啦,都是姊夫累了你。"他只道丐帮首脑人物恨他极深,偏又奈何他不得,得知阿紫是他世上唯一的亲人,便到南京去掳了来,痛加折磨,却决计料想不到阿紫这一切全是自作自受。

萧峰来到山上之时,群雄立时耸动。那日聚贤庄一战,他孤身一人连毙数十名好手,当真是威震天下。中原群雄恨之切齿,却也是闻之落胆,这时又见他突然上少室山来,均想恶战又是势所难免。当日曾参与聚贤庄之会的,回思其时庄中大厅上血肉横飞的惨状,兀自心有余悸,不寒而栗。待见他仅以一招"亢龙有悔",便将那不可一世的星宿老怪打得落荒而逃,心中更增惊惧,一时山上群雄面面相觑,肃然无语。

只有星宿派门人中还有十几人在那里大言不惭:"姓乔的,你身上中了我星宿派老仙的仙术,不出十天,全身化为脓血而亡!""星宿老仙见你是后生小辈,先让你三招!""星宿老仙是什么身份,怎屑与你动手?你如不悔悟,立即向星宿老仙跪地求饶,日后势必死无葬身之地。"只是声音零零落落,绝无先前的嚣张气焰。

游坦之见到萧峰,心下害怕,待见他伸臂将阿紫搂在怀里,而阿紫满脸喜容,对他神情亲密,再也难以忍耐,纵身而前,说道:"你快……快放下阿紫姑娘!"萧峰将阿紫放在地下,问道:"阁下何人?"游坦之和他凛然生威的目光相对,气势立时怯了,嗫嚅道:"在下……在下是丐帮帮主……帮主庄……那个庄帮主。"

丐帮中有人叫道:"你已拜入星宿派门下,怎么还能是丐帮帮主?"

萧峰怒喝:"你干么弄瞎了阿紫姑娘的眼睛?"游坦之为他威势所慑,倒退两步,说道:"不……不是我……真的不是……"阿紫道:"姊夫,我的眼睛是丁春秋这老贼弄瞎的,你快挖了丁老贼的眼珠出来,给我报仇。"

萧峰一时难以明白其间真相,目光环扫,在人丛中见到了段正淳和阮星竹,胸中一酸,又是一喜,朗声道:"大理段王爷,令爱千金在此,你好好的管教吧!"携着阿紫的手,走到段正淳身前,轻轻将她一推。

阮星竹早已哭湿了衫袖，这时更加泪如雨下，扑上前来，搂住了阿紫，道："乖孩子，你……你的眼睛怎么样了？"

段誉见到萧峰突然出现，大喜之下，便想上前厮见，只是萧峰掌击丁春秋、救回阿紫、会见游坦之、没丝毫空闲。待见阮星竹抱住了阿紫大哭，段誉不由得暗暗纳罕："怎地乔大哥说这盲眼少女是我爹爹的令爱千金？"但他素知父亲到处留情，心念一转之际，便已猜到了其中关窍，快步而出，叫道："大哥，别来可好？这可想煞小弟了。"

萧峰自和他在无锡酒楼中赌酒结拜，虽然相聚时短，却是倾盖如故，肝胆相照，意气相投，当即上前握住他双手，说道："兄弟，别来多事，一言难尽，差幸你我俱都安好。"

忽听得人丛中有人大叫："姓乔的，你杀了我兄长，血仇未曾得报，今日和你拼了。"跟着又有人喝道："这乔峰乃契丹胡虏，人人得而诛之，今日可再也不能容他活着走下少室山去。"但听得呼喝之声，响成一片，有的骂萧峰杀了他的儿子，有的骂他杀了父亲。

萧峰当日聚贤庄一战，杀伤着实不少。此时聚在少室山上的各路英雄中，不少人与死者或为亲人戚属，或为知交故友，虽对萧峰忌惮惧怕，但想到亲友血仇，忍不住向之叫骂。喝声一起，登时越来越响。众人眼见萧峰随行的不过一十八骑，他与丐帮及少林派均有仇怨，而适才数掌将丁春秋击得连连退避，更成为星宿派的大敌，动起手来，就算丐帮两不相助，各路英雄、少林僧侣，再加上星宿派门人，以数千人围攻萧峰一十九骑契丹人马，就算他真有通天的本领，那也决计难脱重围。声势一盛，各人胆气也便更加壮了。

群雄人多口杂，有些粗鲁之辈、急仇之人，不免口出污言，叫骂得甚是凶狠毒辣。数十人纷纷拔出兵刃，舞刀击剑，便欲一拥而上，将萧峰乱刀分尸。

萧峰一十九骑快马奔驰的来到中原，只盼忽施突袭，将阿紫救归南京，绝未料到竟有这许多对头聚集在一起。他自幼便在中原江湖行走，与各路英雄不是素识，便是相互闻名，知道这些人大都是侠义之辈，所以与自己结怨，一来因自己是契丹人，二来是有人从中挑拨，出于误会。聚贤庄之战实非心中所愿，今日若再大战一场，多所杀伤，徒增内疚，自己纵能全身而退，携来的"燕云十八骑"不免伤亡惨重，心下盘算："好在阿紫已经救出，交给了她父母，阿朱的心愿已了，我得急谋脱身，何必跟这些人多所纠缠？"转头向段誉道："兄弟，此时局面恶劣，我兄弟难以多叙，你暂且退开，山高水长，后会有期。"他要段誉避在一旁，免得夺路下山之时，旁人出手误伤了他。

段誉眼见各路英雄数逾千人，个个要击杀义兄，不由得激起了侠义之心，大声道："大哥，做兄弟的和你结义之时，说什么来？咱们俩有福同享，有难同当，不愿同年同月同日生，但愿同年同月同日死。今日大哥有难，兄弟焉能苟且偷生？"他以前每次遇到危难,都是施展凌波微步的巧妙步法,从人丛中奔逃出险,这时眼见情势凶险,胸口热血上涌,决意和萧峰同死,以全结义之情,这一次是说什么也不逃的了。

一众豪杰大都不识段誉是何许人,见他自称是萧峰的结义兄弟,决意与萧峰联手和众人对敌,这么一副文弱儒雅的模样,年纪又轻,自是谁也没将他放在心上,叫嚷得更加凶了。

萧峰道:"兄弟,你的好意,哥哥甚是感谢。他们想要杀我,却也没这么容易。你快退开,否则我要分手护你,反而不便迎敌。"段誉道:"你不用护我。他们和我无怨无仇,如何便来杀我?"萧峰脸露苦笑,心头感到一阵悲凉之意,心想:"倘若无怨无仇便不加害,世间种种怨仇,却又得何而生?"

段正淳低声向范骅、华赫艮、巴天石诸人道:"这位萧大侠与我有救命之恩,待会危急之际,咱们冲入人群,助他脱险。"范骅道:"是!"向拔刃相向的数千豪杰瞧了几眼,说道:"对方人多,不知主公有何妙策?"段正淳摇摇头,说道:"大丈夫恩怨分明,尽力而为,以死相报。"大理众士齐声道:"原当如此!"

这边姑苏燕子坞诸人也在轻声商议。公冶乾自在无锡与萧峰对掌赛酒之后,对他极是倾倒,力主出手相助。包不同和风波恶对萧峰也十分佩服,跃跃欲试地要上前助拳。慕容复却道:"众位兄长,咱们以兴复为第一要务,岂可为了萧峰一人而得罪天下英雄?"邓百川道:"公子之言甚是。咱们该当如何?"

慕容复道:"收揽人心,以为己助。"突然间长啸而出,朗声说道:"萧兄,你是契丹英雄,视我中原豪杰有如无物,区区姑苏慕容复今日想领教阁下高招。在下死在萧兄掌上,也算是为中原豪杰尽了一分微力,虽死犹荣。"他这几句话其实是说给中原豪杰听的,这么一来,不论胜败,中原豪杰自将姑苏慕容氏视做了生死之交。

群豪虽有一拼之心,却谁也不敢首先上前挑战。人人均知,虽然战到后来终于能将他击毙,但头上数十人却非死不可,这时忽见慕容复上场,不由得大是欣慰,精神为之一振。"北乔峰,南慕容"二人向来齐名,慕容复抢先出手,就算最后不敌,也已大杀对方凶焰,耗去他不少内力。霎时间喝彩之声,响彻四野。

萧峰忽听慕容复挺身挑战,也不由得一惊,双手一合,抱拳相见,说道:"素闻公子英名,今日得见高贤,大慰平生。"

段誉急道:"慕容兄,这可是你的不是了。我大哥和你初次相见,素无嫌隙,你又何必乘人之危?何况大家冤枉你之时,我大哥曾为你分辩?"慕容复冷冷一笑,说道:"段兄要做抱打不平的英雄好汉,一并上来赐教便是。"他对段誉纠缠王语嫣,不耐已久,此刻乘机发作了出来。段誉道:"我有什么本领来赐教于你?只不过说句公道话罢了。"

丁春秋被萧峰数掌击退,大感面目无光,而自己的种种绝技并未得施,当下纵身而前,打个哈哈,说道:"姓萧的,老夫看你年轻,适才让你三招,这第四招却不能让了。"

游坦之上前说道："姓庄的多谢你救了阿紫姑娘，可是杀父之仇，不共戴天。姓萧的，咱们今日便来做个了断。"

少林派玄生大师暗传号令："罗汉大阵把守各处下山的要道。这恶徒害死了玄苦师兄，此次决不容他再生下少室山。"

萧峰见三大高手以鼎足之势围住了自己，而少林群僧东一簇，西一撮，看似杂乱无章，其实暗含极厉害的阵法，这情形比之当日聚贤庄之战又更凶险得多。忽听得几声马匹悲嘶之声，十九匹契丹骏马一匹匹翻身滚倒，口吐白沫，毙于地下。

十八名契丹武士连声呼叱，出刀出掌，刹那间将七八名星宿派门人砍倒击毙，另有数名星宿门人却逃了开去。原来丁春秋上前挑战，他的门人便分头下毒，算计了契丹人的坐骑，要萧峰不能倚仗骏马脚力冲出重围。

萧峰一瞥眼间，看到爱马在临死之时眼望自己，流露出恋主的凄凉之色，想到乘坐此马日久，千里南下，更是朝夕不离，不料却于此处丧于奸人之手，胸口热血上涌，激发了英雄肝胆，一声长啸，说道："慕容公子、庄帮主、丁老怪，你们便三位齐上，萧某何惧？"他恼恨星宿派手段阴毒，呼的一掌，向丁春秋猛击出去。

丁春秋领教过他掌力的厉害，双掌齐出，全力抵御。萧峰顺势一带，将己彼二人的掌力都引了开来，斜斜劈向慕容复。慕容复最擅长本领是"斗转星移"之技，将对方使来的招数转换方位，反施于对方，但萧峰一招挟着二人的掌力，力道太过雄浑，同时掌力急速回旋，实不知他击向何处，势在无法牵引，当即凝运内力，双掌推出，同时向后飘开了三丈。

萧峰身子微侧，避开慕容复的掌力，大喝一声，犹似半空响了个霹雳，右拳向游坦之击出。他身材魁伟，比游坦之足足高了一个头，这一拳打将出去，正对准了他面门。游坦之对他本存惧意，听到这一声大喝宛如雷震，更是心惊。萧峰这一拳来得好快，掌击丁春秋，斜劈慕容复，拳打游坦之，虽说有先后之分，但三招接连而施，快如闪电，游坦之待要招架，拳力已及门面，总算他勤练《易筋经》后，体内自然而然的生出反应，脑袋向后急仰，两个空心筋斗向后翻出，这才在间不容发之际避开了这千斤一击。

游坦之脸上一凉，只听得群雄"咦"的一声，但见一片片碎布如蝴蝶般四散飞开。游坦之蒙在脸上的面幕竟被萧峰这一掌击得粉碎。旁观众人见这丐帮帮主一张脸凹凹凸凸，一块红，一块黑，满是创伤疤痕，五官糜烂，丑陋可怖已极，无不骇然。

萧峰于三招之间，逼退了当世的三大高手，豪气勃发，大声道："拿酒来！"一名契丹武士从死马背上解下一只大皮袋，快步走近，双手奉上。萧峰拔下皮袋塞子，将皮袋高举过顶，微微倾侧，一股白酒激泻而下。他仰起头来，咕嘟咕嘟的喝之不已。皮袋装满酒水，少说也有二十来斤，但萧峰一口气不停，将一袋白酒喝得涓滴无存。只见他肚子微微胀起，脸色却黑黝黝的一如平时，毫无酒意。群雄相顾失色之际，萧峰右手一挥，余下十七名契丹武士各持一只大皮袋，奔到身前。

萧峰向十八名武士说道："众位兄弟,这位大理段公子,是我的结义兄弟。今日咱们陷身重围之中,寡不敌众,已然势难脱身。"他适才和慕容复等各较一招,虽然占了上风,却已试出这三大高手每一个都身负绝技,三人联手,自己便非其敌,何况此外虎视眈眈、环伺在侧的,又有千百名豪杰。他拉着段誉之手,说道："兄弟,你我生死与共,不枉了结义一场,死也罢,活也罢,大家痛痛快快地喝他一场。"

段誉为他豪气所激,接过一只皮袋,说道："不错,正要和大哥喝一场酒。"

少林群僧中突然走出一名灰衣僧人,朗声说道："大哥,三弟,你们喝酒,怎么不来叫我?"正是虚竹。他在人丛之中,见到萧峰一上山来,登即英气逼人,群雄黯然无光,不由得大为心折;又见段誉顾念结义之情,甘与共死,当日自己在缥缈峰上与段誉结拜之时,曾将萧峰也结拜在内,大丈夫一言既出,生死不渝,想起与段誉大醉灵鹫宫的豪情胜慨,登时将什么安危生死、清规戒律,一概置之脑后。

萧峰从未见过虚竹,忽听得他称自己为"大哥",不禁一呆。

段誉抢上去拉着虚竹的手,转身向萧峰道："大哥,这也是我的结义哥哥。他出家时法名虚竹,还俗后叫虚竹子。咱二人结拜之时,将你也结拜在内了。二哥,快来拜见大哥。"虚竹当即上前,跪下磕头,说道："大哥在上,小弟叩见。"

萧峰微微一笑,心想："兄弟做事有点呆气,他和人结拜,竟将我也结拜在内。我死在顷刻,情势凶险无比,但这人不怕艰难,挺身而出,足见是个重义轻生的大丈夫、好汉子。萧峰和这种人相结为兄弟,却也不枉了。"当即跪倒,说道："兄弟,萧某得能结交你这等英雄好汉,欢喜得紧。"两人相对拜了八拜,竟然在天下英雄之前,义结金兰。

萧峰不知虚竹身负绝顶武功,见他是少林寺中的一名低辈僧人,料想功夫有限,只是他既慷慨赴义,若教他避在一旁,反而小觑他了,提起一只皮袋,说道："两位兄弟,这一十八位契丹武士对哥哥忠心耿耿,平素相处,有如手足,大家痛饮一场,放手大杀吧。"拔开袋上塞子,大饮一口,将皮袋递给虚竹。虚竹胸中热血如沸,哪管他什么佛家的五戒六戒、七戒八戒,提起皮袋便即喝了一口,交给段誉。段誉喝一口后,交了给一名契丹武士。众武士一齐举袋痛饮烈酒。

虚竹向萧峰道："大哥,这星宿老怪害死了我后一派的师父、师兄,又害死我先一派少林派的太师叔玄难大师和玄痛大师。兄弟要报仇了!"萧峰心中一奇,道："你……"第二个字还没说下去,虚竹双掌飘飘,已向丁春秋击了过去。

萧峰见他掌法精奇,内力浑厚,不由得又惊又喜,心道："原来二弟武功如此了得,倒是万万意想不到。"喝道："看拳!"呼呼两拳,分向慕容复和游坦之击去。游坦之和慕容复分别出招抵挡。十八名契丹武士知道主公心意,在段誉身周一围,团团护卫。

虚竹使开"天山六阳掌",盘旋飞舞,着着进迫。丁春秋那日潜入木屋,曾以"逍遥三笑散"对苏星河和虚竹暗下毒手,苏星河中毒毙命,虚竹却安然无恙,丁春秋早已对他深自忌惮,此刻便不敢使用毒功,深恐虚竹的毒功更在自己之上,那时害人不成,反受其害,当即也以本门掌法相接,心想:"这小贼秃解开珍珑棋局,竟然得了老贼的传授，成为我逍遥派的掌门人。老贼诡计多端，别要暗中安排下对付我的毒计，千万不可大意。"

逍遥派武功讲究轻灵飘逸，闲雅清隽，丁春秋和虚竹这一交上手，但见一个童颜白发，宛如神仙，一个僧袖飘飘，冷若御风。两人都是一沾即走，当真便似一对花间蝴蝶，蹁跹不定，于这"逍遥"二字发挥到了淋漓尽致。旁观群雄于这逍遥派的武功大都从未见过，一个个看得心旷神怡，均想："这二人招招凶险，攻向敌人要害，偏生姿势却如此优雅美观，直如舞蹈。这般举重若轻、潇洒如意的掌法，我可从来没见过，却不知哪一门功夫？叫什么名字？"

那边厢萧峰独斗慕容复、游坦之二人，最初十招颇占上风，但到十余招后，只觉游坦之每一拳击出、每一掌拍来，都是满含阴寒之气。萧峰以全力和慕容复相拼之际，游坦之再向他出招，不由得寒气袭体，大为难当。这时游坦之体内的冰蚕寒毒得到《易筋经》内功的培养，正邪为辅，水火相济，已成为天下一等一的厉害内功，再加上慕容复"斗转星移"之技奥妙莫测，萧峰此刻力战两大高手，比之当日在聚贤庄与数百名武林好汉对垒，凶险之势，实不遑多让。但他天生神武，处境越不利，体内潜在勇力越是发皇奋扬，将天下阳刚第一的"降龙十八掌"一掌掌发出，竟使慕容复和游坦之无法近身，而游坦之的冰蚕寒毒便也不致侵袭到他身上。但萧峰如此发掌，内力消耗着实不小，到后来掌力势非减弱不可。

游坦之看不透其中的诀窍，慕容复却心下雪亮，知道如此斗将下去，只须自己和这庄帮主能支持得半个时辰，此后便能稳占上风。但"北乔峰，南慕容"素来齐名，今日首次当众拼斗，自己却要丐帮帮主相助，纵然将萧峰打死，"南慕容"却也显然不及"北乔峰"了。慕容复心中盘算数转，寻思："兴复事大，名望事小。我若能为天下英雄除去了这个中原武林的大害，则大宋豪杰之士，不论识与不识，自然对我怀恩感德，看来这武林盟主一席，便非我莫属了。那时候振臂一呼，大燕兴复可期。何况其时乔峰这厮已死，就算'南慕容'不及'北乔峰'，也不过往事一件罢了。"转念又想："杀了乔峰之后，庄聚贤便成大敌，倘若武林盟主之位终于被他夺去，我反而要听奉他号令，却又大大的不妥。"是以发招出掌之际，暗暗留下几分内力，只是面子上似乎全力奋击，勇不顾身，但萧峰"降龙十八掌"的威力，却大半由游坦之受了去。慕容复身法精奇，旁人谁也瞧不出来。

转瞬之间，三人翻翻滚滚的已拆了百余招。萧峰连使巧劲，诱使游坦之上当。游坦之经验极浅，几次险些着了道儿，全仗慕容复从旁照料，及时化解，而对萧峰所击出刚猛无俦的掌力，游坦之却以深厚内功奋力承受。

注释：

① 选自《天龙八部》第四十一回"燕云十八飞骑　奔腾如虎风烟举"，文化艺术出

版社 1998 年版。

②　金庸(1924—)，原名查良镛，生于浙江海宁，后居香港，当代新派武侠小说家，代表作有《书剑恩仇录》《射雕英雄传》《神雕侠侣》《倚天屠龙记》《天龙八部》《笑傲江湖》《鹿鼎记》等。

思考与探究

1. 乔峰被多数人誉为金庸小说中的第一大英雄，仔细阅读文本，哪些细节表现了他的英雄气概？

2. 乔峰、段誉和虚竹三人中你最喜欢哪个人物，为什么？

3. 有人说，金庸的小说成就足以进入文学史，也有人说他的武侠小说再好也是通俗文学，只有娱乐的作用，难登大雅之堂。对此，你怎么看？

成　长①

[美]拉索尔·贝克

课文导读

　　成长是青春颂歌的主旋律，每一个人的成长经历都值得回味。课文写的就是一个值得回味的励志故事。

　　"我"的成长与母亲分不开。母亲发现"我"缺乏闯劲，在"我"八岁的时候就让"我"街头卖报，这是母亲对"我"进行的强化训练，因为她始终认为"我"应该是一位"有所建树"的人才。"一次不行试两次，两次不行试三次"，"我"竭尽全力"挣扎"着。后来，母亲终于明白了卖报非"我"所长，而写作似乎更适合"我"，于是，她高兴地称呼"我"为"老弟"，认为"我""可以当个作家"，这句话表明母亲真正理解了"我"，而"我"也没有辜负她的期望，经过不懈努力，"我"终于成了一位作家。

　　阅读课文可以唤起我们的思考。人们常说："适合的才是最好的。"你现在学的专业"正中你的下怀"吗？你会为此不懈努力吗？

　　课文刻画了一些栩栩如生的人物，母亲、"我"、多丽丝、出版社的管理人员等，其中母亲的形象是最有特色的，她的语言也是最有个性的，阅读时要好好领悟。

　　我八岁时便进入了新闻界,那是我母亲的意思。她希望我"有所建树",于是在对我的能力做了冷静的估量后,便认为我若想在竞争中不给落下的话,还是早点起步为好。

　　母亲早就看出我性格中的不足之处是缺乏"闯劲"。在我看来,一个最惬意的下午应是躺在收音机前,重读我所喜爱的了不起的小书系列②《迪克·特蕾茜③遇见史杜基·维拉④》。母亲对无所事事深恶痛绝。看到我一副悠哉游哉自得其乐的样子,她难以掩饰她的厌恶。"你一点进取心也没有,像个木头人,"她说道,"到厨房帮多丽丝洗碗碟去。"

　　我妹妹多丽丝虽比我小两岁,她那充沛无比的精力足能抵上一打人。她十分热衷于洗碗、铺床和清理房间。才七岁,她就能拿着缺了秤的奶酪赶回小杂货店,威胁老板说要告他,然后兴高采烈地带回补足分量的四分之一磅奶酪,老板为求宽恕还另加几盎司。要不是个女孩,多丽丝一定会有出息。就因为这一缺憾,她能指望的最好出路无非是当个护士或教师。在那个时代,一般认为有能力的女性也只能从事那些工作。

　　这肯定让我的母亲感到沮丧,命运就这样阴差阳错地赋予她女儿进取心,而留给她一个只满足于读读《迪克·特蕾茜遇见史杜基·维拉》的儿子。尽管失望,然而她却毫不自怨自艾。不管我愿不愿意,她决心要使我有所出息。"自助者天助",她是这么说的,也正是这样想的。

　　对于困难她很现实。估量了这块上帝交给她并让她去塑造的"料子"后,对其能否成才她不抱奢望,她从未强求我长大后当美国总统。

　　五十年前,做父母的依然会问儿子长大后想不想当总统。他们决不是开玩笑,而是相当一本正经。不少出身贫寒的父母依旧相信他们的儿子能做总统。亚伯拉罕·林肯就当上了。我们距林肯只有六十五年。我们中间有许多祖父辈的人依然记着林肯时代,也就是这辈子最爱问你长大后要不要当总统。做肯定回答的小男孩出乎意料的多,而且他们还当真这么想。

　　我就被人问过好多次。我总是回答说,不,我长大了不想当总统。有一次,别人这么问我时我母亲也在场。一个上了年纪的伯伯提出了这个老话题,当了解到我对总统宝座毫无兴趣后,他问道:"那么你长大后想干什么?"

　　我爱到垃圾堆中翻捡贴着漂亮标签的罐头和空瓶,还喜欢翻阅人家丢弃的杂志。当时,这个世界上最可向往的工作马上跳进我的脑中,"我要当个垃圾工。"我说道。老伯伯笑了,而母亲则第一次痛苦地注意到我越来越不成器了。"你给我有长进点,拉索尔。"她说。叫我拉索尔是她不愉快的一个信号。当她赞成我的想法的时候,总叫我"老弟"。

　　到我八岁时,母亲认准了让我起步走向成才之道已迫在眉睫⑤。"老弟,"有一天她说,"我要你今天一放学就回家。有客人要来,我想让你见见他。"

那天下午当我冲进屋里的时候,她正在客厅与柯蒂斯⑥出版公司的一位管理人员交谈。她介绍了我。他弯下身子与我握了手。母亲说,我渴望得到征服商界的机遇。他问道:"这是真的吗?"

母亲回答说,我生来就具有一种想出人头地的可贵的信念。

"是的。"我小声答道。

"可你有没有生意场上获取成功所必需的那种勇气、个性和决不退缩的意志?"

母亲说我当然有。

"是的。"我说道。

他默默地注视我良久,像是在掂量⑦我是否可以被委以重任,然后就坦率地说开了。在迈出关键性的一步之前,他说,他要提醒我,为柯蒂斯出版公司工作对年轻人来说是份很重的担子。这是美国大公司之一,甚至可能是世界上最了不起的出版社。不用问,我肯定听说过《星期六晚邮报》吧?

岂止是听说,母亲说家里的每一个成员都知道《星期六晚邮报》,而我呢,事实上是带着宗教般的虔诚来阅读它的。

那么毫无疑问,他说,我们一定也熟悉刊物天地中的两大支柱《妇女家庭杂志》和《乡村绅士》杂志吧。

我们确实知道,母亲说。

能成为《星期六晚邮报》的一名代理在商界堪称最大荣耀,他说道。他本人便深为自己系这家大公司的一分子而无比自豪。

母亲说他这样想是理所当然的。

他又端详起我来,简直就像是在盘算我是否可以被授勋封爵似的。末了,问道:"你靠得住吗?"

母亲说我诚实到极顶。

"是的。"我说。

来访者第一次露出了微笑。他告诉我说,我是一个幸运儿,他欣赏我的胆量,大多数年轻人视生活如儿戏,这些人在一生中不会有太多的发展。只有勤于工作,肯节俭,且能保持脸面整洁、头发光亮的年轻人,方能指望在如今的世道出人头地。他还问我,是不是真心实意地认为自己就是这样的一个年轻人。

"他当然是这样认为的。"母亲说道。

"是的。"我说道。

他说他对我留下深刻印象,打算栽培我做柯蒂斯出版公司的一名代理。他说下周二会有三十份新印出的《星期六晚邮报》送到我家门口。我得把这些油墨未干透的杂志装进一个漂亮的帆布包里,再将包挎到肩上,随后穿街走巷,将这些集新闻、小说以及漫画的精华于一处的最高典范带给美国大众。

那个帆布包他正带在身上,他对其毕恭毕敬,宛如对待神父穿的十字褡一样,他向我示范如何把背带绕过胸前挂到左肩上,右手便能轻而易举地伸进包内,将这些新闻、小说和漫画的最佳之作迅速取出并销售给大众。人们的快乐和保障就靠我们这些新闻自由的卫士了。

到了下周二,我从学校跑回家,背上帆布包,把杂志全部装进去,并将身子向左倾斜着以平衡右边臀部上的杂志的重量,就这样我踏上了新闻事业的大道。

我们住在新泽西州的贝利维尔,那是一个位于纽瓦克®北部边缘的市郊小镇。时值1932年,正是大萧条最甚之际。我父亲两年前去世,遗留给我们的除了几件西尔斯—罗伯克家具外,别无他物。母亲便带着我和多丽丝投奔她的一个弟弟,也就是我的艾伦舅舅。到1932年时,艾伦舅舅在事业上已经有所成就。他在纽瓦克给一个饮料商做推销,每周挣三十美金,穿珠灰色鞋罩,戴活动衣领,有三套西装;他婚姻美满,肯收留一文不名的亲戚。

满载杂志的我向贝利维尔街走去。那儿人多,在与联合街交叉的路口有两个加油站、一个小杂货店,还有水果摊、面包房、理发店、苏卡瑞里药房以及一个火车餐车式的小饭馆。好几个小时下来我设法让自己引人注目,不断地更换位置,从一个角落移至另一个角落,从这个橱窗移到那个橱窗,以做到人人都能看清我那帆布包上"星期六晚邮报"这几个既粗又黑的字样。一缕斜阳表明晚饭时刻已到,我便走回家去。

"卖了多少份,老弟?"母亲问道。

"一份都没卖掉。"

"你去了哪儿?"

"贝利维尔街和联合街的十字路口。"

"你都干了些什么?"

"站在拐角处等着人来买《星期六晚邮报》。"

"你就只是站在那儿?"

"一份也没卖掉。"

"天哪,拉索尔!"

艾伦舅舅来干预了。"这事儿我想好久了,"他说,"我正打算定期买《星期六晚邮报》呢。把我算作一个主顾吧。"我递给他一本杂志,他付了我一个子儿。这是我挣的第一个镍币。

然后母亲就向我传授推销员的技巧。我该去按门铃,与大人们说话既要带着几分自信又要让人爱听,若遭拒绝就要用推销员惯用的口吻告诉对方,不管多穷,家中没有《星期六晚邮报》活得准会不开心。

我告诉母亲说,我已改变了靠做刊物生意发财致富的主意。

"如果你以为我会养个光吃饭不干活的家伙的话,"她答道,"你可就大错特错了。"她叫我第二天一放学就背着帆布包上街去挨家挨户按门铃。当我抗议说我觉得自己没有推销员的天赋时,她问我是不是想把我的皮带借给她,用它在我身上抽几下好让我清醒清醒。我屈服于长辈的意志,心情沉重地踏入新闻界。

母亲和我的这场战斗几乎自我能记事起就开始了。甚至在此之前,当我还是北弗吉尼亚的一个乡下孩子时,母亲因不满父亲清贫的工匠生涯,便已决意不让我长成像他和他的伙伴们那样的人:手上满是老茧,背上套着工装裤,脑子里只有小学四年级的学问。她对未来可能出现的生活有着种种丰富的设想。她之所以把我介绍给《星期六晚邮报》,就是想让我尽早摆脱父亲的那种生活。过着那种生活的人总是带着饭盒日出而作,靠着双手干活直到每一个毛孔都沾满污垢,死后留下的就是那么几件早年邮购来的可怜巴巴的家具。母亲想象中更好的生活该有办公桌和白衣领,熨烫笔挺的西装,晚上则该读书以及轻松地谈天,要是可能——假如一个人特别特别走运,真的发迹了——年薪应高达五千美金,可以拥有一栋大宅第,一辆带折叠座的别克汽车,还可以去大西洋城⑨度假。

就这样我背着一袋子杂志又出发了。我怕那些在可能的买主家门后龇牙⑩吠叫的狗。按陌生人家的门铃令我胆战心惊,没人应门我便松一口气,有人来了我就惊惶失措⑪。虽说受过母亲指教,我仍学不会推销员的伶牙俐齿。人家门一开我就只会问:"想买《星期六晚邮报》吗?"在贝利维尔是很少会有人要的。这是个有三万人口的小镇,好几个星期我按遍了镇上大多数的门铃,可还是卖不完我那三十份杂志。有几个星期,我连续六天在镇上到处兜揽生意,但到了周一晚上仍然有四五本没卖掉。于是我最担心周二早晨的到来,那时门口又会有三十本崭新的《星期六晚邮报》。

"最好今晚出去把剩下的杂志卖了。"母亲往往说道。

于是我通常就站在一个繁忙的路口,那儿的交通灯控制着来自纽瓦克的人流。红灯亮时,我就站在路边对驾车的人高声叫卖:"要买《星期六晚邮报》吗?"

有一个雨夜,车窗都紧闭着,我浑身湿透回到家,毫无出售记录可以汇报。我母亲向多丽丝示意道:"同老弟再去那儿,让他瞧瞧怎样卖掉这些杂志。"

多丽丝那时才七岁,她兴致勃勃地与我回到了那个街角。她从袋子里拿出本杂志,红灯一亮就跑到最近的一辆车的车旁,用小拳头敲着紧闭的车窗。开车人或许还以为有个侏儒要袭击他的车子,吃惊地摇低了车窗探视,多丽丝就塞给他一份《星期六晚邮报》。

"你会需要这杂志的,"她尖着嗓子说道,"只花你五分钱。"

她的推销令人无法回拒。灯光换了不到五六次,她已把杂志都卖完了。我并不觉得丢脸,相反我高兴极了,打算请她一次客。把她带到贝利维尔街的蔬菜店后,我花五分钱买了三个苹果,给了她一个。

"你不该乱花钱。"她说。

"吃你的苹果吧。"我自己咬了一口说道。

"你不该饭前吃东西,"她说,"你吃饭会没胃口的。"

那晚回家后,她如实地汇报了我浪费五分钱的事。我不但没受到斥责,让母亲在背上拍了一下以示嘉奖,因为我还算聪明,买了水果而不是糖果。母亲又从她取之不尽的格言库里取出一条教导多丽丝:"每天一个苹果,便与大夫无缘。"

到我十岁时我已记住了母亲所有的座右铭。要是过了上床时间我还不愿睡觉,我知道母亲就会说:"睡得早,起得早,富裕,聪明,身体好。"要是我抱怨早晨起得早的话,我保证她准会说:"早起的鸟儿觅得到食。"

我最讨厌的一条是"一次不行试两次,两次不行试三次"。每当我呜咽地说我已按过镇上的每一个门铃,肯定那星期贝利维尔不可能再有一个买主了,她便重新发出号令,让我回到毫无指望的挣扎中去。听完我的解释后,她会递给我那个帆布包,说:"一次不行试两次……"

自干上那份活的第一天起,若不是她坚持的话,我早就想撒手不干了。三年下来母亲终于下断语说,要我在生意场上有出息是没指望的了,因此就开始为我留意竞争激烈程度略低的行当来。

在我十一岁那年的一个晚上,我带回家一篇小作文,写的是我的暑假生活,老师给批了个 A。母亲以她教师的眼光读了这篇作文,赞同说这是篇七年级高才生才写得出的散文,并夸奖了我。当时母亲对这事没再多说,然而一个新的念头却在母亲心里萌生了。晚饭吃到一半时,她突然打断了话题。

"老弟,"她说,"大概你可以当个作家。"

这个想法正中我的下怀。我从没遇见过作家,以前不曾有过写作的念头,对于怎样能当上作家也一无所知。但我爱读故事,而且觉得编故事一定和读故事一样的有趣。但最要紧的,也就是真正让我心花怒放的,却是作家生涯的轻松自在。作家不用步履艰难地背着包沿街叫卖,既要防御恶狗,又要遭到粗鲁的陌生人的拒绝。作家不必去按人家的门铃。凭我的理解,作家所干的甚至算不上是工作。

我陶醉了。作家根本不需要什么进取心。这事我对谁都没敢说,怕在学校里叫人笑话,但我已暗自下定决心长大后当一名作家。

注释:

① 选自严凌君主编《成长的岁月——我的学生时代读本 1》(商务印书馆 2003 年版),张洁译。

② 了不起的小书系列:美国少儿系列读物。

③ 迪克·特蕾茜:少儿读物中的人名。

④ 史杜基·维拉:少儿读物中的人名。

⑤ 迫在眉睫:比喻事情临近眼前,十分紧迫。

⑥ 柯蒂斯:柯蒂斯(1850—1933),美国新闻出版商,曾在费城创办《乡村绅士》及《妇女家庭杂志》,并开办柯蒂斯出版公司,后又创办《星期六晚邮报》《大众纪事报》等。

⑦ 掂(diān)量:斟酌,考虑。

⑧ 纽瓦克:美国新泽西州东北部港口城市。

⑨ 大西洋城:美国新泽西州东南部著名的旅游城。

⑩ 龇(zī)牙:露出牙齿,形容凶狠的样子。

⑪ 惊惶(huáng)失措:形容惊慌的样子,不知怎么办好。

思考与探究

1. 整体阅读课文并思考,"我"的母亲是一个什么样的人?你是怎么看待她为"我"所做的种种"设计"的?

2. 下面是文中母亲的一些语言描写,请联系上下文揣摩一下她说这些话时的心理活动。

(1)"你给我有长进点,拉索尔。"

(2)"最好今晚出去把剩下的杂志卖了。"母亲往往说道。

(3)听完我的解释后,她会递给我那个帆布包,说:"一次不行试两次……"

(4)"老弟,"她说,"大概你可以当个作家。"

3. 作者说:"作家根本不需要什么进取心。"对此,你是怎么理解的?从全文看,"我"是一个没有进取心的人吗?

生活·语文

品　质①

[英]高尔斯华绥②

课文导读

《品质》写于1911年。当时的英国社会，资本主义经济已经发展到一定的程度，在这个物欲横流的社会里，人们追求享乐时髦，世俗的眼光衡量一切的标准就是金钱和利益。现代社会机器大生产几乎完全取代了原始的手工业生产，大公司行业垄断"大鱼吃小鱼"的情况愈演愈烈。在行业竞争日益激烈的情形下，为了追求更大的经济利益，一些公司采用一些不符实际的广告招徕顾客，而为了追求剩余价值的最大化，商品的真正质量却在下降。

手艺是鞋匠的生命，对手艺的执着实际上是对传统美德的一种坚守。即便面临生存危机，本分的鞋匠格斯拉仍执着于自己的"靴子理想"。"他做了顶好的靴子"，他把自己的生命融进了靴子里。他被认为是那个物质社会中的怪人，但他的身上却闪烁着朴素而又温润的光辉。

高尔斯华绥用批判反思的精神，带着无限的伤感塑造了坚守传统美德的鞋匠格斯拉这个人物形象，用这个执着而本分的手艺人在无奈的现实社会被淘汰、被毁灭的悲剧惊醒世人，在文明的倒退中呼唤美德。这部短篇小说留给我们的遗憾和嗟叹就像主人公的闪光品质一样，令人回味深远。

我很年轻时就认识他了，因为他承做我父亲的靴子。他和他哥哥合开一家店，店房有两间打通的铺面，开设在一条横街上——这条街现在已经不存在了，但是在那时，它是坐落在伦敦西区的一条新式街道。

那座店房有某种朴素安静的特色，门面上没有注明任何为王室服务的标记，只有包含他自己日耳曼姓氏的"格斯拉兄弟"的招牌，橱窗里陈列着几双靴子。我还记得，要想说明橱窗里那些靴子为什么老不更换，我总觉得很为难，因为他只承做定货，并不出售现成靴子。要说那些都是他做得不合脚而被退出来的靴子，那似乎是不可想象的。是不是他买了那些靴子来做摆设的呢？这好像也不可思议。把那些不是亲手做的皮靴陈列在自己的店里，他是决不能容忍的。而且，那几双靴子太美观了——有一双轻跳舞靴,细长到非言语所能形容的地步;那双带布口的漆皮靴,叫人看了舍不得离开;还有那双褐色长筒马靴,闪着怪异的黑而亮的光辉,虽然是簇新的,但看来好像已经穿过一百年了。只有亲眼见过靴子灵魂的人才能做出那样的靴子——这些靴子体现了各种靴子的本质,确实是模范品。当然我在后来才有这种想法,不过,在我大约十四岁那年,我够格跟他定做成年人靴子的时候,对他们两兄弟的品格就有了模糊的印象。因为从那时起一直到现在,我总觉得,做靴子,特别是做像他所做的靴子,简直是神妙的工艺。

我清楚地记得:有一天,我把幼小的脚伸到他跟前时,羞怯地问道:"格斯拉先生,做靴子是不是很难的事呢?"

他回答说:"这是一种手艺。"从他的含讽带刺的红胡根上,突然露出了一丝的微笑。

他本人有点儿像皮革制成的人:脸庞黄皱皱的,头发和胡子是微红和鬈曲的,双颊和嘴角间斜挂着一些整齐的皱纹,话音很单调,喉音很重;因为皮革是一种死板板的物品,本来就有点僵硬和迟钝。这正是他的面孔的特征,只有他的蓝灰眼睛透着朴实严肃的风度,好像在迷恋着理想。他哥哥虽然由于勤苦在各方面都显得更瘦弱、更苍白,但是他们两兄弟却很相像,所以我在早年有时候要等到跟他们定好靴子的时候,才能确定他们到底谁是谁。后来我搞清楚了:如果没有说"我要问问我的兄弟",那就是他本人;如果说了这句话,那就是他哥哥了。

一个人年纪大了而又荒唐起来以至于赊账的时候,不知怎么的,他决不赊格斯拉兄弟俩的账。如果有人拖欠他几双——比如说——两双以上靴子的价款,竟心安理得地确信自己还是他的主顾,所以走进他的店铺,把自己的脚伸到那蓝色铁架眼镜底下,那就未免有点儿太不应该了。

人们不可能时常到他那里去,因为他所做的靴子非常经穿,一时穿不坏的——他好像把靴子的本质缝到靴子里去了。

人们走进他的店堂,不会像走进一般店铺那样怀着"请把我要买的东西拿来,让我走吧"的心情,而是心平气和地像走进教堂那样。来客坐在那张仅有的木椅上等候,因为他的店堂里从来没有人的。过了一会儿,可以看到他的或他哥哥的面孔从店堂里二楼楼梯口往下边张望——楼梯口是黑洞洞的,同时透出沁人脾胃的皮革气味。随后就可以听到一阵喉音,以及跋拉着木皮拖鞋踏在狭窄木楼梯的踢踏声;他终于站在来客的面前,上身没有穿外衣,背有点儿弯,腰间围着皮围裙,袖子往上卷起,眼睛眨动着——像刚从靴子梦中惊醒过来,或者说,像一只在日光中受了惊动因而感到不安的猫头鹰。

于是我就说:"你好吗,格斯拉先生?你可以给我做一双俄国皮靴吗?"

他会一声不响地离开我,退回到原来的地方去,或者到店堂的另一边去;这时,我就继续坐在木椅上休息,欣赏皮革的香味。不久后,他回来了,细瘦多筋的手里拿着一张黄褐色皮革。他眼睛盯着皮革对我说："多么美的一张皮啊！"等我也赞美一番以后，他就继续说："你什么时候要？"我回答说："啊！你什么时候方便，我就什么时候要。"于是他就说："半个月以后，好不好？"如果答话的是他的哥哥，他就说："我要问问我的弟弟。"然后，我会含糊地说："谢谢你，再见吧，格斯拉先生。"他一边说"再见"，一边继续注视手里的皮革。我向门口走去的时候，就又听到他的趿拉着木皮拖鞋的踢踏声把他送回到楼上做他的靴子梦了。但是假如我要定做的是他还没有替我做过的新式样靴子，那他一定要照手续办事了——叫我脱下靴子，把靴子老拿在手里，以又批评又爱抚的眼光注视着靴子，好像在回想他创造这双靴子时所付出的热情，好像在责备我竟这样穿坏了他的杰作。以后，他就把我的脚放在一张纸上，用铅笔在外沿上搔上两三次，跟着用他的敏感的手指来回地摸我的脚趾，想摸出我要求的要点。

有一天，我有机会跟他谈了一件事，我忘不了那一天。我对他说："格斯拉先生，你晓得吗，上一双在城里散步的靴子咯吱咯吱地响了。"

他看了我一下，没有做声，好像在盼望我撤回或重新考虑我的话，然后他说：

"那双靴子不该咯吱咯吱地响呀。"

"对不起，它响了。"

"你是不是在靴子还经穿的时候把它弄湿了呢？"

"我想没有吧。"他听了这句话以后，蹙蹙眉头，好像在搜寻对那双靴子的回忆。我提起了这件严重的事情，真觉得难过。

"把靴子送回来！"他说，"我想看一看。"

由于我的咯吱咯吱响的靴子，我内心里涌起了一阵怜悯的感情；我完全可以想象到他埋头细看那双靴子时的悲伤心情。

"有些靴子，"他慢慢地说，"做好的时候就是坏的。如果我不能把它修好，就不收你这双靴子的工钱。"

有一次也只有这一次，我穿着那双因为急需才在一家大公司买的靴子，漫不经心地走进他的店铺。他接受了我的定货，但没有皮革给我看。我可以意识到他的眼睛在细看我脚上的次等皮革。他最后说："那不是我做的靴子。"

他的语调里没有愤怒，也没有悲哀，连鄙视的情绪也没有，不过那里面却隐藏着可以冰冻血液的潜在因素。为了讲究时髦，我的左脚上的靴子有一处使人很不舒服；他把手伸下去，用一个手指在那块地方压了一下。

"这里疼痛吧，"他说，"这些大公司真不顾体面，可耻！"跟着，他心里好像有点儿沉不住气了，所以说了一连串的挖苦话。我听到他议论他的职业上的情况和艰难，这是唯一的一次。

"他们把一切垄断了，"他说，"他们利用广告而不靠工作把一切垄断去了。我们热爱靴子，但是他们抢去了我们的生意。事到如今——我们很快就要失业了。

生意一年年地清淡下去——过后你会明白的。"我看看他满是褶皱的面孔，看到了我以前未曾注意到的东西：惨痛的东西和惨痛的奋斗——他的红胡子好像突然添上好多花白须毛了！

我尽一切可能向他说明我买这双倒霉靴子时的情况。但是他的面孔和声调使我获得很深刻的印象，结果在以后几分钟里，我定了许多靴子。这下可糟了！这些靴子比以前的格外经穿。差不多穿了两年，我也没想起要到他那里去一趟。

后来，我再去他那里的时候，我很惊奇地发现：他的店铺外边的两个橱窗中的一个漆上了另外一个人的名字——也是个靴匠的名字，当然是为王室服务的啦。那几双常见的旧靴子已经失去了孤高的气派，挤缩在单独的橱窗里了。在里面，现在已缩成了一小间，店堂的楼梯井口比以前更黑暗，充满更浓郁的皮革气味。我也比平时等了更长的时间，才看到一张面孔向下边窥视，随后才有一阵趿拉着木皮拖鞋的踢踏声。最后，他站在我的面前，他透过那副生了锈的铁架眼镜注视着我说："你是不是——先生？"

"啊！格斯拉先生！"我结结巴巴地说："你要晓得，你的靴子实在太结实了！看，这双还很像样的呢！"我把脚向他伸过去，他看了看这双靴子。

"是的，"他说，"人好像不要结实靴子了。"

为了避开他的带责备的眼光和语调，我赶紧接着说："你的店铺怎么啦？"

他安静地回答说："开销太大了。你要做靴子吗？"虽然我只需两双，我却向他定做了三双。我很快就离开了那里，我有一种难以描述的感觉，以为他的心里把我看成对他心存坏意的一分子；也许不一定跟他本人作对，而是跟他的靴子理想作对。我想，人们是不喜欢那样的感觉的；因为过了好几个月以后，我又到他的店铺里去，我记得，我去看他的时候，心里有这样的感觉："啊！怎么啦，我撇不开这位老人——所以我就去了！也许会看到他的哥哥呢！"

因为我晓得，他哥哥很老实，甚至在暗地里也不至于责备我。

我的心安下了，在店堂出现的正是他的哥哥，他正在整理一张皮革。

"啊！格斯拉先生，"我说，"你好吗？"

他走近我的跟前，盯着看我。

"我过得很好，"他慢慢地说，"但是我哥哥死掉了。"

我这才看出来，我所遇到的原本是他本人，但是多么苍老，多么消瘦啊！我以前从没听他提到他的哥哥。我吃了一惊，所以喃喃地说："啊！我为你难过！"

"的确，"他回答说，"他是个好人，他会做好靴子，但是他死掉了。"他摸摸头顶，我猜想，他好像要表明他哥哥死的原因；他的头发突然变得像他的可怜哥哥的头发一样稀薄了。"他失掉了另外一间铺面，心里老是想不开。你要做靴子吗？"他把手里的皮革举起来说，"这是一张美丽的皮革。"

我定做了几双靴子。过了很久，靴子才送到——但是这几双靴子比以前的更结实,简直穿不坏。不久以后,我到国外去了一趟。

过了一年多,我才回到伦敦。我所去的第一个店铺就是我的老朋友的店铺。我离去时,他是个六十岁的人,我回来时,他仿佛已经七十五岁了,显得衰老、瘦弱,不断地发抖,这一次,他起先真的不认识我了。

"啊!格斯拉先生,"我说,心里有些烦闷,"你做的靴子好极啦!看,我在国外时差不多一直穿着这双靴子的,连一半也没有穿坏呀,是不是?"

他细看我这双俄国皮靴,看了很久,脸上似乎恢复了镇静的气色。他把手放在我的靴面上说:

"这里还合脚吗?我记得,费了很大劲才把这双靴子做好。"

我向他确切地说明:那双靴子非常合脚。

"你要做靴子吗?"他说,"我很快就可以做好,现在我的生意很清淡。"

我回答说:"劳神,劳神!我急需靴子——每种靴子都要!"

"我可以做时新的式样。你的脚恐怕长大了吧。"他非常迟缓地照我的脚形画了样子,又摸摸我的脚趾,只有一次抬头看着我说:

"我哥哥死掉了,我告诉过你没有?"他变得衰老极了,看了实在叫人难过,我真高兴离开他。

我对这几双靴子并不存什么指望,但有一天晚上靴子送到了。我打开包裹,把四双靴子排成一排,然后,一双一双地试穿这几双靴子。一点问题也没有。不论在式样或尺寸上,在加工或皮革质量上,这些靴子都是他给我做过的最好的靴子。在那双城里散步穿的靴口里,我发现了他的账单。单上所开的价钱与过去的完全一样,但我吓了一跳。他从来没有在四季结账日以前把账单开来的。我飞快地跑下楼去,填好一张支票,而且马上亲自把支票寄了出去。

一个星期以后,我走过那条小街,我想该进去向他说明:他替我做的新靴子是如何的合脚。但是当我走近他的店铺所在地时,我发现他的姓氏不见了。橱窗里照样陈列着细长的轻跳舞靴、带布口的漆皮靴以及漆亮的长筒马靴。

我走了进去,心里很不舒服。在那两间门面的店堂里——现在两间门面又合二为一了——只有一个长着英国人面貌的年轻人。

"格斯拉先生在店里吗?"我问道。

他诧异地同时讨好地看了我一眼。

"不在,先生,"他说,"不在。但是我们可以很乐意地为您服务。我们已经把这个店铺过户过来了。毫无疑问,您已经看到隔壁门上的名字了吧。我们替上等人做靴子。"

"是的,是的,"我说,"但是格斯拉先生呢?"

"啊!"他回答说,"死掉了!"

"死掉了?但是上星期三我才收到他给我做的靴子呀!"

"啊!"他说,"真是怪事。可怜的老头儿是饿死的。"

"慈悲的上帝啊!"

"慢性饥饿,医生是这样说的! 你要晓得,他是这样去做活儿的! 他想把店铺撑下去;但是除了自己以外,他不让任何人碰他的靴子。他接了一份定货后,要费好长时间去做它,可顾客不愿等待呀。结果,他失去了所有的顾客。他老坐在那里,只管做呀做呀——我愿意代他说句话——在伦敦,没有一个人可以做出比他做的更好的皮靴,而且还要亲自做。好啦,这就是他的下场。照他的想法,你对他能有什么指望呢?"

"但是饿死——"

"这样说,也许有点儿夸张——但是我自己知道,他从早到晚坐在那里做靴子,一直做到最后的时刻。你知道,我往往在旁边看着他。他从不让自己有吃饭的时间,店里从来不存一个便士,所有的钱都用在房租和皮革上了。他怎么能活得这么久,我也莫名其妙。他经常断炊,他是个怪人,但是他做了顶好的靴子。"

"是的,"我说,"他做了顶好的靴子。"

注释:

① 选自《诺贝尔文学奖获奖作家作品选》(沈长钺译),浙江人民出版社 1981 年版。

② 高尔斯华绥(1867—1933):英国小说家、剧作家,生于伦敦,曾在牛津大学读法律,后放弃律师工作从事文学创作。1906 年,高尔斯华绥完成长篇小说《有产业的人》,获得广泛好评,他也因此而被公认为英国一流作家。高尔斯华绥是个多产作家,在二十多年的创作生涯中,几乎每年写一部小说和一部剧本。1932 年,高尔斯华绥"因其描述的卓越艺术——这种艺术在《福尔赛世家》中达到高峰"而获得诺贝尔文学奖。

思考与探究

1. 是什么原因导致了格斯拉的悲剧?

2. 目前,我们的社会也正处在一个经济高度发展的时期,为了物质利益,有些人丢弃了人性中的真、善、美,我们该怎样面对他们? 或者,我们该如何自处呢?

3. 请你为格斯拉写一个墓志铭,表达你的情感。

语文综合实践活动

猜猜我是谁

活动主题

学生在初步接触小说经典人物之后，教师引导学生继续浏览小说人物长廊。学生在猜经典、绘人物的活动过程中，进一步掌握刻画人物的方法与技巧。

活动目的

1. 通过材料的重组构建，丰富学生对文学人物的认识，让学生感知人物形象描写的特点，从而掌握人物描写的方法。

2. 通过猜猜看的活动形式，拓展学生的思维空间，在感性认知的基础上，注重写作技巧的训练。

活动过程

一、经典人物猜猜看

根据下列人物外貌描写的一段话，猜猜看他是哪一部小说中的经典人物。

（1）杨过抬起头来，只见一只白玉般的纤手掀开帷幕，走进一个少女来。那少女披着一袭轻纱般的白衣，犹似身在烟中雾里，看来约莫十六七岁年纪，除了一头黑发之外，全身雪白，面容秀美绝俗，只是肌肤间少了一层血色，显得苍白异常。

正闹得不可开交，忽听身后冷冷的一个声音说道："欺侮幼儿老妇，算得甚么英雄？"郝大通听那声音清冷寒峻，心头一震，回过头来，只见一个极美的少女站在大殿门口，白衣如雪，目光中寒意逼人。

（2）头上戴着束发嵌宝紫金冠，齐眉勒着二龙戏珠金抹额，穿一件二色金百蝶穿花大红箭袖，束着五彩丝攒花结长穗宫绦，外罩石青起花八团倭缎排穗褂，登着青缎粉底小朝靴。面若中秋之月，色如春晓之花，鬓若刀裁，眉如墨画，面如桃瓣，目若秋波。虽怒时而若笑,即瞋视而有情。项上金螭璎珞,又有一根五色丝绦,系着一块美玉。

(3) 两弯似蹙非蹙罥烟眉,一双似喜非喜含情目。态生两靥之愁,娇袭一身之病。泪光点点,娇喘微微。闲静时如姣花照水,行动处似弱柳扶风。心较比干多一窍,病如西子胜三分。

(4) 那人不甚好读书;性宽和,寡言语,怒不形于色;素有大志,专好结交天下豪杰;生得身长七尺五寸,两耳垂肩,双手过膝,目能自顾其耳,面如冠玉,唇若涂脂。

(5) 身长九尺,髯长二尺;面如重枣,唇若涂脂;丹凤眼,卧蚕眉;相貌堂堂,威风凛凛。

(6) 身长八尺,豹头环眼,燕颔虎须,声若巨雷,势如奔马。玄德见他形貌异常,问其姓名。

(7) 他身材很高大;青白脸色,皱纹间时常夹些伤痕;一部乱蓬蓬的花白的胡子。穿的虽然是长衫,可是又脏又破,似乎十多年没有补,也没有洗。他对人说话,总是满口之乎者也,教人半懂不懂的。

二、经典人物我来描

选择具有明显特征的一幅或多幅人物图片,分小组讨论图片中人物的主要特征,将讨论的结果整理出来,运用多种描写手法,为图片中的人物写一段话。

语文综合实践活动学习小组评价表

评价项目	评 价 内 容	评 价 结 果		
		优秀	良好	待努力
学习态度	对学习始终抱有极大热情,认真对待,积极参与			
学习方法	找到适合的方法,能与其他小组交换、共享信息,善于请教			
组织合作	分工明确、合理,配合默契			
工作能力	信息筛选、整理、加工			
	多媒体制作			
	成果展示			
	创新			
	沟通协调			
学习反思	最大的收获是什么? 活动中有遗憾吗? 谈谈此次学习活动的感受吧!			

单元学习小档案

序号	项 目	内 容	备 注
1	单元作家谈		
2	单元新字词		
3	成语巧积累		
4	单元找佳句		
5	佳句我来写		
6	单元我最爱		
7	巧用网络搜		
8	单元练习我来出		
9	单元学习小疑问		
10	单元学习来拾趣		
11	意外小收获		
12	学习小建议		
注	1. 佳句我来写：对你所选出的单元佳句进行仿写，创造属于自己的佳句。 2. 单元我最爱：单元学习结束后，选出一篇你最喜欢的文章。 3. 巧用网络搜：查找一篇你喜欢的，并与本单元体裁相同的文章，可以小组内或全班分享。 4. 单元练习我来出：结合本单元的学习内容，为自己出一套单元过关测试题。 5. 单元学习来拾趣：谈谈自己在本单元学习中遇到了哪些有趣的事。		

单元四 戏剧文学

单元导语

戏剧台词

台词是表演中角色所说（所唱）的话语，是剧作者用以展示剧情、刻画人物、体现主题的主要手段，也是剧本构成的主要成分。

在世界戏剧史上，台词的表达形式有一个发展变化的过程。早期戏剧剧本的台词都是诗体的（例如第一册中的莎士比亚的《威尼斯商人》），直到19世纪中叶以后，散文体最终替代诗体成为剧本台词的基本形式。

戏剧的台词一般包括对白、独白和旁白。西洋歌剧中的台词以诗体唱词为主；中国戏曲，则是韵文体的唱词和散文体的念白的综合运用。

还有一些台词，演员没有直接说出，但观众能够领悟到它的含义，这就是"潜台词"。潜台词含有丰富的言外之意，能准确地传达人物潜在的心理动机和真正的说话目的，产生强烈的戏剧效果。

一般来说，戏剧的台词具有以下几个特点。

一是动作性。戏剧是行动的艺术。它必须在有限的舞台演出时间内迅速地展开人物的行动，并使之发生尖锐的冲突，以此揭示人物的思想、性格、感情。台词的动作性首先在于它能够推动剧情的进展。剧本中每个角色的台词都应当产生于人物的性格冲突之中，成为人物对冲突的态度与反应的一种表露，并且能够有力地冲击对手的心灵，促使对方采取新的行动更积极地投入冲突，从而把人物关系、戏剧情节不断推向前进。台词的动作性更在于它能够揭示人物丰富复杂的内心活动。无论是直抒胸臆还是"潜台词"，都必须展示角色的内心世界。台词的动作性还在于它能为演员在表演时寻找准确的舞台动作提供基础。戏剧创作的最后完成必须通过舞台演出,因此,台词的写作必须考虑表演艺术创造的需要,使演员在舞台上能动起来。

二是台词必须性格化。剧本中人物形象的塑造只能依靠人物自己的台词和行动来完成。台词既要体现人物的出身、年龄、职业、教养、经历、社会地位以及所处时代等,又要把握人物性格的发展,把握戏剧情境的变化,把握人物错综复杂的相互关系,写出此时此地、此情此景中人物唯一可能说出的话。

三是台词要口语化。台词必须明白浅显、通俗易懂,具有口语化的特点。口语化使台词富于生活气息、亲切自然。

经典·语文

伪君子（节选）①

［法］莫里哀

课文导读

外省的没落贵族达尔杜弗是一个骗子。他身为修士，平时在教堂里表现得极为虔诚，捏死一个跳蚤也要忏悔半天，因此骗取了富商奥尔贡及其母亲的信任，他们将他请进家门做"家庭导师"。奥尔贡的家庭原来很和睦，自从达尔杜弗进门，这个家便鸡犬不宁。大幕一开启，我们就看到了一个颠倒混乱的世界：奥尔贡的母亲，一位"德高望重"的贵族老太太竟然唯这个外省修道士马首是瞻，儿媳（奥尔贡的后妻）、孙子（大密斯）、孙女（玛丽亚娜）和女仆（道丽娜）对达尔杜弗表示任何一点儿不满，她都要反唇相讥，活像一位小姑娘捍卫她所崇拜的偶像。待到奥尔贡出场，事态进一步严重——他竟然逼迫女儿撕毁已定的婚约，让达尔杜弗成为自己的女婿。前两幕给予观众的感受是价值观念已经颠倒，一种虚伪的势力，不仅侵入了这个家庭，而且控制着这个家庭，威胁着他们的安宁和幸福。

达尔杜弗的虔诚只是外衣，他觊觎的是奥尔贡的财产和妻子。女仆道丽娜看清了达尔杜弗是个伪君子，联合艾耳密尔、大密斯，与达尔杜弗展开斗争。最后达尔杜弗向政府告发奥尔贡，并带人前来逮捕他时，国王的官员却宣布"王爷圣明"，查知达尔杜弗原来是一个积案累累的骗子，国王以他至高无上的权力赦免了奥尔贡，并将达尔杜弗逮捕入狱。

第　二　场

［达尔杜弗，劳朗，道丽娜。］

达尔杜弗：（望见道丽娜）劳朗，把我修行的苦衣②和教鞭③收好了；祷告上帝，神光永远照亮你的心地。有人来看我，就说我把募来的钱分给囚犯去了。

道　丽　娜：真会装蒜、吹牛！

达尔杜弗：你有什么事？

道 丽 娜：告诉您……

达尔杜弗：（从他的衣袋内掏出一条手绢）啊！我的上帝，我求你了，在说话之前，先给我拿着这条手绢。

道 丽 娜：干什么？

达尔杜弗：盖上你的胸脯。我看不下去：像这样的情形，败坏人心，引起有罪的思想。

道 丽 娜：原来您这样经不起诱惑，肉身子对您起这么大的作用？说实话，我不知道您心里热烘烘的，在冒什么东西，可是我呀，简直麻木不仁，我可以从头到脚看您光着。您浑身上下的皮，别想动得了我的心。

达尔杜弗：你说话要有一点分寸，不然的话，我马上就走。

道 丽 娜：不，不，该走的是我，您待下来吧，我就那么一句话对您讲。太太就要到楼底下这间大厅来，希望您赏脸谈谈。

达尔杜弗：哎呀！欢迎之至。

道 丽 娜：（向自己）他一下子就软下来啦！真的，我总觉得我先前的话有道理。

达尔杜弗：她这就来？

道 丽 娜：我好像听见她来了。是的，是她本人，我留下你们在一起啦。

第 三 场

［艾耳密尔，达尔杜弗。］

达尔杜弗：愿上天体好生之德，保佑您心身永远健康，并俯允最谦恭的信徒的愿望，赐您福寿无疆。

艾耳密尔：十分感谢这种虔诚的祝词。不过我们坐下来吧，这样舒服多了。

达尔杜弗：尊恙见好了吗？

艾耳密尔：好多了，很快就退烧啦。

达尔杜弗：上天这种恩典，决不是我的祷告所能为力的；可是我没有一次祈祷不是恳求上天恢复您的健康的。

艾耳密尔：您过分为我操心了。

达尔杜弗：珍重您宝贵的健康，就无所谓过分不过分；我宁可牺牲自己的健康，也要恢复您的健康。

艾耳密尔：难得您这样发扬基督的仁爱精神，种种盛德，我简直不知道怎么感谢了。

达尔杜弗：比起我该当为您效劳的，相去还很远。

艾耳密尔：我想跟您单独谈一桩事，我很高兴现在没有人偷听。

达尔杜弗：我也一样喜出望外：夫人，只我一个人和您在一起，我确实心里好过。我求上天赐我这样一个机会，直到如今，才算给了我。

艾耳密尔：我这方面，就希望听您一句话，什么也不隐瞒，以真诚相见。

达尔杜弗：感谢上天的特殊恩典，我也希望，把我全部的心情暴露给您看，并以上天的名义，向您声明：有些人爱慕您的姿色，来府上做客，我虽然责备，但是对您本人，并没有丝毫仇恨的意思，其实只是热情所至，不由自主，动机纯洁……

达尔杜弗：（捏住她的手指尖）是呀，夫人，的确是这样的，我热烈到这种地步……

艾耳密尔：呀！您把我捏疼啦。

达尔杜弗：因为我过于心热。我没有一点点要您难过的意思，我宁可……

[他把手放在她的膝盖上。]

艾耳密尔：您把手放在我这儿干什么？

达尔杜弗：我摸摸您的衣服：料子挺柔软的。

艾耳密尔：啊！请您拿开手，我顶怕痒痒。

[她往后挪开椅子，达尔杜弗拿椅子往前凑。]

达尔杜弗：我的上帝！花边织得多灵巧！如今的手艺简直神啦，我从来没有见过这样细巧的东西。

艾耳密尔：的确好。不过我们还是谈谈正经事吧。据说，我丈夫打算毁约，把女儿另嫁给您，您说，真有这回事吗？

达尔杜弗：他对我提起来的，不过说实话，夫人，这不是我朝思暮想的幸福；人间极乐，美妙难言，能使我心满意足的，我看还在旁的地方。

艾耳密尔：那是因为您不贪恋红尘的缘故。

达尔杜弗：我胸脯里的心不是石头做的。

艾耳密尔：在我看来，我相信您一心一意礼拜上天，尘世与您无关。

达尔杜弗：我们爱永生事物的美丽，不就因此不爱人间事物的美丽；上天制造完美的作品，我们的心灵就有可能容易入迷。类似您的女性，个个儿反映上天的美丽，可是上天最珍贵的奇迹，却显示在您一个人身上：上天给了您一副美丽的脸，谁看了也目夺神移，您是完美的造物，我看在眼里，就不能不赞美造物主；您是造物主最美的自画像，我心里不能不感到热烈的爱。起初我怕这种私情是魔鬼的奇袭，甚至于把您看成我修道的障碍，下定决心回避，可是最后，哦！真个销魂的美人，我认识到了这种痴情不就那样要不得，安排妥帖，就能适应廉耻，我也就能随心所欲，成其好事。我敢于把这颗心奉献给您，我承认，冒昧之至；不过我这方面，道行不高，努力也属徒然，我的愿望能不能实现，也就全看您的慈悲。您是我的希望、我的幸福、我的清净。我是受苦受难，还是欢悦无量，大权在您。总之，您要我享福，我就享福，您要我遭殃，我就遭殃，全看您的最后决定。

艾耳密尔：您这番话，非常多情，不过说实话，有一点儿出人意外。我以为您就该刚强自持，稍加检点才是。像您这样一位信士，人人说是……

达尔杜弗：哎呀！我是信士，却也是人，我看见您的仙姿妙容，心荡神驰，不能自持，也就无从检点了。我知道我说这话，未免不伦不类，可是说到最后，夫人，我不是神仙。您要是怪我不该同您谈情说爱，就该责备自己貌美迷人才是。我一看见您这光彩奕奕的绝世仙姿，您就成了我内心的主宰；我未尝不想抗拒，可是您水汪汪的眼睛，投出一道明媚的神光，摧毁抗拒，战胜斋戒、祷告、眼泪、我的一切努力。您的魅力吸去我全部的心愿，我的眼睛和我的呻吟有一千回向您说破我的心事，如今我借助声音再把我的情况向您交代。您对您这不称职的奴才的苦难稍有恻隐之心，愿意慈悲为怀，加以安慰，俯就微末，哦！秀色可餐的奇迹，我将永远供奉您，虔心礼拜，没有第二个人可以相比。跟我在一起，您的名声绝无挂碍，您也不必害怕从我这方面受到任何羞辱，女性喜爱那些出入宫廷的风流人物，其实他们个个儿办事粗心，语言轻薄，不断夸耀他们的进展，逢人张扬他们得到的好处。人家相信他们口紧，不料他们舌无留言，竟然玷污他们供奉的圣坛。不过像我们这样的人，谈爱小心谨慎，永远严守秘密，女方大可放心。我们爱惜名声，对所爱的女子先是最好的保证，所以接受我们的心，她们就能从我们这边得到爱情而不惹事生非，得到欢乐也不必害怕。

艾耳密尔：我细细听您道来，觉得您的辞令，对我解释得也相当清楚。难道您就不怕我一时兴起，把这番热烈的情话说给我丈夫听？我直截了当把这番情话告诉他，难道您就不怕他改变对您的友谊？

达尔杜弗：我知道您居心仁慈，会宽恕我的孟浪行为，也会想到人的弱点，原谅我情不自禁，出语无状，冒犯了您。看一眼您的风姿，就会承认我不是瞎子，人是肉体凡胎。

艾耳密尔：别人遇到这事，也许会换一种做法；不过我倒以为还是慎重的好。我不说给我丈夫知道，可是要我这样做，有一件事也要您做到，这就是：老老实实，促成法赖尔和玛丽亚娜的亲事，绝不从中作梗，也绝不利用不正当的势力，牺牲别人的幸福，满足您的希望……

第　四　场

［大密斯，艾耳密尔，达尔杜弗。］

大　密　斯：(从他躲进去的套间出来)不行，母亲，不行。这事就该声张出去才是。

我方才在那里面,恰好全都听见了。上天有眼,像是有意把我带到里面,打击害我的坏蛋的气焰,给我指出一条对他的虚伪和狂妄报复的道路,掰开父亲的眼睛,让他看清这和您谈情说爱的恶棍的灵魂。

艾耳密尔:大密斯,不必,只要他学好,努力报答我宽恕他的恩意,也就成了。我已经答应过他的事,你就别叫我改口了吧。锣鼓喧天,不合我的脾胃,女人遇到这一类混账事,也就是一笑而已,绝不会拿这吵扰丈夫的耳朵的。

大　密　斯:您这样做,有您的理由;我不这样做,也有我的理由。平白把他放过,成了笑话。他假装虔诚,作威作福,在我们中间,制造了许多纠纷,我太应该生气了,可是我一肚子闷气,没有地方发泄。这流氓反对我的亲事和法赖尔的亲事,把父亲也控制得太久了。这小子的面目,父亲也该认清了。总算上天有眼,赐了我这么一个好办法。这个机会太有利啦,我感谢上天还来不及,白白放过,未免可惜:到手的机会不用,还是上天收回去的好。

艾耳密尔:大密斯……

大　密　斯:对不住,不成,我得照我的想法办。我如今喜出望外,开心极了;您劝我放弃报仇的快乐,等于白劝。不用再说下去了,我这就去把事办好。父亲来得正合我的心思。

第　五　场

〔奥尔贡,大密斯,达尔杜弗,艾耳密尔。〕

大　密　斯:爸爸,方才出了一件新鲜事,您简直意想不到,我们正要讲给您听,您听了也一定开心。您行好得了好报,这位先生加倍报答您的盛情。他方才表示过了莫大的热诚,不是别的,就是玷污您的名声。我发现他伤天害理,在这儿对母亲表白他的私情。母亲心地善良,过于拘谨,一意只要保守秘密;可是我不能纵容这种厚颜无耻的行为,我以为瞒着不叫您知道,就是对您不敬。

艾耳密尔:是的,我认为那些话没有意义,做太太的听到以后,就绝不该学嘴学舌,让丈夫心神不安。好名声也不是靠学嘴学舌得来的。我们知道怎么样保卫自己,这就够了。我是这样想的。大密斯,你要是尊重我的话,也就什么话都不说出来了。

第　六　场

〔奥尔贡,大密斯,达尔杜弗。〕

奥　尔　贡:天呀! 我方才听到的话是真的吗?

达尔杜弗：是的，道友，我是一个坏人、一个罪人、一个可恨的败类，无法无天，自古以来最大的无赖。我的生命只是一堆罪行和粪污，没有一分一秒不是肮脏的。我看上天有意惩罚我，才借这个机会，考验我一番。别人加我以罪，罪名即使再大，我也不敢高傲自大，有所申辩。相信人家告诉你的话吧，大发雷霆吧，把我当做罪犯，赶出你的家门吧。我应当受到更多的羞辱，这一点点，根本就算不了什么。

奥尔贡：（向他的儿子）啊！不孝的忤逆，你竟敢造谣生事，污损他的清德？

大密斯：什么？这家伙虚伪成性，装出一副柔顺的样子，您真就相信？

奥尔贡：住口，该死的东西！

达尔杜弗：啊！让他说吧，你错怪了他，他那些话，你还是相信的好。既然事实如此，你何苦待我这样好啊？说到最后，我有什么干不出来的，你可知道？道友，你相信我的外表？你根据表面，相信我是好人？使不得，使不得，你这是受了现象的欺骗，哎呀！我比人想的，好不了多少。人人把我看成品德高尚的人，然而实情却是——我不值分文。（转向大密斯）对，我亲爱的孩子，说吧，把我当做背信的东西、无耻的东西、恶人、强盗、凶手看待吧，用还要可憎的字眼儿来骂我吧——我绝不反驳，而且正该如此。我愿意跪下来拜领奇耻大辱，因为我平生作恶多端，丢人是应当的。

奥尔贡：（向达尔杜弗）道友，你太过分了。（向他的儿子）不孝的忤逆，你还不认错？

大密斯：什么？您真就相信他这套鬼话……

奥尔贡：住口，死鬼！（向达尔杜弗）道友，哎！起来，求你了！（向他的儿子）无耻的东西！

大密斯：他会……

奥尔贡：住口。

大密斯：气死我啦！什么？把我看成……

奥尔贡：你再说一句话，我就打断你的胳膊。

达尔杜弗：道友，看在上帝份上，不要动怒。我宁可忍受最可怕的痛苦，也不愿意他为我的缘故，皮肤上划破一点点小口子。

奥尔贡：（向他的儿子）忘恩负义的东西！

达尔杜弗：由他去吧。需要的话，我跪下来，求你饶他……

奥尔贡：（向达尔杜弗）哎呀！你这是干什么呀？（向他的儿子）混账东西！看人家多好。

大密斯：那么……

奥尔贡：闭住你的嘴。

109

大 密 斯：什么？我……

奥 尔 贡：听见了没有，闭住你的嘴。我明白你为什么攻击他——你们人人恨他，我今天就看见太太、儿女和听差跟他作对；你们厚颜无耻，用尽方法，要把这位虔诚人物从我家里赶走。可是你们越是死命撵他走，我就越要死命留他。为了打击我一家人的气焰，我偏尽快把女儿嫁给他。

大 密 斯：您想逼她嫁给他？

奥 尔 贡：对，不孝的忤逆，为了气死你，今天晚上就行礼。哎！咱们就斗斗看，我要叫你们知道，我是家长，人人应当服从！好啦，把话收回去，捣蛋鬼，赶快跪到他面前，求他宽恕。

大 密 斯：谁，我？求这混账东西宽恕！他仗着他骗人的本事……

奥 尔 贡：啊！叫花子，你不听话，还敢骂他？拿棍子来！拿棍子来！（向达尔杜弗）别拦我。（向他的儿子）好，马上滚出我的家门，永远不许回来！

大 密 斯：对，我走，可是……

奥 尔 贡：快滚。死鬼，我取消你的继承权，还咒你不得好死！

第 七 场

[奥尔贡，达尔杜弗。]

奥 尔 贡：竟敢这样得罪一位圣人！

达尔杜弗：天啊，宽恕他给我的痛苦！（向奥尔贡）看见有人在道友面前，企图说我的坏话，你晓得我心里怎么样难过也就好了……

奥 尔 贡：哎呀！

达尔杜弗：我一想到人会这样恩将仇报，我心上就像有千针万针在扎一样……世上会有这种事……我痛苦万分，话都说不出来了，我相信我不久于人世了。

奥 尔 贡：（他满脸眼泪，跑到他撵出儿子的门口）混账东西！我后悔手下留情，没有在一开头的时候就把你立刻打死。道友，别难过，生气不得。

达尔杜弗：我们就中止了这场不幸的吵闹吧。我看出我给府上带来多大的纠纷，道友，我相信，我还是离开府上的好。

奥 尔 贡：什么？你这叫什么话？

达尔杜弗：他们恨我，我看他们是成心要你疑心我对你不忠诚。

奥 尔 贡：有什么关系？你看我理他们吗？

达尔杜弗：他们一定不会就此罢休；同样坏话，你现在不相信，也许下一回就相信了。

奥 尔 贡：不会的，道友，绝不会的。

达尔杜弗：嘻！道友，做女人的，轻轻易易，就能把丈夫哄骗过去的。

奥 尔 贡:不会的,不会的。

达尔杜弗:赶快放我走吧,我一离开府上,他们就没有理由再这样攻击我了。

奥 尔 贡:不,你留下来:你一定要走,我就活不成了。

达尔杜弗:好吧! 那么,非这样不可,我就再煎熬下去吧。不过,要是你肯的话……

奥 尔 贡:啊!

达尔杜弗:算啦,不必说啦。可是我晓得我该怎么样做。名誉经不起糟蹋,我作为朋友,就该预防谣言发生,杜绝别人起疑心才是。我今后避开嫂夫人不见,将来你看不见我……

奥 尔 贡:不,他们爱怎么样就怎么样,你偏和她常在一起。我最大的喜悦就是把他们气死。我要大家时时刻刻看见你和她在一起。这还不算:我要和他们斗到底,除了你以外,谁也别想当我的继承人,我把我的全部财产赠送给你,我马上就去办正式手续。一位善良诚实的朋友当了我的女婿,比起儿子、老婆和父母来,分外亲热。你接受不接受我的建议?

达尔杜弗:愿上天的旨意行于一切④。

奥 尔 贡:可怜的人! 我们快去准备证书。谁看不过,谁就气死好了!

注释:

① 选自《莫里哀喜剧》第二集第三幕,李健吾译,湖南人民出版社 1982 年版。

② 苦衣:修士修行穿的一种用山羊毛或鬃编织成的贴身内衣。有人解释为一种用有刺的铁丝编织成的贴身的腰带。

③ 教鞭:是修行者用的鞭子,有的是细绳搓成的,有的是细铁链扭成的,自己犯了过失打自己,或者门徒犯了过失打门徒。

④ 愿上天的旨意行于一切:这句话近似《马太福音》第六章第十节:"愿你的旨意行在地上,如同行在天上。"这是祷告词"我们天上的父"里的话。

思考与探究

1. 复述课文主要情节。要求:人物关系正确,时间地点正确,关键情节表述准确。

2. 选一个人物形象进行分析,分析其形象的独特性。

3. 你赞同戏剧人物具有"扁平性"的特点吗?请尝试分析。

4. 分析一下本文的喜剧效果,具体体现在文中哪个情节?

知识链接

一、喜剧中的"揶揄"

喜剧在揭露恶人或恶德时,常使用一些区别于悲剧的手段,"揶揄"便是其中之一。莫里哀说:"恶习变成人人的笑柄,就是致命的重大的打击。人容易受苦,可是人受不了揶揄。"

莫里哀的《伪君子》的第三幕第二场中,达尔杜弗出场了。他一出场,伪君子的性格特征就暴露无遗。他一上场所说的每一句话都让我们感到一种难以忍受的矫饰,"苦衣""皮鞭""给囚犯分钱",都是说给在场人听的。矫饰不等于伪善,但很可能是伪善露出的一条尾巴。当他掏出一条手绢让道丽娜把胸口盖住时,道丽娜针锋相对地回答说:"原来您这样经不起诱惑,肉身子对您起这么大的作用? 说实话,我不知道您心里热烘烘的,在冒什么东西,可是我呀,简直麻木不仁,我可以从头到脚看您光着。您浑身上下的皮,别想动得了我的心。"每演到此,观众往往发出愉快的笑声。如果道丽娜听了达尔杜弗的话以后,义正词严地回答:"先生,我完全没有这个意思,您这是对我的侮辱⋯⋯"道丽娜就变成了正剧人物。而莫里哀笔下的道丽娜使用的是"揶揄"战法,"从头到脚光着⋯⋯"云云,不仅合乎道丽娜的仆人身份,而且把自诩清高而相貌丑陋的达尔杜弗的"身体"连同他出场时制造的高尚光环涂上了滑稽色彩,变成了众人的笑柄。这是一种典型的喜剧手段。平时,人们遇到一个行为恶劣的人,可以和他论理,也可以用揶揄战法,效果各有不同。道丽娜这只是一场小小的"遭遇战"。到了第四幕,艾耳密尔设计的"请君入瓮"计谋,是一次更大、更强的"揶揄"。那场戏把达尔杜弗的所有漂亮外衣剥得精光,使之丑态毕露,极富讽刺意味。

二、喜剧人物的扁平性质

莫里哀说:"我不让观众有一分一秒的犹豫;观众根据我送给他的标记,立即认清他的面目;他从头到尾,没有一句话、没有一件事,不是在为观众刻画一个恶人的性格。"也就是说,莫里哀要求他的人物都具有鲜明的性格标记,让观众过目不忘。在《伪君子》中,莫里哀确实做到了——从达尔杜弗一出场,他的每一句话都令人感到此人是个地地道道的伪君子、骗子。有些段落对其性格的刻画入木三分:当达尔杜弗调戏艾耳密尔的丑行被大密斯看到并告知奥尔贡时,观众都以为这个骗子完蛋了。然而,达尔杜弗的反攻是高妙的,甚至是出其不意的,他以退为进,以守为攻,以柔对刚。当大密斯告发后,奥尔贡说:"天呀! 我方才听到的话是真的吗?"达尔杜弗回答说:"是的,道友,我是一个坏人、一个罪人、一个可恨的败类,无法无天,自古以来最大的无赖。我的生命只是一堆罪行和粪污,没有一分一秒不是肮脏的。我看上天有意惩罚我,才借这个机会,考验我一番。别人加我以罪,罪名即使再大,我也不敢高傲自大,有所申辩。相信人家告诉你的话吧,大发雷霆吧,把我当做罪犯,赶出你的家门吧。我应当受到更多的羞辱,这一点点,根本就算不了什么。"

达尔杜弗的意思是:你说我调戏妇女,这罪名还远远不够。我的罪过比你说的要大得多,我的生命没有一分一秒不是肮脏的。但是在这一堆大帽子的下面,却轻易地否认了事实本身,也就是说我该受各种惩罚,但调戏艾耳密尔的事是没有的,这只是上天为了惩罚我,把不属于我的罪加在我身上,来考验我。他让奥尔贡甚至让大密斯"把我当做罪犯""把我当做背信的东西、无耻的东西、恶人、强盗、凶手看待吧"。请注意,他用的是"当做",而不是一个简单的"是"。这种辩驳,既抹掉了罪恶,又显出高耸入云的圣徒姿态。奥尔贡联想到他的往事,就觉得他所加给自己的那些大帽子也不过是一些捏死跳蚤之类微不足道的事,所以达尔杜弗尽管给自己泼上那么多污水,在奥尔贡看来却是圣水,达尔杜弗的形象在他心目中更高大了。从上面引的那段台词起,下面达尔杜弗的四段台词,可以说层层加码,步步递进,每一段都比前一段更加"谦忍",这种谦忍就是火上浇油。他的谦忍每加一层,奥尔贡对儿子的怒火就更高一丈,最后终于怒不可遏地放逐儿子,把财产继承权转移给达尔杜弗,并且让他和艾耳密尔"要更加亲近",达尔杜弗打了一个精彩的大胜仗。通过这一段刻画,达尔杜弗伪君子的狡猾面目被揭示得淋漓尽致。

莫里哀笔下的这类人物易辨、易记,具有惊人的鲜明性和生动性。英国小说评论家福斯特称这种围绕着单一概念或品质塑造出来的人物为"扁平(flat)人物",或叫"象征(type)人物"或"两度(two dimensional)人物"。这类作品歌颂美德,鞭挞丑恶,人物成为某一种品德的生动活泼的形象载体。例如达尔杜弗是"伪善"的同义语,而阿巴公(《悭吝人》的主人公)则是"吝啬"的代名词。这种写法使人物性格鲜明,但与此同时,也带来了一些缺点,如人物缺乏应有的丰富性和深刻性,有时会流于肤浅和单调等。俄国著名批评家别林斯基赞美莫里哀的《伪君子》有针砭现实的勇气,却批评他笔下人物的浅薄:"达尔杜弗这个人那么缺少计谋,他只能欺骗一个人,而那还是因为这个人是一个蠢货,真的,要是和莎士比亚《奥赛罗》中的伊埃古相比,那就'小巫见大巫'了。"普希金也曾把莎士比亚笔下的人物同莫里哀的相比较:"莎士比亚创造的人物不是莫里哀笔下的只有某种热情或恶行的典型,而是具有多种热情、多处恶行的活生生的人物;环境把他们形形色色的多方面的性格展现在观众面前。莫里哀笔下的悭吝人只是悭吝而已;莎士比亚笔下的夏洛克却悭吝、敏捷,怀复仇之念,抱舐犊之情,而且又机智灵活。莫里哀笔下的伪君子追逐自己恩人的妻子,是假仁假义的,接受财产的继承权是假仁假义的,要一杯水是假仁假义的。莎士比亚笔下的伪君子以虚假的严厉态度宣读判决书,但他却是公正的,他处心积虑地借对一名绅士的判决来为自己的残忍作辩解;他用强有力的、引人入胜的诡辩而不用杂以虔诚和殷勤的可笑态度勾引童贞少女。"

近代悲剧或正剧中的主要人物往往是复杂型,而喜剧人物还是以扁平型为多。当然,"扁平人物"因其性格的鲜明性也可以具有永恒的价值。

天下第一楼(节选)

何骥平

课文导读

名噪京师的烤鸭老字号"福聚德"创业于清同治年间。传至民国初年,老掌柜唐德源因年迈多病而退居内室,店业全仗二掌柜王子西协助两位少掌柜惨淡经营。怎奈两位少爷与鸭子无缘:大少爷迷戏玩票,二少爷崇尚武林,闹得店铺入不敷出,王子西几次向老掌柜推荐他的换帖兄弟卢孟实来操持店业。

生性聪慧的卢孟实立誓要干出一番事业,以泄心中不平。面对势如垒卵的"福聚德",他绞尽了脑汁,结果在不长的时间里竟使这三间老屋翻盖起了二层楼。卢孟实之所以能使"福聚德"东山再起,除了靠他本人的精明干练,还得助于与他相好的青楼妓女玉雏姑娘,更靠技艺超群的厨师罗大头和善于迎来送往的堂头常贵。

光阴荏苒,十年一晃而过,"福聚德"名噪京华。此时,唐家的两位少爷在流言飞语的怂恿下,却与卢孟实争起了东主财权,常贵一辈子卑躬屈膝任人差使,竟在端盘走菜时气绝身亡,再加上侦缉队在店中查出罗大头藏有烟土,除非有人担保,否则要将罗大头绑走示众。在此情况下,卢孟实挺身而出,愿意担当一切责任。待事了之后,精明而无奈的卢孟实明晰人间事理,便离开"福聚德"回山东老家去了……

出场人物:

卢孟实——福聚德的二掌柜

常　贵——福聚德的堂头

罗大头——福聚德烤炉的

王子西——福聚德的三掌柜

玉雏儿——卢孟实的相好,胭脂巷的妓女

李小辫——福聚德的灶头

修鼎新——福聚德的"瞭高儿"兼账房;前为克五的"傍爷"

成　顺——福聚德的徒弟

福　顺——福聚德的徒弟

福　子——唐茂昌的"跟包的"

巡警、宫里包哈局的执事、中人钱师爷、总统府的侍卫副官、送花的伙计等

第 二 幕

第 一 场

时　间：三年后

地　点：福聚德

　　在福聚德三间门脸儿的地皮上起了一座大楼。楼下的敞堂还是当初的样子，舞台左侧搭起一道楼梯，登梯上二楼是呈 ⎍ 形的十余间单间雅座，每间窗棂上都雕着花，有的还没来得及上漆，露着白木茬。新油的门柱，上灰勾缝的砖墙，四白落地的厅堂，挂在正中的金字老匾，十分气派。

　　[幕启：清晨，福聚德的伙计们还在酣睡。王子西上。]

王子西：起，起，天都大亮了。

　　[伙计们从各个角落里爬起来，罗大头从楼上的雅座出来，伸着懒腰。小福顺把自己捆在柜台上，怎么也起不来，急得直叫。]

福　顺：成顺师兄，快点帮我解开。

王子西：等等，我说你干吗哪？

福　顺：柜台太窄，睡着就往下掉，我就——

王子西：花花点子还不少，把这脑筋往学买卖上用点，你就阔了。

　　[给他解开。福顺一骨碌爬起来，规规矩矩地站着。]

王子西：还不赶快干活，叫二掌柜看见，马上让你"打回封"。

　　[伙计们忙活着把被褥抢进里间，扫地、捅火、挂幌子……]

王子西：（照例吩咐）今天新楼头天上座，都精神着点，晌午没定座，晚上大掌柜
　　　　　拜师学艺，十四间雅座都换大席面——（看见成顺从后面提溜活鸭子）
　　　　　留神它叫唤，二掌柜还没起哪！

罗大头：哎，搅了卢二掌柜的鸳鸯好梦，马上叫你小子"打回封"，走人。

成　顺：您瞅！（鸭子头夹在腋下，一只手攥着鸭嘴）

罗大头：（对王子西朝后院眯眯眼）那小娘儿们昨晚上又没走。

王子西：（笑笑）你少管闲事。（继续吩咐）挑好的先开四十只，告诉对门元兴
　　　　　楼、泰丰馆，晚上准备四百张荷叶饼，二百个吊炉烧饼，随叫随上要热
　　　　　乎的，赶早去天桥把昨天的炉肉折箩卖了；盯着熬粥、剥葱、砸烂蒜。
　　　　　（分配完活，他照例要去遛早儿、吃点心）

罗大头：三掌柜的，问你个事儿。

王子西：你说。

罗大头：前儿个来试工的那个厨子李小辫儿，今晚上来不来？

王子西：来呀，二掌柜说了，咱们而今起了楼了，是正经饭庄子，"鸭四吃"太老套了，得添热炒。

罗大头：听说，赶明儿提他当灶头？

王子西：（连忙回避）这事我可不知道，聘工请人的事归他。福顺，看住"抓彩"的匣子，不吃饭不许抓。

罗大头：（火上来了）弄个"跑大棚"的二流子货跟我争，你们可留神我乍刺儿！

王子西：这两天二掌柜的正为盖楼欠的债犯愁，你可别找不顺序。

罗大头：我举荐的卢二群，地道"荣成帮"、"抓炒王"王玉山的大徒弟，他为什么不用？

王子西：人家有话，凡是跟他们姓卢的沾边的，一概不用。

罗大头：这就显得他清白了，别让我——

王子西：哟，尽跟你聊了，差点误了我的热萝卜丝饼。

罗大头：萝卜，有什么吃头。

王子西：这你就外行了，好像牙萝卜绵白糖，搀上青红丝，玫瑰桂花蜜，上等猪板油和的皮子，上炉一烤，说是酥心的吧，它馅是整的，说不是酥心的吧，入嘴就化，去晚了就吃不上热乎的啦！（边说边笑着下）

罗大头：老泥鳅！福顺，买炸果子去。

成　顺：（机灵地端着热油条上）师傅，刚出锅，脆的。

罗大头：（边吃边琢磨）李小辫儿，还他妈的梳小辫儿。

成　顺：（捧着一碗豆浆递上来）听说这老头子倔着呢，说死也不铰。

罗大头：八成是辫子兵逃跑那年，大街上拣的。（大笑）

福　顺：（煺着鸭毛）人家说他会做"满汉全席"。

罗大头：呸！胳肢窝里夹菜刀，跑堂会的，什么好货！也就是他——（往后一指）请来当爷爷，我告诉你们，要是跟这路货学走挤了，这辈子甭想出头。你听见没有？（用手指重重戳一下福顺的额头）

福　顺：（被戳得差点摔进热水盆里）哎哟！

常　贵：（提开水壶上）叫唤什么？不懂规矩！

福　顺：（委屈地）不是我——

常　贵：又嘴硬，昨儿的事，二掌柜还没问你呢。

〔一个衣履整洁的小后生上，手里抱着一精巧的竹筐，里面装着整枝的晚香玉。〕

后　生：大爷，您柜上定的花，给您送来了。

罗大头：这儿除了鸭子就是老爷儿们，没人要这个。

后　生：没错啊,肉市福聚德——

常　贵：(想起)许是玉雏儿订的,你等等,我问问去。(下)

后　生：(端详着大楼)大楼起得不赖呀,还带抓彩哪。(伸手)

福　顺：哎,你吃饭吗?

后　生：嗬,抓个粉盒儿、腿儿带的,我还没地方放呢。

[玉雏儿随常贵上。]

玉雏儿：小生子,你来了?

[这个玉雏儿,人生得并不漂亮,但眉目间透着一种妩媚,一股聪慧;一身月白纺绸祆裤,清素淡雅中透着俏丽。]

后　生：晚香玉给您送来了,您瞅瞅,七个须,八个瓣儿,多大朵儿。

玉雏儿：(拿起一枝闻闻)嗯。

后　生：这对玉兰花,是我们掌柜的特意挑出来的,送您闻香。

玉雏儿：(别在胸前)替我谢谢你们掌柜的。(掏出一个红封包)这你拿着。

后　生：您又给钱,谢谢您。(下)

玉雏儿：福顺,先养在水盆里,晚上一个桌插五枝,有黄叶儿记着掰下去。(四周看看)楼上门帘还没挂上?

常　贵：照您说的,浆去了,一会儿就送来。

[玉雏儿欲上楼。]

常　贵：这有卢掌柜的一封信,您给带去吧。福顺,跟玉雏姑娘上去看看还有什么不齐全的地方。

[玉雏儿、福顺上楼,下。]

罗大头：嗬!成内掌柜的了,弄什么晚香玉,一股"窑子"味儿。

常　贵：你别看不起人,八大胡同的"堂子菜"在北京也是一绝。

罗大头：别让她吹了,白送我都不吃。

常　贵：你也太金贵了,宫里头的大阿哥吃了都叫绝,所以才送她这个诨名叫玉雏儿,那意思是比宫里的御厨儿不在以下。

罗大头：福聚德算是发了,弄个婊子掌内柜,请个"跑大棚"的当灶头。常头,下半晌那个什么小辫儿就来了,咱爷儿们给他点颜色儿看看。

常　贵：(倒着开水,声音不大,却有分量)你手里又富裕了,是不是?

罗大头：自从他卢孟实掌二柜,我大罗够服帖了吧?他怎么老瞅不上咱爷儿们?

常　贵：就瞅不上你这个吃、喝、抽、赌、吹的人性。

罗大头：嘿!"勤行"里的大厨子哪个不这样?

常　贵：说白了吧,卢二柜就怕干咱们这行的让人瞅不起。

罗大头：瞅得起又怎么样?!他爸爸不是让玉升楼的掌柜给——

常　贵：大罗！你嚷什么？不要饭碗了！（解下围裙）

罗大头：你上哪？

常　贵：昨儿发的卖鸭血钱，家里头的在外边等着，小五又病了。

罗大头：你这一辈子就给那窝小的奔了，长大哪个也不孝顺你。

常　贵：指他们孝顺？我尽我的心吧。（下）

罗大头：成顺，李小辫儿来了，我先给他个下马威。

成　顺：哎！我就说我师傅是福聚德的顶梁柱子，名厨驼背刘的徒弟，御膳房烤炉孙老爷子的正宗。

罗大头：（满意地）嗯，他要问是哪派呢？

成　顺：什么哪派？

罗大头：傻了不是?! 厨子分两派。一是大帝派，讲究色、香、味、形，文火细烧，原汁原味；一是菩萨派，讲究小打小敲，急火短炒，油重味浓，实惠造福。

福　顺：您呢？

成　顺：（机灵地）还用问，当然是大帝派。

罗大头：嗯，詹王大帝。

福　顺：不懂。

罗大头：就他妈的懂吃！说的是老年间，三皇五帝那会儿，有一天皇上山珍海味吃腻味了，把厨子头詹大叫上金殿来，问他天下什么东西最有味，詹大连想也没想，张口就说，盐最有味。皇上一听就急了，一拍惊堂木："废话！这是戏弄本宫，拉下去砍了！"

福　顺：杀了?!

罗大头：杀了詹大。御膳房的三千厨子可不干喽，大伙捏咕好了，打那天起，谁炒菜也不放盐。皇上吃了不到两天，就认可了，天下真是盐最有味。为了给冤死的詹大出气，厨子们叫皇上让位七天，尊詹大师傅为詹王大帝。"詹王"就是咱们厨子供奉的祖宗，打那——

[卢孟实暗上，他见所有人又在听罗大头神聊，心里不满，咳嗽了一声。这一声很起作用，所有的人都立时忙活起来，连罗大头也拿起一根烤杆，漫不经心地端详着，嘴里解嘲地哼起了小调儿。]

卢孟实：（两眼在店里一扫，顺手在烫鸭毛的木盆里沾了一下）这是烫鸭子的水吗？兑开水！

[成顺提起一壶开水兑进去，木盆里腾起热气。]

卢孟实：（对福顺）下手。

福　顺：（把手下到滚水盆里，马上又拿出来，抬眼看看卢孟实，又第二次放下去）

卢孟实:(厉声)再兑！下手！

福　顺:(咬着牙再次把手下到水盆里,很快烫得把手抽回来)下不去了。

卢孟实:下几把了?

福　顺:三把。

卢孟实:三把鸭子,两把鸡,记住喽!(接过成顺的毛巾擦干手)福顺,昨儿个,
　　　　鸭子是你送的吧?

福　顺:(连忙解释)我没送错,西总布胡同 65 号,吴——

卢孟实:一句一句的,讲清楚了。

福　顺:昨天晌午十二点,三掌柜让我往西总布胡同 65 号送两只鸭子,我到那
　　　　儿一看,是个大杂院,笼屉里蒸的窝头都是杂色的。我挨家问哪位吴
　　　　大爷要鸭子,那些人直拿眼翻我。有个小子,说我是成心寒碜人,动手
　　　　要打我。

卢孟实:实话?

福　顺:我要是说瞎话,天打五雷轰!

卢孟实:请三掌柜的来。

罗大头:这会儿啊,八成刚出致美斋。

[王子西提着一个小红蒲包,匆匆上。]

王子西:(知道自己回来晚了,讪笑着)就为等这炉热萝卜丝饼。孟实,你瞅瞅,
　　　　跟六国饭店厨房里的小六角瓷砖似的,都连着个儿哪,尝
　　　　尝。(递过去)

卢孟实:(不喜欢这套)我吃早点了。

王子西:留俩给玉雏儿姑娘啊。

卢孟实:(更不喜欢这种不合场合的玩笑)昨天送鸭子的电话是你听的?

王子西:是,听得真真的。声音挺年轻,说话文绉绉的。

卢孟实:这就怪了,你说没听错,他说没送错,这两只鸭子怎么下账?

王子西:肉烂在锅里,不是没糟践吗。

卢孟实:(拿起算盘)送鸭子的脚钱,烤鸭子的工钱,没卖出原价的损耗钱,加一
　　　　块儿是四块六毛七。我这人不蔽着掖着,柜上起大楼欠着一笔子债,
　　　　该算计的就得算计。

王子西:(闷声不语,脸奔拉得老长,嘟囔着)谁家的小王八蛋在这儿捣乱……

[玉雏儿自楼上下。]

玉雏儿:得了,得了,这账归我出。子西大哥,楼上有两扇窗户没钉结实,您看
　　　　看去。

[王子西下。众暗下。]

卢孟实:以后额外的账都归你出。

玉雏儿：（一笑）把人都得罪光了，坐上"轿子"也没人抬你。

（打开手绢，把一块玉珮递给卢）

卢孟实：怎么在你这儿？（接过）

玉雏儿：你掉在床底下了。

卢孟实：（抚摸着玉珮）昨晚上怎么也睡不着了，想起小时候，娘为我买这块轿
　　　　子形的玉珮，走遍了卢家营大集，我却拉着娘，哭着要吃榆钱糕……

玉雏儿：如今总算没让老人家白为你操心。

卢孟实：可惜他们都没活到今天，爹死在人家秤砣底下……

玉雏儿：（怕惹卢伤感，岔话）门口那副对子想好没有？

卢孟实：我托人请修二爷写去了。哎，我说，我把这个修鼎新请来当"瞭高儿"
　　　　的好不好？

玉雏儿：（抬掇着柜台）怕他拉不下脸来。

卢孟实：克家抄了家，他连嘴都混不饱，还顾得上脸。哎，我想把楼上这些雅座
　　　　都起上名字，按次序，什么"一帆风顺"，"五子登科"，"六六大顺"……

玉雏儿：（笑嗔地）盖楼的钱还没还上，又出幺蛾子，今天可是钱师爷要账的
　　　　日子。

［卢孟实望望四周，耳语］

玉雏儿：小心别露馅儿吧。

卢孟实：我叫你包的银包呢？

［玉雏儿朝柜下努努嘴］

卢孟实：还挺像。

玉雏儿：你可真胆大。

卢孟实：不胆大，敢勾引八大胡同的人尖儿？（拿起玉的手）这金戒指不好看，
　　　　明儿我给你打个翠的。

玉雏儿：（抽回手）别嬉皮笑脸的，谁知道你真的还是假的？

卢孟实：我起誓——

玉雏儿：得了，不怕你老婆找了来？

卢孟实：我休了她。

玉雏儿：她要是给你生个一男半女呢？

卢孟实：瞅她那丑样儿，生出来也是个怪物，我不要，（附在玉雏儿耳旁）我等着
　　　　你，你得给我生个儿子……

玉雏儿：去！（把信交给卢）刚来的。

卢孟实：我不看。

玉雏儿：万一有什么事呢？

卢孟实：（漫不经心地看信，渐渐激动起来）这丑八怪还真生了……真生了个儿

子! 有儿子啦,你看!

玉雏儿:(炉嫉、羡慕交集)是吗!

卢孟实:(兴奋地)常贵!告诉灶上,晚上添俩好菜,我出账,我得儿子啦!

常　贵:这可是大喜!那年我得小五儿,还请了三桌哪,二掌柜,这得摆席请
　　　　客呀。

卢孟实:请,我请你们坐席吃八碗。玉——(这时才发现玉雏儿不在了)

王子西:走了。

[卢孟实笑着摇摇头。]

常　贵:(上)二掌柜,全赢德知道咱们大楼头天上座,他们减价二成。

卢孟实:哦?子西兄,开张抓彩的广告你登报了没有?

王子西:没有,我老觉得饭庄子抓彩头,不对劲儿。

卢孟实:嚯!常头,你说行不行?

常　贵:头年,泰丰楼开张倒也这么干过。

卢孟实:常头,你看住门口儿,有要紧的主顾千万拦过来。

常　贵:放心吧。刚才当家的说,多亏昨儿个您派人给家里头送钱,要不小五
　　　　就烧坏了,常贵这辈子感激不尽。

卢孟实:孩子缓过来没有?

常　贵:已经不烧了。柜上也不富裕,这钱我一准还上。

卢孟实:(一摆手)欠债归欠债,该花的就得花,常头,你对福聚德有功。李小辫
　　　　来了吗?

常　贵:在后院候了多时了。

卢孟实:成顺,去把罗师傅换下来。

[李小辫上。他五十开外,干瘦精明,脑后边垂着一条细小的辫子。迎面碰上
罗大头,欲打招呼,罗不理,大模大样地坐到正当间。]

卢孟实:这是新来的李师傅,今晚上掌灶,厨房里的事由李师傅支配。灶上的
　　　　事归大罗。常贵,你把晚上的菜唱唱。

常　贵:(清清嗓子,有板有眼,如钢板刹字)拌鸭掌七寸、七寸糟鸭片、卤生口
　　　　七寸、七寸鸡丝黄瓜、炸瓜枣七寸、七寸糟溜鱼片、清炒虾仁七寸、七寸
　　　　油爆肚仁、烩两鸡丝中碗、中碗烩四喜大扁、烩什锦丁中碗、中碗烩"总
　　　　理各国事务衙门"。

李小辫:劳驾,您把后边这菜再唱一遍。

常　贵:烩"总理各国事务衙门",时新菜名,就是大杂烩。

李小辫:噢,杂烩。

常　贵:三掌柜,鱼到了吗?

王子西:养在影壁前头木盆里。

常　贵：(接唱)干烧活桂鱼两尾、扒鱼唇三斤两盘盛、葱烧海参三斤两盘盛、汤
　　　　烧肘子两大个、鸭骨熬白菜两出海、什锦八宝豆泥、三不沾、带四鲜果、
　　　　四干果、四蜜果、四看果、进门点心、干们碟儿。齐了!

卢孟实：烧鸭子每桌两只;荷叶饼、烧饼、小米粥随叫随上;爷儿们桌加"老虎
　　　　酱",女客桌上绵白糖。今晚上给大掌柜的拜师学戏,来的都是梨园行
　　　　的名角,大伙好好干,我向东家要赏。福顺,给我开饭。(下)

[李小辫系上"二尺半",到大木盆前边捞起一条活鱼。]

罗大头：(阴阳怪气)桂鱼有十二道刺儿,就是十二属相,万一被本命的那道扎
　　　　着了就得玩儿完。

李小辫：(把鱼往地上一摔,鱼被摔死)会拾掇的,不能让它扎着!

罗大头：听说过吗? 宫里头挂炉烧鸭子的孙老爷子,是我师傅。

李小辫：(不动声色)当今宣统皇上的御厨是我师兄弟。

成　顺：(上)师傅,鸭子该"燎裆"了。

罗大头：(大喝)拿烤杆来!

[罗大头托起檀木烤杆,从鸭架上轻轻一挑,挑起一只生鸭胚,鸭背朝着烤炉,
快手把杆向上一抬,前手往右一拧,挂钩倾斜,悠着劲儿往炉膛里一送,鸭身荡起,
飘过火苗儿,稳稳当当地挂在炉子的前梁上。看着徒弟不觉叫起好来,罗大头满脸
得意。]

[李小辫刷地从怀里抽出一块红绸子,哗地铺在切冷菜的案垛子上,从柜里拿
出一块清酱肉,当、当、当,手起刀落,肉切成薄片,倒成一个月牙形。李把肉片摆进
碟子,托起红绸,鲜红的绸面上,连个肉渣儿都没有。]

[众人不禁赞叹。]

罗大头：(不屑)绸面切肉,天桥的把式。"满汉全席",会吗?

李小辫：玩过几回。

罗大头：多少菜式?

李小辫：一百零八样。

罗大头：为什么取一百零八样?

李小辫：三十六天罡,七十二地煞,天上地下无所不包的意思。

罗大头：特色呢?

李小辫：冷、热、甜、咸、荤、素六样;寿酌不用米饭,喜酌不用桃包。(白了一眼
　　　　大罗)其实也是百里搭席棚,中看不中吃的玩艺儿。

[罗大头正要借机性起,一个宫里打扮的人飞奔而至。]

宫　差：谁是掌柜的? 宫里包哈局的执事到了,快点迎着!

王子西：快去请掌柜!

常　贵：大少爷上蟠桃宫赛车去了,请二掌柜的应酬吧!

王子西：你们都先回避。（众人下）

［卢孟实边穿马褂边上，飞迎上刚进门的大执事。］

卢孟实：（行清礼）给大执事请安。

执　　事：免了。嗬，什么时候楼都盖好了？老掌柜的呢？

卢孟实：老掌柜唐德源过世了，我是福聚德的二掌柜卢孟实。

执　　事：明天宫里头要用鸭子。

卢孟实：是。

执　　事：二十只，午时三刻从西华门进宫，先交包哈局验查，再送御膳房。

卢孟实：是。

执　　事：有腰牌吗？

卢孟实：有。

执　　事：叫送鸭子的带好腰牌，千万不能误了时辰。

卢孟实：您放心，保险误不了。（双手奉茶）

执　　事：（喝了一口，打量卢）哪儿人哪？

卢孟实：山东荣成大卢营。

执　　事：乡下这两年好吗？

卢孟实：倒是不愁吃喝，大执事想到乡下玩玩？

执　　事：万一冯玉祥再往宫里扔炸弹，咱们也得找个去处啊？

卢孟实：您真会说笑话。

执　　事：这可不是笑话，哪天紫禁城不叫住了，我就先奔你这儿，好歹是本行。

　　　　　（呷了口茶）昨天你们是不是接了个电话，让往西总布胡同送鸭子？

卢孟实：我们马上就送了，可没找着人。

执　　事：上哪儿找人去，是皇上打着玩的。

王子西：哟，敢情是皇上，我还以为是谁家小——（忙自己打嘴巴）

执　　事：这两银锞子，算是内务府给你们的赔偿。

卢孟实：这可不敢当，皇上通过的电话，我们马上摆香案供起来。

执　　事：（悻悻地）民国了，没那么多说头了，咱们回客。

［几个民国士兵迈着僵硬的步伐上，后边跟着总统府侍卫处的一个军官，常贵
跟着。］

常　　贵：王副官，您怎么往全赢德去哇，您不照顾我们了？

副　　官：你们这儿太贵。

常　　贵：贵人吃贵物，东西好哇！

卢孟实：就为您，我特意请了一个大厨子，原来同合居的头份红案。

副　　官：我就听你这张嘴，就饱了。（发现大执事）这位——

卢孟实：（小声）宫里包哈局的大执事。

副　官:哦?

[大执事正在琢磨怎么和这位政府官员打招呼。]

副　官:(朝大执事行了个军礼)您好!

执　事:啊,您好!(却不知该怎么还礼)

副　官:您别动。刚才那个礼是民国的,这个才是奴才我的。(说着按清礼请安)

执　事:(就势扶住)快免了吧。

副　官:当今"上边"好?

执　事:好。徐大总统好?

副　官:好。徐总统最尊重大清,常对我们说,我们是为当今幼主摄政的。

执　事:您太过谦了。如今皇上也崇尚共和,前几天还召见了洋派大博士胡适,还亲口念诵了他的七言绝句,(用读"四书五经"的腔调)"匹克尼克来江边",这位老爷的诗,称得上是满汉加西洋啊。

[两个人都不自然地笑起来。]

执　事:您执公,咱们回客了。

卢孟实:送大执事。

[大执事等下。]

副　官:你跟他挺熟?

卢孟实:宫里常用我们的鸭子。

副　官:你跟他给我要一个宫里的物件,行不?

卢孟实:我哪有那么大的面子呀。

副　官:大总统他们要的那些咱要不起。什么皇上写废的字啦,闻过的鼻烟啦,都行,清室一完,这些就都成古董了。

卢孟实:您脑子真好使。您再试试您这手气好不好吧。(对人)请玉雏儿姑娘来!

副　官:弄些针头线脑的糊弄人,我不抓。

卢孟实:您试试。

[玉雏儿换了衣服,笑容满面地捧起彩票。]

副　官:(不经意地抽了一张)你那点心眼我都明白。

卢孟实:(接过彩票一转身,迅速做了手脚,惊异地大叫)哎哟!

副　官:怎么啦?

卢孟实:可了不得,您抓了个金戒指!

[众人愕然。]

副　官:(喜出望外)真的?

卢孟实:我还能骗您!玉雏儿付彩。(朝玉雏儿使了个眼色)

[玉雏儿会意,反身把手上的戒指用力退了下来。]

副　　官：我手气就是好，昨晚上"打四圈"，两把都是自摸。

卢孟实：您要走运，您瞅我这楼，八抬大轿的形儿，您要在这儿再请几桌，还得高升。

副　　官：好！就借借你的福气。今晚上总统府六桌，下礼拜侍卫队给我订四桌，九月初四总理老太太生日走堂会，干脆也是你们来吧！

卢孟实：(记下)好嘞！

副　　官：今晚上请的是段祺瑞的侍卫长，这可有关军机大事，侍候不好就得找碴儿干起来。

卢孟实：您别吓唬我。

副　　官：前边都干上了，光同仁堂的三七止血散，我们就赊了好几担了。

卢孟实：会不会打到北京来？

副　　官：没听人说吗？前边吃紧，后边紧吃，打进来也碍不着你。我走了。

[下。]

王子西：(不满)都照这么抓，三天就得关门。

卢孟实：玉雏儿呢？

王子西：回胭脂巷了。

[钱师爷带着要账的人上。每人手里都拿着要账的蓝布札子。]

钱师爷：二掌柜，二掌柜，我们又来了。

卢孟实：您准时，这几位……

钱师爷：这位是六必居的，那位泰丰楼的，全恒钱庄的……

卢孟实：(不等听完)原来都是贵客！成顺，沏几碗好的来。

钱师爷：二掌柜，咱们今天不兜圈子，痛痛快快怎么样？

卢孟实：您说怎么办吧？

[一个脚夫上："掌柜的，您这儿的洋面到了。"]

王子西：我们这儿没买——

[几个巡警上："掌柜的，我们来了。"]

卢孟实：来得正好，几位辛苦维持着点闲杂人等。往里搬！

王子西：(不解)你什么时候买面了，怎也不——

卢孟实：(拉住子西)小心着点，要是掉包、裂口，撒了我的面，我可一个子儿也不给。

[脚夫们把一袋袋面扛进福聚德内。巡警们虚张声势地吆喝着。]

卢孟实：(拿起算盘)奎祥本厂子盖楼的钱还欠六百加一月七厘六的利，这是……

[几个要账的人光顾着看洋面。]

钱师爷：这面便宜？

卢孟实：福聚德没进过便宜货。官价，两块大洋一袋。

要账人：您买这么些干什么？

卢孟实：穷修门面富修灶啊。（继续打算盘，不小心碰掉一个银包，钱滚了一地）

钱师爷：二掌柜，买卖做得不赖啊。

卢孟实：过得去吧。上午宅门富商，下午衙门贵胄，这不，晚上总统府六桌，下个月总理老太太在这做寿，人都要累散了。

钱师爷：你可给福聚德赚大发了。

卢孟实：（体己的）买卖是人家老唐家的，我不过是替买看吃，就拿几位这段公事来说吧，依着我，一笔清，福聚德还在乎这点儿。

众要账的：那是、那是。

卢孟实：东家不干哪！换句话说，分月支取也有好处。几位柜上多得一份，我也好向东家交代，不过是几位多跑两趟。钱师爷，您是我们这儿的老中人了，您说，每月您来，我怎么样？

钱师爷：凭良心，卢二爷够朋友，可咱们行里有句老话：内怕长支外怕欠，了了账，您心里也清净不是。

卢孟实：我姓卢的做买卖，讲究的是个"信"字，如果今天几位逼我一笔了清，我砸锅卖铁也成全各位。可一样，往后咱们再不来往，福聚德不订各位的货，各位也别来我这揽买卖。几位是看眼前，还是看长远，几位自己掂量。（不再理会，指挥抬面）

[几个要账人互相交换了一下眼色。]

钱师爷：卢二爷，买卖不成仁义在，您先别上火，咱们谁跟谁，还不是给人家跑腿。

[卢孟实不置可否。]

钱师爷：这么着，卢掌柜的今天也忙，你们几位回去再跟各位柜上商量商量，您听话儿。

卢孟实：也好。给几位带上鸭子，挑大个的。（要账人下）钱师爷，留步。这个银锞子是皇上刚派人送来的，您做个念心儿吧。

钱师爷：（见钱眼开）这些事你交我了，福聚德开这么大的买卖，得让他们上赶着。

卢孟实：拜托了。

[钱师爷下。]

[卢孟实一下子坐在太师椅上，长出了一口气。]

王子西：我说，你借印子钱了吧？

卢孟实:你过来。(耳语)

王子西:(惊诧已极)啊?! 我的妈,我这腿肚子直转筋。(腿一软,坐下)

卢孟实:(大笑)我不是跟你说过吗? 愣堵城门不堵阴沟! 你支应着点,我去趟
　　　　胭脂巷。(一身轻松)

[卢孟实下。]

1987 年 9 月三稿于北京

《十月》1988 年第 3 期

思考与探究

1. 执事与总统府副官之间的言行举止反映了当时什么样的社会现实?

2. 以职业从业者的角度来评价一下常贵。

3. 罗大头与李小辫的矛盾冲突是什么?

4. 课本的节选部分中卢孟实为何要两次"作假"? 你是如何看待此事?

5. 就课本的节选部分中人物之间的故事,谈谈你对处理人际关系的认识。

霸 王 别 姬

课文导读

　　汉王刘邦与西楚霸王项羽互争天下。刘邦拜韩信为元帅,屯兵于九里山前,调度各路诸侯,十面埋伏。使李左车诈降于楚,诱项羽深入重地,围于垓下。张良又遍吹洞箫,命军卒学作楚歌,声韵凄凉,风送入楚营,而楚将楚兵闻之,皆动思乡之念。一夜之间,尽行解散;所未去者,只有八百余人及周兰、恒楚二将。项羽无可奈何,唯思冲出重围,以图再来。乃入帐中,与虞姬作别。虞姬即项羽爱妾,历年战争均在营中随侍。

　　项羽逞举鼎拔山之勇,身经七十二战,战无不利,奈徒恃勇力,卒中韩信之计。势促时穷,不得不割舍此爱妾,以免拖带弱息之累。英雄气短,儿女情长。置酒与虞姬共饮,泣下数行,作歌以寄慨。虞姬亦歌而和之。黎明时,周兰、恒楚催促动身。虞姬明知百万敌军断非一弱女子所能出险,诳得项羽佩剑,立拼一死以断情丝。项羽幸无后顾之忧,逃至乌江口。亭长驾船相迎,项羽不肯渡江。盖自起义有八千子弟相从,至此无一生还,实无面目见江东父老。遂自刎焉,仍得与虞姬在地下结好合之缘也。

主要角色:

项羽——净

虞姬——小旦

军官——老生

渔夫——老生

项羽(内二簧导板):为江山动干戈楚汉争胜。

[二内监、虞姬、项羽上。]

项羽(原板):统貔貅七十二战,旗开得胜,马到成功,神鬼皆惊。想当年在荥阳
 　　　　　火焚纪信,小刘邦黄夜里逃出皇城。

 　　　　　孤心中不把那别人来恨,恨的是孤帐中亚父范增。

 　　　　　无故地弃孤家转回乡井,背发疽他一命丧在彭城。

 　　　　　到如今又出了淮阴韩信,虽然是年纪幼善能用兵。

 　　　　　九里山埋伏下十面大阵,杀得孤丢盔卸甲进退无门。

 　　　　　多亏了小魏豹放孤逃命,因此上出龙潭转回大营。

 　　　　　叫人来掌银灯大营来进,眼见得锦基业一旦全倾。

 　　(念):英雄出众世无敌,七十二战创鸿基。当初不听鸿门计,事到如今后
 　　　　　悔迟。

 　　(白):孤,西楚王项羽。自出兵以来,战无不胜,攻无不取。可恨刘邦任用
 　　　　　张良,聘请了韩信与孤鏖战。将孤困在九里山前,设下十面埋伏。
 　　　　　使孤误入龙潭,杀得孤丢盔卸甲。幸遇魏豹将孤放出阵来,才得保
 　　　　　全了性命。苍天啊,天,不料孤五载功勋竟要付与流水!

虞姬(白):大王何必悲叹?自古道:军家胜败,古之常理。想大王英雄盖世,武
 　　　　　艺超群,汉兵纵有十万之众,大王八千子弟兵一能胜百。稍养锐气,
 　　　　　再与汉兵交战,恢复基业岂不美哉!

项羽(白):话虽如此,只是那张良诡计多端,韩信广有韬略。只怕难以取胜。

虞姬(白):妾身备得有酒,请大王畅饮几杯,以解愁烦。

项羽(白):内侍。

太监(白):有。

项羽(白):看酒。

太监(白):诺。

项羽(原板):有孤王在帐中心神不定,想起了当年事好不伤心。

 　　　　　恨刘邦用张良诡计毒恨,有淮阴小韩信用兵如神。

 　　　　　孤纵有拔山力又何足论,孤一身怎能杀冒敌充锋。

 　　　　　叫美人你与孤把酒斟定,

［众人呐喊。］

项羽（摇板）：又听得一阵阵金鼓齐鸣。

［军官上。］

军官（白）：启大王，韩信带领十万之众将垓下团团围住了！

项羽（白）：再探！

［军官下。］

项羽（摇板）：听一言来怒气生，骂声韩信休逞能！人来带过乌骓马！

虞姬（摇板）：大王息怒且稍停。

　　（白）：启禀大王，看夜深了，倘若那贼暗地埋伏，岂不中了他的诡计？况且
　　　　　大王饮酒带醉，今晚暂息一宵，明日再与他鏖战。

项羽（白）：美人言之有理，待等天明定要与那厮决一死战！

［人呐喊。］

项羽（白）：嘛！

　　（摇板）：耳边厢又听得有人声震，四面里皆是楚歌声。

　　（白）：听四面皆是楚歌之声，想是吾营中兵将作歌。

［军官上。］

军官（白）：启大王，大事不好了！

项羽（白）：何事惊惶？

军官（白）：汉营中的兵将，俱作楚人之歌。我营中士兵闻之个个思乡，军心要
　　　　　变了！

项羽（白）：竟有这等之事！速速到各营安抚他们！快去快去！

军官（白）：遵命！

［军官下。］

项羽（白）：汉军吹箫作楚声，竟来扰乱我军心！

　　（摇板）：叫美人搀扶孤后帐进，

　　（吐）：呜噜噜噜……

　　（摇板）：怕只怕西楚难保存！

［项羽、虞姬下。］

［四龙套、四将同上。］

四将（同白）：请了！吾等奉了韩元帅将令围困垓下，捉拿项羽，就此前往！

众人（同白）：请！

［众人同下。］

项羽（内西皮导板）：盖世英雄遭围困。

［项羽上。］

项羽（摇板）：四面俱是汉家兵。匹马单枪往前进。

［四龙套、四上手、四将上,围项羽。］

项羽（摇板）：人马呐喊金鼓鸣。振刷精神急冲阵。

［四将起打。］

项羽（摇板）：层层人马杀气腾。任凭尔有千员将,孤一人能挡百万军!

四将（同摇板）：来在阵前把话论,叫声项羽听分明,劝你马前早归顺,少若迟延命难存!

项羽（摇板）：听一言来怒气生,胆大小儿休逞能!项羽威名天下震,猛虎岂怕羊一群!

［项羽起打,项羽下。众人同追下。］

［虞姬上。］

虞姬（慢板）：晓妆梳洗乌云挽,玉容寂寞泪涟涟。环佩丁东春日暖,满腹愁肠锁眉尖。大王爷与韩信同交战,中奸计被困在九里山。到如今怕的是功弃一旦,锦绣基业难保全。耳边厢又听得人声呐喊,想必是大王爷转回营盘。

［项羽上。］

项羽（慢板）：天意亡楚欲兴汉,盖世功劳付流泉!

虞姬（白）：大王回来了!今日与汉兵交战胜负如何?

项羽（念歌）：力拔山兮气盖世,时不利兮骓不逝。骓不逝兮可奈何,虞兮虞兮奈若何?

虞姬（白）：啊,大王为何发此长叹?

项羽（白）：美人哪,想孤家自出兵以来,今已五载七十余战,未常有败;今日被困在垓下,此乃是天亡楚也!

（慢板）：孤家用兵勇无对,百战百胜逞雄威。老天不把人意遂,九里山前被贼围。楚歌吹散我八千队,眼见得霸业竟成灰!

虞姬（白）：大王啊,这……

（念歌）：汉兵将吾困,四下楚歌声,大王意气尽,贱妾怎聊生!

（慢板）：大王休要把锐气败,还须早早作安排。

（白）：大王还要早作良图,杀出重围,恢复霸业才是正理。

项羽（白）：嗳呀,美人哪,那汉兵虽有百万之众,何足惧哉!只是行军之际,交锋对垒,怎能带得你行走?也罢,闻得汉王乃好色之徒。你可以前去服侍于他去罢!

虞姬（白）：大王说哪里话来?自古道:忠臣不事二主,烈女不嫁二夫。大王欲图天下大事,岂可以妾身为累?贱妾情愿尽节以报大王宠爱之恩便了!

（慢板）：自古常言道得好:烈女不侍二夫男。愿借大王青锋剑,情愿尽节在君前。

项羽（白）：好啊！

（慢板）：虞姬果肯身殉难，到叫孤家心痛酸。

（白）：嗳呀美人，你果有此心？

虞姬（白）：果有此心。

项羽（白）：实有此意？

虞姬（白）：实有此意。

项羽（白）：罢罢罢，我项羽纵死九泉也得瞑目！但是一件……

虞姬（白）：哪一件？

项羽（白）：只是你我恩爱一场，叫孤家怎能舍得？

虞姬（白）：大王力图霸业，前程万里；妾身一命，轻如鸿毛。望大王勿以妾身
为念！

项羽（白）：只是孤家实实难舍。

虞姬（白）：呀！

（慢板）：大王他把妾身恋，难舍难分泪涟涟。走向前抽出了青锋剑，顷刻
一命染黄泉。

［虞姬自刎。］

项羽（白）：美人哪！

（慢板）：一见虞姬寻短见，好叫孤家痛伤惨。可怜你为孤一命染。

（哭）：虞美人呐！

（慢板）：青史名标美名传！

［内侍上。］

内侍（白）：启千岁，汉兵杀到营门来了！

项羽（白）：带马！

［项羽上马，四将上，起打。项羽败下，众人同追下。］

［渔夫撑船上。］

［项羽上。］

项羽（慢板）：弃甲曳兵出危险，又只见江边一舟船。

渔夫（白）：那厢来的敢么是项王千岁？

项羽（白）：你是何人？怎么认得孤家？

渔夫（白）：老汉那年曾在千岁营中送过粮草，因此认得。

项羽（白）：原来如此。

渔夫（白）：大王为何这等狼狈？

项羽（白）：孤与汉兵交战，被他等杀得大败逃避至此。

渔夫（白）：如此，千岁请上船来，待老汉渡千岁过江如何？

项羽（白）：想吾项羽，威名四海，无人不知；今日兵败至此，有何面目去见江东
　　　　　父老？也罢！待我自刎乌江，以谢天下！

渔夫（白）：千岁请上船来！

［四将追上。］

渔夫（白）：嗳呀，汉兵到了！

［渔夫急下，项羽自刎。］

四将（同白）：看项羽自刎，吾等将他首级割下献于韩元帅便了！

［四将割首级，项羽下。］

四将（同白）：请！

［吹排子，同下。］

思考与探究

1. 有人说项羽是悲剧式的英雄，结合本剧、《鸿门宴》及相关历史资料，说说你的看法。

2. 请点评虞姬在本剧中的言行举止。

专业·语文

卧虎藏龙(节选)^①

课文导读

　　电影《卧虎藏龙》根据中国现代作家王度庐的同名长篇武侠小说改编而成。本片由李安导演,周润发、杨紫琼、章子怡主演,美国哥伦比亚电影制作有限公司、北京华艺亚联影视文化有限责任公司等于2000年联合出品。它不仅创造了非英语片在欧美票房过亿美元的空前纪录,还一举夺得了第73届奥斯卡"最佳外语片""最佳摄影""最佳美术指导"和"最佳电影音乐"四项大奖。

　　如果你看过《卧虎藏龙》,也许会有这样的感觉:影片的武打设计并不激烈,故事悬念甚少,人物的侠义精神也不突出,不能让你热血沸腾。但就是这样一部影片,是亚洲电影和华语片首次获得奥斯卡最佳外语片奖。据说该片在巴黎上映时,"市政厅的广场上立着一面电视墙,电视里周润发与章子怡在竹林里飞来飞去,看呆了过路的行人"。

　　导演抓住了西方人对于东方古老文明的神秘感和好奇感,以独到的电影语言,打造出一部具有浓郁东方文化色彩的视听奇观,由此打动了西方观众和电影人。所以,欣赏《卧虎藏龙》,我们能看到许多的富有中国地域特色的景致:辽阔苍茫的戈壁荒漠,缥缈洁白的雪山冰峰,森严幽深的皇城内院,人声鼎沸的京城市井,灵秀旖旎的青山碧水,苍翠挺秀的竹海……这些色彩鲜明而又各具风韵的场景,再加上丹青书画、飞檐走壁、十八般武器以及各种民族乐器的配合,使整部作品呈现出一种浓郁的东方诗意美。

　　本课节选的是影片的高潮和结尾部分,包括竹林打斗、山洞顿悟和山崖忏悔三场戏。其中,"竹林打斗"是全剧的精华所在,不仅画面优美,人物动作飘逸潇洒,人物的语言也颇多可玩味之处。李慕白简短的话语,饱含深意,举手投足,颇有大侠风范;玉娇龙则着急发怒,语气浮躁,显示出她江湖梦破灭前四处碰壁的窘境。

场景:雄远镖局二厅

人物:玉娇龙、俞秀莲

时间:日

俞秀莲给孟思昭的牌位上香,心里有点儿愧疚。突然听到一点儿动静,她转身,玉娇龙一身狼狈地出现在她面前。俞秀莲见到她心里高兴,同时松下一口气。

场景:雄远镖局俞秀莲房

人物:玉娇龙、俞秀莲

时间:日

[俞秀莲为玉娇龙换衣服。]

玉娇龙:姐姐!

[俞秀莲打开箱笼翻找衣服。]

[玉娇龙已经梳洗过,穿着白布衫子,坐在俞秀莲床上。俞秀莲拿衣服过来在她身边坐下。]

俞秀莲:(软中带硬)既然是找我,就得有个样子。

玉娇龙:(倔着)我不过是求个干净衣裳,又不是来做客。

俞秀莲:你的本事挺大的,不必我给你吧!

[玉娇龙看她,显然俞秀莲已经耳闻她在外面闯下的祸事。]

玉娇龙:——我也只是路过——想看看你,你——

[玉娇龙赌气看着俞秀莲,突然眼一红抱着她便大哭。]

玉娇龙:(呜咽)姐姐!——

俞秀莲:好了! 祸也闯了,也知道道儿上是怎么回事了。(注视玉娇龙的双眼)
　　　　你来,就是心里真有我这个姐姐,既这样,道理得说清楚。可以不嫁,
　　　　父母不能丢下。

玉娇龙:就是他们叫我嫁人的呀!

俞秀莲:先让爹娘放心,你与小虎的事,你看着办!

玉娇龙一听惊起。

玉娇龙:你知道罗小虎——

俞秀莲:(点头)他是一片真心,你们俩的事还有商量。歇一下,跟我回北京,没
　　　　有商量不成的事。

[玉娇龙慌乱中几乎被俞秀莲说服。]

玉娇龙:他在哪里?

俞秀莲:李慕白已安排了。

玉娇龙:(吃惊地)李慕白?

俞秀莲:李慕白让他去武当山了。

玉娇龙:你们都是一起的,给我下套儿。我走!

俞秀莲:娇龙! 你再任性,我就帮不了你了! 我早就看出是你拿了青冥剑,替你瞒着,怕毁了你。结果,你毁了所有人,还在任性!

玉娇龙:你才任性! 我瞧你非成了老姑娘!

俞秀莲:老姑娘又怎么样?

[玉娇龙和俞秀莲在房里就打起来。玉娇龙并不想真打,于是窜窗出去,脚上连鞋也没穿。俞秀莲一念犹豫没有拿刀,徒手追出去。]

场景:雄远镖局

人物:玉娇龙、俞秀莲、李慕白、刘泰保②、众镖师

时间:日

[玉娇龙使轻功纵身到大院,镖师一惊都拿起武器。]

俞秀莲:娇龙——

[玉娇龙一急就拔出青冥剑挥过去。]

俞秀莲:好! 说翻脸就翻脸!

[俞秀莲就地从架子上拿起兵器,玉娇龙和俞秀莲打起来。

玉娇龙发怒地挥着青冥剑,俞秀莲招架时兵器皆折损。镖局院子里所有的兵器都派上了用场,展现了俞秀莲深厚的江湖功底。

俞秀莲使鞭缠她的手。玉娇龙被鞭缠了几下,更怒,使出威猛的剑招。俞秀莲居下风,几支兵器相继被打断。]

玉娇龙:今天教你看看是李慕白行,还是我行! ——杨枝滴露,腕底翻云,三环套月,苍龙入海!

[玉娇龙一开杀便不能控制劲道,一剑劈向俞秀莲。俞秀莲闪躲不及,手臂被兵器划伤,幸亏李慕白一剑挡过来,站在俞秀莲身前。李慕白见俞秀莲受伤,愤怒。]

李慕白:你不配用这把剑! ——

[玉娇龙看到李慕白有点儿愣住,这是她第一次正面带剑与他相会。]

玉娇龙:又来个教训人的,看剑!

[玉娇龙和李慕白开战。两人剑光来去,所有的人都目瞪口呆。

玉娇龙轻功上房,李慕白也飞上去。此时刘泰保也快马赶到。]

李慕白:到此为止吧!

玉娇龙:从今后我认剑不认人!

[玉娇龙伤心愤怒说不清,只想尽快逃出这纷乱的场面。她施展轻功,李慕白立刻以轻功跟随。现场没有人能以这样的轻功跟去。

院子里刘泰保和镖师扶受伤的俞秀莲。]

场景：竹林

人物：玉娇龙、李慕白

时间：日

[玉娇龙落地跑了一段，眼前是一片竹海，自己还是一身白衫，染了泥脏污不堪，此时连飞鸟振翅都让她心惊抬头。李慕白没有追来，但耳边却是沙沙的风吹竹叶声，此时云低天正起风。

突然李慕白以声东击西的极快手法从上方飞下来，玉娇龙出手不及，青冥剑让李慕白拿到手。玉娇龙几乎要急哭了。]

玉娇龙：我跟你拼了！

[李慕白把剑插在背后，转身就使轻功，飞身站在竹梢上。玉娇龙也提气以轻功站到另一根竹梢上。]

李慕白：好！

[玉娇龙发现她为了保持平衡不能乱动，眼前李慕白则是笔直地站着。]

李慕白：当日古寺留一步给你，是要见你的本心！

[玉娇龙：你们这些老酱油，怎么见得到本心。要见本心，拿青冥剑来换！]

李慕白：(笑着摇头)要青冥剑？来拿就是了。

[两人在竹海上飞，最后玉娇龙飞到李慕白站的同一根竹子上，此时此刻两人一举一动都息息相关，稍一挪动都有坠落的可能。

李慕白站在竹梢上，玉娇龙企图移动使他坠落，但竹子再弯李慕白还是能找到一个平衡点。]

李慕白：道生两极，两极成道，道法自然。

[玉娇龙向下移动竹子几乎把李慕白举起，李慕白仍在平衡之中。]

李慕白：欲速则不达。

[李慕白一提气离开竹子，竹子打直，玉娇龙摔到地上。她奋而起身追赶李慕白，两人在竹林间对打。]

玉娇龙：把剑给我！

李慕白：今天阴阳两气相激，倒让我心有所得。不过你输了，剑是拿不到了。

玉娇龙：高兴，陪你玩玩，不高兴，你得陪我玩！

玉娇龙：服不服气？嗯？

李慕白：(笑着)还是那句话，我来教你心诀！

玉娇龙：现在是我教你吧！

李慕白：那你就教我离开这块石头。

[玉娇龙要使轻功，却不知李慕白早已过气入地，地气作用使得玉娇龙竟连纵身跳都很难跳起来。]

李慕白：我已逼气入地，要离开，除非断我这口气！

玉娇龙：断就断！

［玉娇龙的剑就架在李慕白的脖子上。李慕白看着她，玉娇龙不能下手。］

李慕白：瞧！杀人不过一眨眼——难的是——剑下留情！

［李慕白只是一根手指就轻轻地把剑挪开了。玉娇龙觉得自己像是被催眠了一样，不能有自主的能力。］

李慕白：你的气只练到"玄机穴"就上不去了。你心里清楚，你迷路了。我会为
　　　　你解开玄机。

玉娇龙：原来心诀也藏私！

李慕白：不是藏私。男女的练法不一样，心诀讲的是男人的练法。

玉娇龙：那你凭什么做女人的师父？

李慕白：剑法有阴阳相成，阴可以是女人。

玉娇龙：为什么阴非是我？

竹海风声，李慕白答以很长的沉默。

玉娇龙：好吧，三招之内你能把青冥剑拿回，我就跟你走！

李慕白：（大笑）怕是想先离了这石头吧！

李慕白动手。他一旦决定攻击目标，身手便是快狠准！瞬间，青冥剑又回到他的手上。

李慕白：嗯？

玉娇龙：（气急败坏）剑还我！

李慕白：拜师！

玉娇龙：你做梦！

李慕白：那剑就没用了。

场景：激流溪谷

人物：玉娇龙、李慕白、碧眼狐狸

时间：日

［李慕白以狠逼狠，一横心把青冥剑丢到激流里。玉娇龙万万没想到，她焦急地看着剑，竟然不要命地飞身到激流里去找剑。李慕白也愣住。他飞跃大石，玉娇龙拿到剑，人却被激流卷得欲浮欲沉。李慕白以轻功在水上跑。碧眼狐狸突然出现，以铁爪勾住树干，荡入河谷，拦腰抱起昏厥的玉娇龙。］

碧眼狐狸：娇龙！

［李慕白眼睁睁看着正邪交战中的玉娇龙被碧眼狐狸带走。激流上开始飘起雨来，李慕白纵身追赶。］

场景：废弃作坊

人物：碧眼狐狸、玉娇龙

时间：雨日

[碧眼狐狸在熬炼一种药。她把银针沾裹上药，再送到灯上烧。银针烧出滋滋的声音，冒出细细一缕青烟。

玉娇龙头被溪中巨石撞击昏迷，碧眼狐狸为她疗伤，针灸。

玉娇龙醒转来，碧眼狐狸望着她，两人对望时感觉依稀像从前一样。]

碧眼狐狸：我知道那帮人早晚要把你逮回去！——你爹娘是要面子的人，哪能
　　　　　容你再进家门？——

[玉娇龙想着再也不能回家，眼泪便溢出眼眶。]

碧眼狐狸：啊——家有什么好，既出来了，我们到处去走，天下无敌手。你还是
　　　　　我的千金小姐，人生一世，不就是图个痛快吗？这下倒好了，我们可
　　　　　以做自己的主了。你我都是自己的唯一的亲人。

[玉娇龙看着碧眼狐狸，虚弱得说不出话。]

碧眼狐狸：躺一会儿，——别乱动！

[碧眼狐狸看了宝剑一眼，玉娇龙起初仍十分戒备地握住宝剑，但碧眼狐狸并没有要拿走她的剑的意思。碧眼狐狸便离开，离开前点了香。]

场景：废弃作坊

人物：碧眼狐狸

时间：日

[碧眼狐狸在雨中疾步而行，明知有人跟随却做诱敌状。]

场景：俞秀莲房

人物：吴妈、俞秀莲、碧眼狐狸

时间：日

[吴妈为俞秀莲包扎完伤口。]

吴妈：这样儿的疯丫头，杀了算了。

俞秀莲：下不去手。

吴妈：嘿，李慕白也许下得了手了。

[俞秀莲怀疑地摇头。

俞秀莲察觉到窗外有动静。

俞秀莲冲出去，看到碧眼狐狸转身疾走。]

场景：废弃作坊

人物：李慕白

时间：日

[李慕白小心地来到废弃作坊,他占据了一个靠近大门的位置。天下起雨来。]

场景：雄远镖局俞秀莲房

人物：玉娇龙、俞秀莲、李慕白、刘泰保、众镖师

时间：日

场景：废弃作坊

人物：玉娇龙

时间：日

[玉娇龙醒来,浑身烧得燥热,心如火焚,她拿起一只杯子喝了一口——没有水。娇龙扔掉空杯子站起来,见屋内漏雨便走了过去。]

场景：废弃作坊

人物：玉娇龙、李慕白

时间：日

[玉娇龙走到破瓮处接水,朝天扬起脸接喝落下的雨水。干渴止住了,玉娇龙一转身发现李慕白站在不远处。她一边嘴里咕噜着,一边步履蹒跚地向李慕白走去。]

玉娇龙：你要剑……还是要我？

[玉娇龙跌倒在李慕白的怀里。李慕白搭住她的手腕为她诊脉,然后看着她的眼睛。]

李慕白：你中毒了,先排毒。

[玉娇龙扯开自己的衣襟。李慕白以极快的掌法找穴位,点住几个穴位之后一掌打过去。玉娇龙扑倒在地,口吐一口黑血,昏眩过去。

李慕白把玉娇龙抱向窟内一角落。他见着那炷香,把它掐熄。

李慕白贴近看玉娇龙。]

场景：废弃作坊

人物：玉娇龙、李慕白、俞秀莲、刘泰保、碧眼狐狸

时间：日

[李慕白突然惊醒。]

李慕白：碧眼狐狸哪去了？

[玉娇龙摇头。

这时门外一阵响动。俞秀莲和刘泰保推门进来。俞秀莲看着玉娇龙。]

俞秀莲：怎么了？

李慕白:碧眼狐狸给她施了毒。你们怎么来的?

俞秀莲:碧眼狐狸往这边走,我们跟来的。

李慕白:小心!

[与此同时,一束针雨点般地飞向玉娇龙。李慕白挥臂左拨右挡,令人眼花缭乱,飞针纷纷落地。碧眼狐狸现身。

李慕白运足气一掌击过去,碧眼狐狸中掌,飞出去摔落地上。]

玉娇龙:(惊喊)师娘!

玉娇龙挥剑上前。

[李慕白两下把青冥剑夺来,一剑刺向碧眼狐狸。

玉娇龙眼看碧眼狐狸高师娘被青冥剑划过,片刻,血逐渐渗出。

玉娇龙奔到碧眼狐狸高师娘身边,眼中怀恨带泪。她想到多年来她与碧眼狐狸高师娘习武的点点滴滴,她看着李慕白。]

玉娇龙:你报了师仇,现在该轮到我了!

[玉娇龙在纷乱中失去心智,飞身抢夺青冥剑。

此时碧眼狐狸一命未毕,从袖里拿出暗藏的梅花毒针。当毒针出手,目标竟不是李慕白,而是玉娇龙。十多根毒针各依穴位飞出。

李慕白先听见飞针声音,他挡掉针拉住玉娇龙把她甩到另一边,却有两针射中颈部。

俞秀莲看见针头是黑的。]

俞秀莲:是毒针!

碧眼狐狸:(冷笑)虽然你死也不冤——徒弟不肖,我要的是玉娇龙的命!

玉娇龙愣住,回身看着碧眼狐狸高师娘。

碧眼狐狸:十年苦心,就因为你一肚子坏水,隐藏心诀,才害得我苦练无成,而你——却是剑艺精进,什么是毒?一个八岁的孩子能有这种心机,这才是毒!——娇龙!我唯一的亲——唯一的仇!

[碧眼狐狸行将气绝,俞秀莲飞奔过去一把提起她。]

俞秀莲:你不能死!——告诉我!你用的是什么毒?——什么毒?——

[俞秀莲连连打她让她恢复意识。]

碧眼狐狸:——你解不了!——我的梅花针毒——无人能解!即使是——江南鹤!

[碧眼狐狸说完便气绝。

李慕白一听到梅花针,脸色苍白。]

俞秀莲:慕白!你快想想!——梅花针可有解方?

李慕白:——师父江南鹤就是送命在梅花针下!

[俞秀莲心一凉,所有的人都愣住了,尤其是玉娇龙。当她知道碧眼狐狸高师

娘是要杀她时,她已经蒙了,再一听李慕白这么说,她更是傻了,她不信武功高强的李慕白会被两根针夺走性命。

[俞秀莲悲恸地抓着李慕白。]

俞秀莲:一定有解!一定能解!——相生相削,怎么可能一物不能削一物?

李慕白:——一物能削一物——只是玉石俱焚而已!

[李慕白说时看着玉娇龙。

俞秀莲悲恸中看着玉娇龙,不顾身上的伤朝她挥刀而去。]

俞秀莲:该玉石俱焚的是我跟你!你一个人毁了所有的人!——我杀了你这祸根!

玉娇龙:(退挡)俞姐!——

俞秀莲:哼!我恨我对你还有过一点儿姐妹之情!

玉娇龙:我是真心的!

俞秀莲:你要置人于死地也是真心的!

李慕白:秀莲——

[俞秀莲一阵狂打,把玉娇龙逼到边缘,玉娇龙受死的神情。俞秀莲突然停手喘息,安静的片刻,俞秀莲、玉娇龙含泪凝视彼此。]

玉娇龙:我知道解梅花针毒的药方。药材很普通,只是煎起来麻烦,要花时间。

俞秀莲转脸看见李慕白脸上闪出一线希望。

俞秀莲:慕白!

李慕白:——以我的内力,只有一个时辰!——

玉娇龙:(微颤着)——我去!

[众皆愕然。

玉娇龙含着眼泪望着俞秀莲。]

玉娇龙:我去找药!你守在这里!——相信我,你们救了我,我要救他!

俞秀莲:你要我把慕白的性命交给你?——

[俞秀莲望着她,李慕白在两人之间,两人都落了泪。]

玉娇龙:——让我去找药!我这就去!

俞秀莲:——你骑马去我的镖局,那儿有刀枪草药,也许就配出解药了。(拔下头上的玉簪)给吴妈这个看,她就会帮你,快去!

场景:野外

人物:玉娇龙

时间:日

玉娇龙骑马狂奔,雨中。

场景：废弃作坊

人物：刘泰保、碧眼狐狸

时间：傍晚、夜

［刘泰保冒雨挖一个坑，把碧眼狐狸拖进去，心有不甘地刨土挖坑。］

刘泰保：我老岳丈，还有李慕白，你这一命太"值钱"，该教你曝尸荒野，让野狗
　　　　啃骨头！——就怕又生出一只狐狸狗！——

［刘泰保望着阴霾的天空，计算时间，心焦地望着远方。］

场景：雄远镖局

人物：玉娇龙、吴妈、镖局趟子手

时间：夜

［玉娇龙骑马冲进镖局大门，趟子手们手执武器涌出。］

趟子手甲：又是她！

［趟子手们涌上。玉娇龙骑马冲开趟子手，一边游走，一边喊。］

玉娇龙：吴妈！吴妈在哪里?! 吴妈！

［吴妈出现在堂门口。］

玉娇龙：（掏出玉簪）这是俞姐的！俞姐叫我来的！

场景：废弃作坊

人物：李慕白、俞秀莲

时间：夜

［李慕白盘腿打坐守住真气，俞秀莲拥在李慕白身上扶持着他，见他额上一颗
颗汗珠，心急如焚，泪如雨下。她以指拭眼泪不愿惊动李慕白，也闭目以意护持。

李慕白睁开眼看着她，摸出怀中的玉钗，递给她。

俞秀莲望着他，再也忍不住，哭了。］

俞秀莲：慕白，守住气！

［李慕白点点头，把眼闭上。俞秀莲紧握那支玉钗，悲恸不能自抑。

黑暗中，俞秀莲拥着李慕白，变得平静。］

李慕白：这些年，其实我们一直可以这样在一起！秀莲——嫁给我——

俞秀莲：慕白，守住啊！

李慕白：我——不愿意成了鬼魂，才可以爱你！——

俞秀莲：（动情大哭）我早就答应了啊！

场景：路上

人物：玉娇龙

时间：清晨

朝阳初起时，一匹快马在路上疾驰。玉娇龙手里捧着药包，满怀希望，策马更是使劲。

场景：废弃作坊

人物：李慕白、俞秀莲、玉娇龙、刘泰保

时间：日

[李慕白环抱着俞秀莲，侧着身，双手交握。阳光照着俞秀莲的眼睛，俞秀莲泪痕已干，将那只握着她的僵硬的手轻轻地扳开。

俞秀莲拿起剑示意刘泰保过来。]

俞秀莲：剑，就托你还到府上吧。

[刘泰保接过剑，看看俞秀莲，看看李慕白，再看看玉娇龙，向洞外走去。

俞秀莲与玉娇龙凝视彼此。

玉娇龙走到李慕白的身边，李慕白卧在稻草间，熟睡。

玉娇龙过来跪下，放下药，慢慢递还玉簪给俞秀莲，俞秀莲将它插入玉娇龙的头发。]

俞秀莲：这本来是我结婚要用的，现在来不及了。

俞秀莲：若你和小虎是真的，马上去武当山找他。

玉娇龙动情大哭。

场景：武当山寺庙

人物：

时间：日

雄伟的寺庙坐落在武当山的险峰之巅。

场景：武当山寺庙

人物：玉娇龙、罗小虎

时间：日

[玉娇龙、罗小虎走到罗小虎的床边。两人相对而跪，四目相对。]

场景：武当山寺庙

人物：玉娇龙、罗小虎

时间：日

[玉娇龙与罗小虎爬上崖顶，层层白云覆盖着山下的峡谷。]

罗小虎：龙妹！

玉娇龙:还记得你说的故事吗?

罗小虎:心诚则灵!

玉娇龙:许一个愿吧!小虎!

罗小虎:(闭上眼)一起回新疆!

〔就在这一刹那,玉娇龙笑着转身,轻轻将身一纵,抛出山巅,抛向云端,轻似一片飞鸿,荡入云海,一重过一重……云朵好像轻轻地把她抓住,然后她便消失不见了。〕

罗小虎则仍然站立不动。他笑了,眼泪流满脸颊。

注释:

① 选自电影文学剧本《卧虎藏龙》(中国对外翻译出版公司 2000 年版),标点符号略有改动。由王蕙玲、詹姆斯、夏慕斯、蔡国荣根据王度庐同名小说改编。

② 刘泰保:铁贝勒府的护院。

思考与探究

1. 课文节选部分中人物之间的打斗是"真刀真枪"还是"点到为止"?说说你的理由。

2. 从李慕白的身上,你能总结出中国传统武侠小说中的"大侠"有什么特点?

3. 阅读金庸先生的武侠小说,说说你对金庸先生武侠小说的观感。

知识链接

一、电影文学

就形态而言,电影文学主要指电影文学剧本。就意义而言,电影文学是电影艺术的文学构成,为电影艺术提供了丰富的文学素养。

电影文学剧本是以剧本的形式创作的文学作品,与其他文学样式一样,也要用语言文字反映社会生活,塑造艺术形象,表达作者对生活的认识和态度。中国早期电影创作不重视电影文学剧本的写作,洪深是第一位主张创作并写出了电影剧本的作者。1922 年,他受聘于中国影片制造股份有限公司,创作了历史题材的电影剧本《申屠氏》。后来电影公司倒闭,该剧本没有被拍成影片。1925 年,《申屠氏》剧本发表在《东方杂志》第 22 卷第 3 号,是中国最早发表的一部电影文学剧本。

　　电影文学剧本首先要为电影设定情节，即一个封闭型的、有头有尾的完整故事，或一个开放型的、从生活中截取的片段；这个情节要为电影限定环境、场景、人物及其关系、动作、对话和情感要求。其次，要塑造人物，既要塑造形象鲜明、性格饱满的剧中人物，也要为演员的表演提供空间。最后，要向导演提供画面、声音两个方面造型的思路，即剧本要写得形象，富于动作性、画面性。如本课节选的李慕白和玉娇龙初见面部分，两人一见面就开打，但玉娇龙不是对手，愤怒地逃走，李慕白追了出来。此时剧本有一段对玉娇龙逃跑的描写："玉娇龙落地跑了一段，眼前是一片竹海，她还是一身白衫。""身边沙沙竹叶声。"在这段中，有跑的动作、眼前的景象、耳边的响声的描写，有声有色。第三个方面是电影文学区别于其他文学的重要差异。

　　电影文学的创作只是电影创作的第一阶段，虽然它也可以独立存在，但创作电影剧本的最终目的仍然是要将它拍成电影。

二、导演

　　导演是一部电影创作全过程的艺术总负责人。所谓全过程，是指导演常常在剧本创作阶段就介入编剧的工作，他一直要到后期剪辑结束、影片全部完成之后才能结束工作。导演与制片人有相应的分工，制片人要负责电影创作资金的筹集、使用，电影的市场发行与营销，以及由电影生产引起的一系列法律关系和法律责任，导演则在制片人的工作保证与配合下，专心致志地研究把握电影创作的艺术风格、艺术品质，并调动摄制组工作人员与全体演员的积极性最终完成电影创作。

　　导演的工作大致分为前期准备、中期拍摄、后期剪辑三个阶段。

　　前期准备的工作内容是：介入剧本创作，完成工作台本，撰写导演阐述，挑选演员并与他们进行创作目的的沟通，安排拍摄必需的外景场地，制订整体摄制工作计划，并与制片人沟通拍摄资金的使用。

　　中期拍摄的工作内容是：指导美工部门完成场景搭置，与副导演一起指导演员进行排练，安排摄影、灯光、录音、制片各部门组织实拍，以便获得在后期剪辑工作中必需的所有胶片。最终被导演使用的胶片和拍摄获得的胶片之间有一个比例，称为"片比"，一般被控制在1：3～1：10。

　　后期剪辑的工作内容是：经过反复思考研究，将挑选出来的数千个镜头剪辑成一个完整而且吸引人的故事；指导录音师分别完成对话、音响效果、音乐的声带，并完成混录；做好片头、片尾，以及各种字幕；接受、吸取各层审查提出的意见，进行修改。

我这一辈子

表演者:郭德纲 于 谦

课文导读

郭德纲,曲艺和相声演员、电视剧演员、电视脱口秀主持人。1973 年生于天津,自幼酷爱民间艺术。8 岁投身艺坛,先拜评书前辈高庆海学习评书,后跟随相声名家常宝丰学相声,又师从侯耀文,得到多位相声名家的指点、传授。其间又学习了京剧、评剧、河北梆子、评书等剧种,辗转于梨园,这些经历对丰富他的相声表演起了十分重要的作用。通过对多种艺术形式的借鉴,逐渐形成自己的表演风格。2005 年年底,在网络与媒体的相互作用之下,郭德纲借势风云突起,凭借自己多年的磨打锤炼,一跃成为现今相声演员中的佼佼者。多年来郭德纲不仅创作了许多令人记忆深刻的新作品,同时继承了大量传统节目,不断地整理、演出许多传统节目。

"我"字系列作为郭德纲经典的代表作品,也是郭德纲成名的相声系列,共有十二段。

郭德纲:谢谢! 谢谢! 感谢各位兄弟姐妹对我们的抬爱!

于　谦:是,是……

郭德纲:没有多少能耐。

于　谦:嗯。

郭德纲:就是有膀子力气……

于　谦:是……

郭德纲:这是什么地方啊?

于　谦:嗯?

郭德纲:"益州险塞,沃野千里。"(《隆中对》)

于　谦:对……

郭德纲:"九天开出一成都,万户千门入画图。"(李白《上皇西巡南京歌》)出能
　　　　人的地方啊,名家荟萃,人才辈出,曲艺的窝子。

于　谦:是。

郭德纲:这么多朋友来捧我们,无以回报,待会儿让于谦自杀以谢天下。

于　谦:啊?!……您先等会儿。

郭德纲:是个办法。

于　谦:什么办法啊,你把我给豁出去了?

郭德纲:留住我还好一点儿吧。

于　谦:没听说过。

郭德纲:希望大家多听相声,希望您永远快乐,天天地幸福。

于　谦:嗯。

郭德纲:我是这个意思。

于　谦:好啊。

郭德纲:希望大家都幸福。

于　谦:好。

郭德纲:不管您坐哪儿。

于　谦:嗯。

郭德纲:前排的后排的,台上的台下的,这边儿都算上啊,所有的朋友,有一个
　　　　算一个啊。

于　谦:嗯。

郭德纲:大伙都幸福。

于　谦:嗯,借你吉言。

郭德纲:你们都幸福,你们就这样……

于　谦:怎么了?

郭德纲:你们就作……

于　谦:唉!

郭德纲:你们……

于　谦:唉! 你这叫怎么说话,别跺脚了,怎么说话的这叫?

郭德纲:你们都幸福吧!

于　谦:啊?!

郭德纲:我怎么办呢?

于　谦:您也可以追求幸福啊!

郭德纲:有人问我了没有?

于　谦:啊?!

郭德纲:我怎么就不能幸福呢?

于　谦:也没人不叫你幸福啊?

郭德纲:我怎么净倒霉的事儿呢?

于　谦:您一直就不顺吗?

郭德纲:打小儿就不顺!

于　谦:噢!

郭德纲:打哈欠,掉下巴。

于　谦:哦!

郭德纲:咳嗽一声肋叉子折了!

于　谦:这……

郭德纲:横垄地里拉车一步一个坎,吃糖饼烫后脑勺。

于　谦:您这怎么烫的啊?

郭德纲:糖饼拿来了,吃吧,这一撕,糖下来了,一舔,哗啦——

于　谦:嗨,您倒不糟践东西,您舔它干什么啊!

郭德纲:我也想幸福,我要成为人上人。

于　谦:可以啊,有这个理想好啊。

郭德纲:我那会儿有一个愿望,我要成为一个优秀的游泳运动员。

于　谦:哦,水上运动。

郭德纲:我的邻居是游泳队下来的。

于　谦:那不错啊。

郭德纲:这个人有能耐。

于　谦:哦。

郭德纲:虽说没得过金牌,可人家这一辈子没淹死过。

于　谦:嗨! 这也不怎么样,知道吗?

郭德纲:他教我,仰泳,蛙泳……我全学会了。

于　谦:各种的姿势。

郭德纲:我是个天才啊!

于　谦:好啊。

郭德纲:练得正好呢,受到了园林部门的阻挠。

于　谦:游泳和园林部门挨着吗?

郭德纲:他们说我破坏草坪。

于　谦:您在草坪上刨来了?

郭德纲:旱泳嘛!

于　谦:哪儿有旱泳啊?

郭德纲:学会了再搁水里头。

于　谦:没听说过。

郭德纲:不让我练,我说,活该,死去(发怯音)。

于　谦:啊? 人家还死去。

郭德纲:你看,这都是当初跟我练游泳的。

于　谦:谁说的?

郭德纲：他们支持我，谢谢大家啊！

于　谦：这得糟蹋多少草坪啊？

郭德纲：不让练拉倒，扔铅球成不成啊，怎么不是为国立功啊？镗——挺远。人家教练说了，人出去不算啊。

于　谦：球留那了。

郭德纲：很神奇这个东西啊。

于　谦：什么神奇啊？

郭德纲：它没动我出去了，我说活该，死去，干别的去，滑轱辘鞋，我得意这个。

于　谦：那叫旱冰鞋。

郭德纲：不准给它起外号。

于　谦：谁外号啊？你这是外号！

郭德纲：穿轱辘鞋，唰唰一滑，多好玩啊！

于　谦：也行啊。

郭德纲：有朝一日，世界大赛，我轱辘鞋第一，在屋里不成。

于　谦：小。

郭德纲：旱冰场也不成，小，去外环线，穿好了鞋，找一大卡车，逮着后帮，它开我跟着走。

于　谦：这不是您滑啊？

郭德纲：它刺激啊，很快啊！

于　谦：好嘛！

郭德纲：好家伙，一出外环线它蹽起来了，轱辘鞋冒火光，老百姓都跑出来喊：看哪吒！

于　谦：拿您这轱辘鞋当风火轮了！

郭德纲：我就是忘了问了，这车是奔内蒙去的。

于　谦：啊？！

郭德纲：很遗憾哪，我没有坚持到内蒙，安康我就掉队了！

于　谦：想明白了。

郭德纲：鞋都磨没了，太疼了！

于　谦：是啊，再磨就磨脚了。

郭德纲：上学这些年也不顺啊。

于　谦：上学怎么了？

郭德纲：您就算吧，小学13年，初中9年，这些年哎——

于　谦：等会儿，小学13年，中学9年，您这书怎么念的啊？

郭德纲：他们舍不得让我毕业。

于　谦：那是舍不得吗？

郭德纲：我被评为全学校最熟悉的面孔，新老师来都跟我打听学校内幕。

于　谦：哈哈，您熟啊！

郭德纲：我也不爱上课，他们说的我也听不懂。

于　谦：哦。

郭德纲：我说的他们也听不懂。他们只要一听不懂，就让我到外面站着去，没在教室待过。

于　谦：我说晒那么黑呢。

郭德纲：讨厌，讨厌，你管着吗？

于　谦：那您老在外面待着啊。

郭德纲：我在宿舍啊！我自己看书啊，我一样可以成才啊！

于　谦：自学也可以？

郭德纲：我买了许多武侠小说，我一个儿在屋里头念，我大声朗诵。

于　谦：怎么说的？

郭德纲：他的刀是冷的，他的剑是冷的，他的心是冷的，他的血是冷的。

于　谦：都这么说。

郭德纲：他的人是冷的，这孙子冻上了。

于　谦：什么书啊？

郭德纲：写这玩意儿有什么用啊？

于　谦：说的是啊。

郭德纲：正在百无聊赖的时候，有人给我介绍了一个女朋友。

于　谦：哦，还搞对象了。

郭德纲：长得这个漂亮啊，那脸跟车祸现场似的。

于　谦：嚯！没法看了！

郭德纲：尤其那两个眼睛，有神，这样（斜眼）。

于　谦：斜视啊！

郭德纲：在一个风和日丽、草长莺飞的下午，我和我美丽的女朋友偏见小姐……

于　谦：你女朋友叫偏见啊？

郭德纲：这个眼神儿不偏见吗？

于　谦：嘿！往一边儿看。

郭德纲：我们坐在刚果布拉柴维尔 31 种口味冰激凌店。

于　谦：吃吧！

郭德纲：我看着她一勺一勺的吃光我眼前这份。

于　谦：也对，她跟前儿那份儿她看不见嘛。

郭德纲：不许拿我女朋友开玩笑！

于　谦：您要不说我想得起来吗？

郭德纲:讨厌,讨厌,这人儿啊!

于　谦:什么讨厌阿!

郭德纲:我思绪万千。

于　谦:想什么呢?

郭德纲:我想起了远在北方的父母,出来这么多年我就没回去过。

于　谦:噢,想家!

郭德纲:今天早上父亲来了一封信。

于　谦:怎么说的?

郭德纲:亲爱的孩子,你离开家很长时间了,今天要不是邻居提醒,我都忘了还
　　　　有你这么个儿子。

于　谦:啊? 这能有忘的吗?

郭德纲:家里都好,你放心吧。

于　谦:是是是!

郭德纲:这星期闹天儿,下了两场雨,一场三天,一场四天。

于　谦:那就是下一礼拜。

郭德纲:咱们家搬家了,离原来那地儿五百公里,你猜是哪儿?

于　谦:这有猜的吗?

郭德纲:我走的时候特意把咱们家门牌号卸了下来,我们盼望你回来。

于　谦:完了!

郭德纲:我上哪儿找你们去?

于　谦:缺心眼儿。

郭德纲:这连地址都没有。我很难过,这时候偏见出了个主意。

于　谦:说什么啊?

郭德纲:带我去火车站买票找他们。

于　谦:哦,她带着去。

郭德纲:来到火车站,票卖没了,偏见找到了警察。

于　谦:干嘛啊?

郭德纲:你知道票贩子在哪吗?

于　谦:啊? 跟警察问票贩子啊?

郭德纲:警察看看她,我还找呢!

于　谦:对,可不是吗,就这么两位找他的。

郭德纲:后来也不知她从哪弄来两张票。

于　谦:还真买着了。

郭德纲:我们就登上了西去的列车。

于　谦:奔西去了。

郭德纲：火车走了三天三夜，终于在一个我不认识的地儿下车了，她带我走进森林的深处。

于　谦：进森林了。

郭德纲：我实在太累了，躺下就睡着了。不知多长时间，她推我：哎，哎！

于　谦：她推那是你吗？

郭德纲：讨厌！

于　谦：不是，我看她那眼神儿离你可够远的。

郭德纲：可以调整一下嘛！

于　谦：拿眼神儿往回钩啊。

郭德纲：管着嘛！

于　谦：嗨！

郭德纲：我很爱她，我。我坐起来了：干吗啊？有一个好消息和一个坏消息，听哪个？

于　谦：还逗闷子呢！

郭德纲：坏消息。

于　谦：先听坏的。

郭德纲：咱迷路了，以后只能靠吃牛粪过日子了。

于　谦：牛粪啊！

郭德纲：好消息哪？

于　谦：再听听好的。

郭德纲：牛粪有的是！

于　谦：嗨！

郭德纲：（拳打脚踢）

于　谦：得了得了，省点体力吧！

郭德纲：我太恨了，我打她一顿！

于　谦：那犯不上。

郭德纲：打完她我自己往回走，走了半年多我终于又回到了我的宿舍。

于　谦：好，半年呢！

郭德纲：哎，人活一世什么意思啊，我都33了，连一任总统都没干过！

于　谦：你也是想瞎了心了！

郭德纲：有什么意思，我决定我不活着了！

于　谦：死去？

郭德纲：我死。

于　谦：不活了？

郭德纲：自杀，触电。

于　谦：摸电门，好方法啊！

郭德纲：为了保险起见，拿电笔试试。

于　谦：都懂还。

郭德纲：一试，有电。再见了！

于　谦：摸吧！

郭德纲：嘭！

于　谦：嗯？

郭德纲：——停电了?!

于　谦：嘿，太背了，您这……

郭德纲：我跳楼吧！

于　谦：坠楼。

郭德纲：跳楼我很喜欢。我研究过2楼的跟20楼，跳下来效果不一样。

于　谦：有什么区别啊？

郭德纲：你看看，2层跳下去是，"啪——啊！"

于　谦：20楼呢？

郭德纲：20层是"啊——啪！"

于　谦：就这区别啊，你这什么研究成果啊！

郭德纲：高科技啊，我住在8楼，我是先啪，还是先啊？

于　谦：您什么声儿？

郭德纲：我是"嘭——"

于　谦：怎么这声儿啊？

郭德纲：撞到防护网上了。

于　谦：没开窗户就往下蹦。

郭德纲：我翻箱倒柜找出一包耗子药来。

于　谦：要服毒。

郭德纲：吃，半斤多都吃了。躺床上等死，等了半天，怎么这么饿呀？

于　谦：饿？

郭德纲：起来一看这兜子，酵母片。

于　谦：嘿！看准了哦！

郭德纲：我不能这样，我不能这么晦涩，我不能这么悲观，我不能这么消极，我
　　　　要振作起来！

于　谦：这就对了。

郭德纲：我要让国富民强，我要让人民有钱，怎么能让人民有钱呢？

于　谦：对，想一想。

郭德纲：我印假钞吧。

于　谦：您这什么想法啊！

郭德纲：我多印钱，人民就富了。

于　谦：怎么想的！

郭德纲：我有一个朋友，跟我过命的交情，劝我。

于　谦：啊！

郭德纲：你是要作死啊，国家有规定，印大票犯法！

于　谦：印小票也犯法！

郭德纲：你印一块钱的可以。

于　谦：这谁说的？

郭德纲：想一想这个挺复杂啊。上哪儿买那墨汁去，还有那个滚儿？

于　谦：印钞票还这么印的？

郭德纲：印一张拿剪子铰嘛！

于　谦：啊？谁说是这么印的？太落后了。

郭德纲：我那朋友给我一算，合合成本，一张一块的花 50 块钱。

于　谦：他说我给你印吧。你给我 50 块钱，我给你一块钱，我保证你的一块钱
　　　　上哪儿花花不出假来。

于　谦：嘿！

郭德纲：我想了俩月。

于　谦：怎么样？

郭德纲：他是不是骗我？

于　谦：嘿嘿！他就是骗你的。

郭德纲：你要说 5 块钱换一张一块的，还情有可原，是不是？

于　谦：好嘛，不愧是你爸爸的儿子。

郭德纲：我想了想，这不是办法。我抢银行去，抢银行来得快。

于　谦：这倒真是快。

郭德纲：银行都是钱哪，我吧开始写工作日志，我想办法，注意事项我都想好
　　　　了，我一定要抢劫成功啊，有几点注意事项。

于　谦：这还有注意事项？

郭德纲：不能掉以轻心啊，我们有这方面的经验。

于　谦：还有经验？

郭德纲：我们有个抢劫银行的前辈，就是因为目标不准确，身强力壮，拿着菜刀
　　　　就奔武警宿舍了。

于　谦：没打听清楚啊？

郭德纲：那惨啊，没打死他啊！

于　谦：那活该。

郭德纲：我们还有一位前辈，弄麻袋套脑袋，想得多周到。

于　谦：对。

郭德纲：麻袋忘了掏眼儿了。

于　谦：他也看不见了呢。

郭德纲：过马路咔嚓就轧死了。

于　谦：太惨了！

郭德纲：我们还有一前辈，拿着枪一切想得都挺好，一进去，打劫，把钱拿出来！
　　　　后边 40 多人把枪全拿出来了，警察，发工资。

于　谦：好嘛，全聚在一块了他才去的。

郭德纲：我们还有一个前辈。

于　谦：啊，哪儿那么多前辈？

郭德纲：他成功了。

于　谦：是吗？

郭德纲：抢劫了 100 多万。

于　谦：这可不少。

郭德纲：把钱扔车里，开车就冲上了闹市区。

于　谦：奔那儿干吗啊？

郭德纲：当时是下午 5 点 40 分，警察来了他还堵那呢。

于　谦：跑不了了。

郭德纲：有这么多前辈用鲜血铺成的道路，我怎么能不成功呢？我一定要成
　　　　功啊！

于　谦：那你好好干。

郭德纲：我天天锻炼，早晨 4 点我就出去了。

于　谦：干吗？

郭德纲：我出去跑步去。

于　谦：有什么用？

郭德纲：跑啊，警察追你你可以跑啊！

于　谦：噢，跑！

郭德纲：早晨 4 点起床下楼，有比我早的，有人遛狗，小狗那个可爱，藏獒——

于　谦：那是小狗吗，那大狗。

郭德纲：脑袋那么大个儿。

于　谦：嚯！

郭德纲：我跑它就追，一直奔北我就下去了。

于　谦：奔北边了。

郭德纲：我甩掉它了，我心里很踏实，我成功了。

于　谦：甩掉了。

郭德纲：藏獒我都甩了，晚上吃完晚饭从绵阳坐车回来的时候，我就想——

于　谦：您先等会儿，您都跑绵阳去了？

郭德纲：你琢磨啊，我这速度错得了吗？

于　谦：嘿呀！别美了您就。

郭德纲：我认为我一个人干不了这活，需要一个帮手。

于　谦：同伙。

郭德纲：我有一个朋友，祖传七辈偷东西的。

于　谦：贼窝。

郭德纲：他很兴奋，在来时的火车上，他铺上餐巾纸，写抢劫计划。

于　谦：火车上？

郭德纲：坐那写，旁边坐 4 个老红军，火车直接开到派出所去了。

于　谦：呵，太背了！

郭德纲：我想了想，抢银行不是一个好办法。

于　谦：当然了。

郭德纲：你想这个道理它很复杂。

于　谦：怎么？

郭德纲：你进了银行，你得先拿号吧？

于　谦：拿号？

郭德纲：你坐那儿等着叫你吧？

于　谦：呵，真规矩！

郭德纲：一会儿叫你了，你去了，递完号，你一伸手——

于　谦：嗯？

郭德纲：它那柜台上有个窝儿。

于　谦：对啊，有个坑儿。

郭德纲：再卡住了我，他再把我手表摘走。

于　谦：嘿，你们俩谁抢谁啊？

郭德纲：不行，没有把握的是事情不能干！

于　谦：是啊，您连那窝儿都抽不出来您还抢银行？

郭德纲：我不能想入非非啊，我干点儿实际的事儿。

于　谦：就是。

郭德纲：我抢运钞车吧。

于　谦：哦，那大汽车是吧？

郭德纲：那里都是钱啊。

于　谦：对对。

郭德纲:那大铁箱子,我看他们拎过。

于　谦:噢。

郭德纲:给我一个我就行了。

于　谦:给你?

郭德纲:我天天训练。

于　谦:这怎么练习啊。

郭德纲:我骑着自行车我抹大公共。

于　谦:玩命啊您这!

郭德纲:司机倒还挺客气,作死呢?

于　谦:是客气吗?

郭德纲:那天正跟街上练着呢,运钞车来了,打对面过来了一帮劫匪,拿着枪嘟嘟嘟嘟两边打起来了,死了好些人,车也翻了,大铁箱子掉我身边,摔开了,我一看都是钱!

于　谦:钱。

郭德纲:好几十万哪,老天爷饿不死瞎家雀儿,我郭德纲有钱了!

于　谦:这是你的吗?

郭德纲:钱是我的了。提着箱子我也倒了霉了。

于　谦:这倒什么霉啊?

郭德纲:怨我。

于　谦:怎么?

郭德纲:我提着箱子去银行存钱去了。

于　谦:傻小子!

思考与探究

1. 找出这段相声中的主要包袱。
2. 尝试表演本段相声。

生活·语文

三脱状元袍(节选)

陈自强

课文导读

陈自强(1934—2002),著名粤剧作家、音乐家。自小跟着父亲在香港梨园里当学徒,14 岁便开始跑龙套。在粤剧班时他极爱读书,把园里的古文和曲文读了个遍。17 岁就开始写粤剧剧本。他一生创作的粤曲难以胜数,是粤剧界中最高产的作家之一。其中有许多脍炙人口的作品,如《三脱状元袍》《女儿香》《南唐李后主》《钟无艳》和《土缘》等。

《三脱状元袍》描写了一个叫赵天颖的书生,他醉心功名,近于疯魔。第一次因"失仪"落简,丢掉刚刚到手的状元,虽然惊叹"二更拜龙颜,三更脱去状元袍"的不可思议,但也只是认为"命生不辰"而已。第二次得官不久又丢官,为太监所捉弄,他也只看到了"阉奴"的专权横暴,没有更多的埋怨、不满。但当他糊里糊涂地被判斩首,又莫名其妙地被特赦、加官晋爵的时候,他才从麻木、迷惘中陡然醒悟——这是视人命如草芥的皇帝老子以及整个封建王朝一手导演的人间悲喜剧!这个曾被封建朝廷大小头目玩弄于股掌之间而懵然不知的正直读书人,终于宣告与自己梦寐以求而久久不可得的功名利禄、金殿华堂决裂,他掷地有声地宣告:"一件官袍,两番穿脱,官场宦海,苍狗白云,最怕刀下头落,又来个圣旨皇皇,说什么错斩状元头,那时死鬼有功,妻子得荫",进而劝告妻子"倒不如嫁个渔父樵夫,淡饭清茶,也有点人间温热"。一字一句之间,内涵丰富,哲理深刻。

粤剧是广东的地方戏,绝大部分同学都没有接触过。本剧由陈自强创作于1982 年,获得当年全国优秀剧本奖。全剧共八场,课本节选了最后一场。

第八场 三 脱

时间:当天下午。

地点：法场。

［击乐配"昭君怨"引子，情绪悲愤，激烈，风雪声中开二幕。］

［梦幻：天颖坐在刑台上，彩儿跪在台中。］

彩　　儿：爹爹！

天　　颖：彩儿！

彩　　儿：爹爹！（"叻叻鼓"，跪行身段，"先锋钹"，扑上刑台，悲愤欲绝，唱"悲秋"）

　　　　　哭爹爹，屡遭屈害，一天风雪似落泪珠，天也为我爹悲哀。

　　　　　爹呀我愿为你消灾上断头台。

　　　　　（转"乙反南音"）爹呀要多少钱财，才能将你一命买？

　　　　　彩儿我不辞劳累——

　　　　　（"抛舟腔"，转"冰云腔"）彩儿我不辞劳累，愿为爹斩尽千山柴！

　　　　　倘若是千担山柴，还不了爹一命债，就把我彩儿来卖，摆在长街。

　　　　　（转"悲秋"）彩儿我会半街叫："请做做好心将女买！得还我爹一命债，做牛做马功夫我能挨……"

天　　颖：（心如刀割，与彩儿擦泪）彩儿，我的好乖女。

［"昭君怨"序，暗"开边"。切光，彩儿隐去。］

［灯复亮。二刽子手背场站刑台下。春娥跪在天颖身旁，十二娘挽着一个竹篮站在天颖身后。］

春　　娥：天颖，你醒一醒！

十二娘：秀才，我等送饭来了！

天　　颖：（"柳底莺"头，梦中惊醒）彩儿，乖儿……

春　　娥：天颖，我是春娥呀……

［音乐起降B调"红烛泪"引子。］

天　　颖：（哀伤地）春娥，十二娘……彩儿呢？

寸二娘：秀才，是我把彩儿留在隔邻家里，唉，这样的地方，怎忍心带她来呢？

春　　娥：天颖！（"红烛泪"）山愁水咽云惨惨，万劫千灾临大限。

　　　　　夫君遭何罪，换了此囚衫？！插斩签，忍看一夜间，两鬓染成斑。

天　　颖：（唱）坐了半宵监，一双眼未稍瞌，却做了钦犯。

　　　　　仰首问天不知为何刑场处斩。

　　　　　这世上申冤难，只有求敲鬼门关，捧着头颅告到阴间，只恨抛我儿和妻在世度日苦，抱憾漫漫！

　　　　　（序，浪里白）啊，还有十二娘，赵某拖累诸多，今日更患难见真情，赵某此生无报，唯望来世酬恩……

十二娘：（拭泪）秀才，不要再讲些心酸话了！

（唱）一场主客情双关，莫弃一碗茶淘饭，敬你一家忠厚，怜你遭遇凄惨。

且安心，今后两家有粥同食粥，有饭共尝饭。

天颖、春娥：（浪里白）十二娘在上，请受我夫妻一礼！

（同跪）

［十二娘也慌忙跪下，与春娥将天颖扶起复坐。］

春　娥：（边与天颖梳整乱发边唱）与夫君，抱恨生死别。

泉台难觅痛分顷刻间，望尽诉遗言，夫呀惊心时有限。

天　颖：（唱）说遗言，血泪洒黄沙，望脱下丧衣更换嫁衣衫，休守节，坟头悲新鬼，快另嫁夫婿相依过此生。

春　娥：（悲痛欲绝）天颖你何出此言！（音乐）

天　颖：此乃我肺腑之言，一件官袍，两番穿脱，官场宦海，苍狗白云，最怕刀下头落，又来个圣旨皇皇，说什么错斩状元头！那时死鬼有功，妻子得荫，送你一个贞节牌坊，春娥呀——

（转"乙反长句滚花"）那时节，那时节，一块石头，两字贞节，一肩担着虚名，半生凄凉岁月，莫让我生前拖累，死后也不得开脱，倒不若嫁个渔父樵夫，淡饭清茶，也有点人间温热！（句）

［"冲头"二家将引马知府匆匆上。］

知　府：呔！斩决犯人时辰已到，人来，把两个婆娘赶走！

［"三搭箭"，两刀斧手扯春娥身段介，春娥、十二娘被赶下。］

知　府：人来动刑！

天　颖：慢！（口鼓）国有法，刑有章，你不宣罪名，我死难闭眼。

知　府：哼，要得死者都闭眼，当官容易升官难咯！人来开刀！

［"雁儿落"，二刽子执赵，"一滚三标"身段介。］

梦　觉：（内喊）刀下留人！刀下留人，圣旨下！

［"朱奴儿"，四禁军、中军、旗牌各捧剑印、官袍、纱帽，梦觉捧旨上。］

梦　觉：圣旨，下跪！

［二刽子手与马知府同跪，天颖仍茫然站着。］

梦　觉：（念）开读诏曰："查悉阉奴贾贼，窃去宝玉连。幸得赵氏天颖，暗献其通番密札，宁死不屈，锄奸有功。朕赐回状元名位，加封一品大忠大勇侯。"圣旨读罢，三呼谢恩！——人来！快与忠勇侯除去枷锁，锁上知府打入死牢。

［二刽子手为天颖开枷，锁上马知府，拉马下介，天颖懵然坐在台阶上。］

（"叻叻鼓"二宫女上。）

二宫女：启禀张大人，公主驾到，要亲见赵忠勇侯。

梦　觉：人来！你等搀扶贵人，到那边接官亭内，更衣侍候。

［管弦乐奏"得胜令"，气势庄严，肃穆。天颖仍呆坐阶前。］

中　军：(趋前、躬身)请忠勇侯起驾更衣。

［二官女上前搀扶天颖下介，中军捧官服随下。］

［鼓乐声中，紧接着：老太监捧圣旨上，大官女捧团龙椅垫上，二官女伴公主(一车夫推车)上，公主下车。］

梦　觉：参见公主。

公　主：赵贵人呢？

梦　觉：赵贵人接官亭内，更衣候见。

公　主：赵贵人呀！(唱"无锡景")

　　　　你失仪落笏，削职为民，不减大勇和大智。你对哀家赤心一片绝世奇，真忠义。替我去找玉连环，万死不辞。我此番，替父皇，冒雪驾临亲抚慰。

［中军卸上。］

中　军：吥！忠勇侯更衣已完，两旁肃立恭迎！

［全场肃静，各人正冠整衣，全场人等庄严齐唱新曲《忠勇侯》——］

全　体：(唱)忠勇侯，忠勇侯，勤王业绩，永铸千秋，大忠大勇，永颂千秋！

［歌声起时，天颖身穿官袍上，恰似一梦游患者，看看身上官袍，看看两边侍从，正欲回身走去，二官女上，拦路跪迎……歌声止)］

梦　觉：赵贵人受惊了！

公　主：人来！赐贵人坐上龙团锦墩！

［大官女把龙团锦座端至台中，二官女扶天颖坐。］

公　主：赵贵人，(秃头爽唱"春风得意")你有功，替宋室把恶患除。似这般大忠和大勇，堪称国士，有口皆碑。

　　　　可敬卿家你，为了哀家玉连环，你面斥豺狼凛义严词。

　　　　(转"流水南音")你保国忠君，有浩然之气，顶天立地泰山低！

　　　　利诱、极刑难动忠贞志，当今栋梁，千古名垂。

［音乐］

天　颖：(浪里白)我，我成了当……当今栋梁，千古名垂？

梦　觉：赵贵人，(唱"春风得意")你手执贼党一封通番信，状元才智，剑胆英毅，冷眼看乱臣贼子。

　　　　扣着那卖国通番信，斥奸、戏奸，真尽勇，视死如归。

　　　　(转"流水南音")贵人重义轻生死，寒梅傲骨耐雪欺。

公　主：(唱)可喜杀人场变封官地！——

天　颖：封官？(唱"春风得意")

钦犯弥天罪,头颅快滚地,却骤然又作朱紫贵!

更是奇奇奇,什么栋梁?剑胆?不怕死?

一串串,大忠大义词,挂满我头上与衿祺。

(转"流水南音")忙下礼,拜张御史,我本无罪一寒儒。

这官袍穿起第三次,莫非寒生今日又惹官非?

〔静收〕

梦　觉:非也,赵贵人你进爵加官了!

天　颖:(仍迷惘地)官?加什么官?

梦　觉:(唱"春风得意")喜得圣恩赐,赐还你头名状元郎,官封一品多尊贵,大忠大勇侯——(暗槌)

天　颖:(如梦初醒)啊?

公　主:(矜持地)赵贵人,我父皇对你还有封赐呀。(向老太监挥手示意)

太　监:圣旨,下跪!(除公主一人,全场下跪,念)状元凌霄志,堪攀月桂枝,除却阉奴日,封招驸马时!

〔天颖跌下地来。〕

众　人:(唱"春风得意"尾腔)
　　　　喜加喜,恭喜驸马爷,龙凤配,好佳期。

天　颖:("先锋钹",从地上爬起,执梦觉,快"白榄")问声张大人,赵某何事受皇封?受皇封?

梦　觉:有功!(接念)贵人献上通番信,诛了贼党立奇功!

天　颖:奇功?(接念)身仍在,梦魂中,杀头,受封,密札一封,赵某并无献密札,不敢妄邀功。("先锋钹",除了官袍)

梦　觉:赵贵人,你真是贵人善忘,是你嘱咐状元店主人,把密札交与卑职,难道忘了不成?

天　颖:啊?是我嘱咐店家,将密札交与大人?(掷槌)十二娘!十二娘!("冲头",下介)

公　主:赵卿家,赵贵人匆忙何去?

梦　觉:启禀公主,我看赵贵人神态有异。中军过来,追上前去好好侍候贵人。

中　军:领命!(与两禁军同下介)

公　主:张梦觉,哀家驸马有个三长两短,唯你是问!

中　军:("冲头"上)启禀公主,忠勇侯言道,无功不受禄,因此把官袍脱去,让与别人。

公　主:他他他,他把官袍让与谁人?

〔音乐快奏"小桃红",十二娘穿官袍,衣不称身,边行边自我打量,忍不住哈哈大笑。〕

公　主：(快"掷槌")你——你是谁人?

十二娘：赵秀才说我交了密札立了大功,状元店主人是也。

公　主：你——

十二娘：大姐,信不信由得你,今朝有个看相先生,说我生得一副好相,十二娘,
　　　　十二娘,过下官瘾够排场!

公　主：哎呀,我的赵贵人驸马爷呀!

十二娘：赵贵人驸马爷? 呸! 人家赵秀才有妻有女。
　　　　(唱"滚花")秀才合家回乡里,脚似穿梭尚嫌迟。

公　主：啊?!

[幕落。全剧终。]

思考与探究

1. 请你复述赵天颖三次脱下状元袍的原因及过程。

2. 如果赵天颖决定留下来,他会如何为官和为人? 请根据原作的情节续写一段故事。

语文综合实践活动

我的戏剧"音"缘

活动目的

通过这次活动,激发学生学习戏剧的兴趣与热情,让学生感受戏剧的语言魅力,加深对作品的理解,进一步提高阅读与欣赏戏剧文学的能力,提升鉴赏能力、审美能力、语文创新能力,提升文学修养和文化品位。

活动步骤

1. 阅读课文《堂吉诃德》,了解人物、情节、背景。

2. 观看一段《堂吉诃德》的无声影片,揣摩人物的对白,体会人物心理,根据情景创作台词并进行配音。

3. 评选出最有"音"缘的演员。

活动锦囊

配音是影片或多媒体加入声音的过程,狭义上指配音演员替角色配上声音,或以其他语言代替原片中角色的语言对白。另外,由于声音出现错漏,由原演员重新为片段补回对白的过程亦称为配音。录制摄影时演员的话音或歌声用别人的替代,也称为"配音"。配音是一门语言艺术,是配音演员们用自己的声音和语言在银幕后、话筒前进行塑造和完善各种活生生的、性格色彩鲜明的人物形象的一项创造性工作。

配音虽也属话筒前的语言艺术范畴,但它不同于演播,挖掘书面含义后,可以自己根据理解去设计语调、节奏;亦不同于新闻、科教片的解说,可以根据画面平叙直述、娓娓道来。影视配音要求配音演员绝对忠实于原片,在原片演员已经创作完成的人物形象基础上,为人物进行语言上的再创造。它使配音演员受到原片人物形象、年龄、性格、社会地位、生活遭遇、嗓音条件等诸多因素的限制,不允许演员超越原片自由发挥,另立形象。同时又要求配音演员根据片中人物所提供的所有特征,去深刻地理解、体验人物感情,然后调动演员本身的声音、语言的可塑性和创造性去贴近所配人物,使经过配音的片中人物变得更丰满、更富有立体感。

语文综合实践活动学习小组评价表

评价项目	评 价 内 容	评 价 结 果		
		优秀	良好	待努力
学习态度	对学习始终抱有极大热情,认真对待,积极参与			
学习方法	找到适合的方法,能与其他小组交换、共享信息,善于请教			
组织合作	分工明确、合理,配合默契			
工作能力	信息筛选、整理、加工			
	多媒体制作			
	成果展示			
	创新			
	沟通协调			
学习反思	最大的收获是什么? 活动中有遗憾吗? 谈谈此次学习活动的感受吧!			

单元学习小档案

序号	项　目	内　容	备　注
1	单元作家谈		
2	单元新字词		
3	成语巧积累		
4	单元找佳句		
5	佳句我来写		
6	单元我最爱		
7	巧用网络搜		
8	单元练习我来出		
9	单元学习小疑问		
10	单元学习来拾趣		
11	意外小收获		
12	学习小建议		
注	1. 佳句我来写:对你所选出的单元佳句进行仿写,创造属于自己的佳句。 2. 单元我最爱:单元学习结束后,选出一篇你最喜欢的文章。 3. 巧用网络搜:查找一篇你喜欢的,并与本单元体裁相同的文章,可以小组内或全班分享。 4. 单元练习我来出:结合本单元的学习内容,为自己出一套单元过关测试题。 5. 单元学习来拾趣:谈谈自己在本单元学习中遇到了哪些有趣的事。		

单元五 古 诗 词

单元导语

诗 情 词 意

　　诗经、楚辞、先秦散文、汉赋、唐诗、宋词、元曲、明清小说，为我们勾画出一幅中国古代文学发展的历史画卷。

　　作为对第一、二册古诗文单元的补充和完善，在这个单元里，我们将继续徜徉在唐诗宋词的海洋。在这个单元里，我们可以识记与理解重点词语和经典名句，掌握古诗词鉴赏的一般方法，在作者运用恰当意象创造的美的意境中，体会作者的情感。

　　读诗既是品读诗句，也是品读诗人，是与诗人生命体验的一次碰撞与交流。《将进酒》中李白从"不复回"到"暮成雪"叹人生之悲，由"须尽欢""且为乐"谈及时行乐，借"不足贵"到"不愿醒"述平生之愤，最后结于"与尔同销万古愁"，入酒后之狂，是诗人对自己人生的一次总结。《山居秋暝》是一首隐居者的恋歌，于诗情画意中寄托了诗人王维的高洁情怀和对理想的追求。《春江花月夜》中张若虚凭借对春江花月夜的描绘，汇成了一种情、景、理水乳交融的优美而邈远的意境。《虞美人》中李煜借景抒情，寄情于景，把故国之思、亡国之痛写得凄凉悲婉。《琵琶行》中白居易借一个沦落天涯的琵琶女的可悲遭遇来抒发自己仕途失意的愤懑和共同的慨叹。

　　本单元的"语文综合实践活动"设计了"对联赏析"，是对古代韵律知识的总结与运用。

经典·语文

将 进 酒①

（唐）李 白②

课文导读

唐玄宗天宝三年（744），李白被排挤出长安后，重新踏上了云游祖国山河的漫漫旅途。《将进酒》这首诗作于唐玄宗天宝十一年（752），距诗人被唐玄宗"赐金放还"已达八年之久。当时，他跟岑勋曾多次应邀到嵩山（在今河南登封市境内）元丹丘家里做客。三个好朋友登高饮宴，借酒放歌，抒发情怀。

《将进酒》全诗紧紧围绕一个"酒"字，感情跌宕起伏，而这所有的情感又都是基于一个"愁"字。作者因愁而悲叹时光易逝，因愁而纵酒作乐，因愁而慷慨愤激，也因愁而狂放失态。虽有大济苍生的理想和怀才不遇的苦闷，但李白傲世的态度和豪放不羁的个性又使全诗悲而不伤，忧而不愁，蕴含其中的开阔与旷达打动人心。

君不见③，黄河之水天上来④，奔流到海不复回！
君不见，高堂明镜悲白发，朝如青丝暮成雪⑤！
人生得意⑥须尽欢⑦，莫使金樽空对月。
天生我材必有用，千金散尽还复来⑧。
烹羊宰牛且为乐⑨，会须⑩一饮三百杯。
岑夫子，丹丘生⑪，将进酒，杯莫停。
与君⑫歌一曲，请君为我倾耳听⑬。
钟鼓⑭馔玉⑮不足贵，但愿长醉不复醒。
古来圣贤皆寂寞，惟有饮者留其名。
陈王⑯昔时宴平乐⑰，斗酒十千恣⑱欢谑⑲。
主人何为言少钱？径须⑳沽㉑取对君酌。
五花马㉒，千金裘㉓，呼儿将出㉔换美酒，与尔㉕同销㉖万古愁㉗。

注释：

① 选自《李太白全集》。将进酒：是汉乐府曲名，意即"劝酒歌"，多以饮酒放歌为内容。将(qiāng)，请、愿之意，《诗经·卫风·氓》中有"将子无怒"句。

② 李白(701—762)，我国唐代伟大的浪漫主义诗人，号青莲居士，被后人称为"诗仙"，与杜甫并称为"李杜"。

③ 君不见：你没有看见吗？是乐府体诗中提唱的常用语。君：你，此为泛指。

④ 天上来：黄河发源于青海，因那里地势较高，故称。

⑤ 朝：早晨。青丝：黑发。此句意为在高堂上面对明镜，深沉悲叹那一头白发。

⑥ 得意：适意高兴的时候。

⑦ 须：应当。尽欢：纵情欢乐。

⑧ 千金：大量钱财。还复来：还会再来。

⑨ 且为乐：姑且作乐。

⑩ 会须：应当。

⑪ 岑夫子：指岑(cén)勋。丹丘生：元丹丘。二人均为李白的好友。

⑫ 与君：给你们，为你们。君，指岑、元二人。

⑬ 倾耳听：一作"侧耳听"。倾耳，表示注意去听。

⑭ 钟鼓：富贵人家宴会中奏乐使用的乐器。

⑮ 馔(zhuàn)玉：美好的食物。形容食物如玉一样精美。馔，食物。玉，像玉一般美好。

⑯ 陈王：指陈思王曹植。

⑰ 平乐：平乐观，宫殿名。在洛阳西门外，为汉代富豪显贵的娱乐场所。

⑱ 恣(zì)：放纵，无拘无束。

⑲ 谑(xuè)：玩笑。

⑳ 径须：干脆，只管，尽管。

㉑ 沽(gū)：通"酤"，买或卖，这里指买。

㉒ 五花马：指名贵的马。一说毛色作五花纹，一说颈上长毛修剪成五瓣。

㉓ 千金裘：价值千金的皮衣。

㉔ 将出：拿去。

㉕ 尔：你们，指岑夫子和丹丘生。

㉖ 销：同"消"。

㉗ 万古愁：无穷无尽的愁闷。

思考与探究

1. 杜甫在《饮中八仙歌》中说:"李白斗酒诗百篇,长安市上酒家眠。天子呼来不上船,自称臣是酒中仙。"在其《不见》中,杜甫还用"敏捷诗千首,飘零酒一杯"来概括李白的一生。杜甫不赞成李白饮酒过多,曾写道:"痛饮狂歌空度日,飞扬跋扈为谁雄。"我们该如何看待李白的嗜酒行为呢?

2. 诗酒结缘,是我国文学史上的一个传统,古代出现了数不清的与酒有关的名篇。请你摘录一些与酒有关的名句与大家一起分享。

3. 背诵全诗。

山 居 秋 暝①

(唐)王 维②

课文导读

《山居秋暝》描绘了秋雨初晴后傍晚时分山村的旖旎风光和山居村民的淳朴风尚,表现了诗人寄情山水田园并对隐居生活怡然自得的满足心情,以自然美来表现人格美和社会美。全诗将空山雨后的秋凉,松间明月的光照,石上清泉的声音以及浣女归来竹林中的喧笑声,渔船穿过荷花的动态,和谐完美地融合在一起,给人一种丰富而美好的感受。它像一幅清新秀丽的山水画,又像一支恬静优美的抒情乐曲,体现了王维"诗中有画"的创作特点。

空山③新雨后,天气晚来秋④。

明月松间照,清泉石上流。

竹喧⑤归浣女⑥,莲动下⑦渔舟。

随意⑧春芳⑨歇⑩,王孙⑪自可留。

注释:

① 选自《王右丞集》。《山居秋暝》是诗人隐居辋川时所作。山:指长安城南的终南山。暝(míng):傍晚。秋暝:秋天的黄昏。

② 王维(701—761),字摩诘,盛唐时期著名的诗人。累官至尚书右丞,世称

王右丞。诗与孟浩然齐名,称为"王孟"。前期写过一些边塞诗,但其作品最主要的是山水田园诗,他不仅写下诸多绝妙的诗句,还善属文、作画,同时对音乐也十分精通。苏轼曾赞:"味摩诘之诗,诗中有画,品摩诘之画,画中有诗。"

③ 空山:空旷、空寂的山野。

④ 晚来:傍晚。"来"语气助词。秋:呈现秋天的景象。名词活用做动词。

⑤ 竹喧:竹林中笑语喧哗。喧,喧哗,这里指竹叶发出沙沙声响。

⑥ 浣(huàn)女:洗衣服的姑娘。浣,洗涤衣物。

⑦ 下:顺流而下。

⑧ 随意:任凭。

⑨ 春芳:春天的花草。

⑩ 歇:消散,消失。

⑪ 王孙:原指贵族子弟,后来也泛指隐居的人。此句反用楚辞《招隐士》:"王孙兮归来,山中兮不可以久留"的意思,王孙实亦自指。

思考与探究

1. 请将《山居秋暝》改写成一篇借景抒情的小散文。要求:触摸诗人的灵魂,发挥自己的想象,不要写成翻译式的文字。

2. 《登高》和《山居秋暝》同为描写秋景的佳作,请从景物的特点、意境的特点、作品的主旨等方面比较二者的不同。

3. 背诵全诗。

春江花月夜

(唐)张若虚①

课文导读

《春江花月夜》共三十六句,每四句一换韵,以富有生活气息的清丽之笔,创造性地再现了江南春夜的景色,如同月光照耀下的万里长江画卷,同时寄寓着游子思归的离别相思之苦。诗篇意境空明,缠绵悱恻,洗净了六朝宫体的浓脂腻粉,词清语丽,韵调优美,脍炙人口,乃千古绝唱,有"以孤篇压倒全唐"之誉,闻一多称之为"诗中的诗,顶峰上的顶峰"。

春江潮水连海平，海上明月共潮生。

滟滟②随波千万里，何处春江无月明？

江流宛转绕芳甸③，月照花林皆似霰④。

空里流霜⑤不觉飞，汀⑥上白沙看不见。

江天一色无纤尘⑦，皎皎空中孤月轮⑧。

江畔何人初见月？江月何年初照人？

人生代代无穷已⑨，江月年年只相似⑩。

不知江月待何人，但见⑪长江送流水。

白云一片去悠悠⑫，青枫浦上⑬不胜愁。

谁家今夜扁舟子⑭？何处相思明月楼⑮？

可怜楼上月徘徊⑯，应照离人⑰妆镜台⑱。

玉户⑲帘中卷不去，捣衣砧⑳上拂还来。

此时相望不相闻㉑，愿逐㉒月华㉓流照君。

鸿雁长飞光不度，鱼龙潜跃水成文㉔。

昨夜闲潭㉕梦落花，可怜春半不还家。

江水流春去欲尽，江潭落月复西斜㉖。

斜月沉沉藏海雾，碣石㉗潇湘㉘无限路㉙。

不知乘月㉚几人归？落月摇情㉛满江树。

注释：

①张若虚：唐代诗人。扬州人。曾任兖州兵曹。与贺知章、张旭、包融并称"吴中四士"。张若虚的诗仅存二首于《全唐诗》中。其中《春江花月夜》是一篇脍炙人口的名作。

②滟（yàn）滟：波光荡漾的样子。

③芳甸（diàn）：芳草丰茂的原野。甸，郊外之地。

④霰（xiàn）：天空中降落的白色不透明的小冰粒，形容月光下春花晶莹洁白。

⑤流霜：飞霜，古人以为霜和雪一样，是从空中落下来的，所以叫流霜。在这里比喻月光皎洁，月色朦胧、流荡，所以不觉得有霜霰飞扬。

⑥汀（tīng）：沙滩。

⑦纤尘：微细的灰尘。

⑧月轮：指月亮，因为月圆时像车轮，所以称为月轮。

⑨穷已：穷尽。

⑩ 江月年年只相似：另一种版本为"江月年年望相似"。

⑪ 但见：只见，仅见。

⑫ 悠悠：渺茫，深远。

⑬ 青枫浦上：青枫浦，地名，在今湖南浏阳县境内，这里泛指游子所在的地方。暗用《楚辞·招魂》："湛湛江水兮上有枫，目极千里兮伤春心。"浦上，水边。《九歌·河伯》："送美人兮南浦。"因而此句隐含离别之意。

⑭ 扁舟子：飘荡江湖的游子。扁舟，小舟。

⑮ 明月楼：月夜下的闺楼，这里指闺中思妇。曹植《七哀诗》："明月照高楼，流光正徘徊。上有愁思妇，悲叹有余哀。"

⑯ 月徘徊：指月光偏照闺楼，徘徊不去，令人不胜相思之苦。

⑰ 离人：此处指思妇。

⑱ 妆镜台：梳妆台。

⑲ 玉户：形容楼阁华丽，以玉石镶嵌。

⑳ 捣衣砧(zhēn)：捣衣石，捶布石。

㉑ 相闻：互通音信。

㉒ 逐：追随。

㉓ 月华：月光。

㉔ 文：同"纹"。

㉕ 闲潭：幽静的水潭。

㉖ 复西斜：此中"斜"为韵脚，读作"xiá"。

㉗ 碣(jié)石、潇湘：一南一北，暗指路途遥远，相聚无望。

㉘ 潇湘：湘江与潇水。

㉙ 无限路：极言离人相距之远。

㉚ 乘月：趁着月光。

㉛ 摇情：激荡情思，犹言牵情。

思考与探究

1. 以《春江花月夜》为依据，以游子或思妇的口吻，把《春江花月夜》改写为一个相思的故事。

2. 分小组收集古典诗歌中含有"明月""江水""落花""春""夜"等意象的诗句，试着归纳这些意象的意蕴。

3. 背诵"江天一色无纤尘，皎皎空中孤月轮。江畔何人初见月？江月何年初照人？人生代代无穷已，江月年年只相似。不知江月待何人，但见长江送流水"这几句。

专业·语文

虞 美 人①

(南唐)李 煜②

课文导读

这首词是李煜的代表作,全词以问起,以答结,由仰首问物,到抚心自问,亡国之恨、愤郁之情,浸透于字里行间。前六句三度对比,隔句相承,一唱三叹,将词人无限悲愁感慨曲折有致地表达出来。词中还运用比喻和象征等多种修辞手法。"一江春水向东流"是以水喻愁的名句,比李白的"抽刀断水水更流,举杯消愁更愁"更为出色。通过具有诗意的形象比喻,将抽象的、难以捉摸的东西写得具体形象,真实而深刻地表现词人的悲愁。

春花秋月何时了③,往事知多少。小楼昨夜又东风,故国不堪回首月明中。雕栏玉砌④应犹在,只是朱颜改⑤。问君⑥能有几多愁,恰似一江春水向东流。

注释:

① 虞美人:词牌名,唐教坊曲名,又名"虞美人令""一江春水""玉壶冰"。据说取名于项羽宠姬虞美人。双调56字,前后阕各两仄韵、两平韵,平仄换韵。

② 李煜(937—978),公元961年即位,史称南唐后主。虽不通政治,但其艺术才华非凡。精书法,善绘画,通音律,诗和文均有一定造诣,尤以词的成就最高。清人王国维评价:"词至李后主而眼界始大,感慨遂深,遂变伶工之词为士大夫之词。"

③ 了:了结,完结。

④ 雕栏玉砌:指远在金陵的南唐故宫。砌,台阶。

⑤ 朱颜改:指所怀念的人已衰老。

⑥ 君:作者自称。

思考与探究

1. 请按照以下的模式试写诗歌,表达自己的感悟或现阶段的心情。

……了? ……少。……风,……中。

……在,……改。……愁? ……流。

2. 比较阅读前、后期李煜的词,结合其生平体会其词风的深刻变化。下列所举《浣溪沙》为前期作品,《破阵子》和《浪淘沙令》为后期代表作。

浣 溪 沙

红日已高三丈透,金炉次第添香兽,红锦地衣随步皱。　　佳人舞点金钗溜,酒恶时拈花蕊嗅,别殿遥闻箫鼓奏。

破 阵 子

四十年来家国,三千里地山河。凤阁龙楼连霄汉,玉树琼枝作烟萝。几曾识干戈。　　一旦归为臣虏,沈腰潘鬓消磨。最是仓皇辞庙日,教坊犹奏离别歌。垂泪对宫娥。

浪 淘 沙 令

帘外雨潺潺,春意阑珊。罗衾不耐五更寒。梦里不知身是客,一晌贪欢。独自莫凭栏,无限江山,别时容易见时难。流水落花春去也,天上人间。

3. 背诵全词。

琵 琶 行①

(唐)白居易②

课文导读

　　这是一首歌行体的长篇叙事诗。全篇主题鲜明,脉络清晰,人物形象生动,抒情真切细腻。它先着力描写琵琶女精湛卓绝的演奏技艺,又叙写她令人心酸的悲凉身世,进而联想到作者自己凄苦冷落的贬谪生活,发出了"同是天涯沦落人,相逢何必曾相识"的感叹。这种沦落感,既表现了诗人对歌女的深切同情,也表现了诗人自己抑郁不得志的感慨。诗中刻画的琵琶女形象和作者的遭遇,在当时的历史条件下,都有一定的社会意义。

元和十年,予左迁③九江郡司马。明年④秋,送客湓浦口,闻舟中夜弹琵琶者。听其音,铮铮⑤然有京都声⑥。问其人,本长安倡女⑦,尝学琵琶于穆、曹二善才⑧。年长色衰,委身⑨为⑩贾人⑪妇。遂命酒⑫,使快⑬弹数曲。曲罢悯然⑭,自叙少小时欢乐事,今漂沦⑮憔悴,转徙于江湖间。予出官⑯二年,恬然⑰自安,感斯人言,是夕始觉有迁谪⑱意。因为⑲长句⑳,歌㉑以赠之,凡㉒六百一十六言㉓。命㉔曰《琵琶行》。

浔阳㉕江头夜送客,枫叶荻花秋瑟瑟㉖。

主人㉗下马客在船,举酒欲饮无管弦。

醉不成欢惨将别,别时茫茫江浸月。

忽闻水上琵琶声,主人忘归客不发。

寻声暗问弹者谁?琵琶声停欲语迟。

移船相近邀相见,添酒回灯㉘重开宴。

千呼万唤始出来,犹抱琵琶半遮面。

转轴拨弦㉙三两声,未成曲调先有情。

弦弦掩抑㉚声声思㉛,似诉平生不得志。

低眉信手㉜续续弹,说尽心中无限事。

轻拢㉝慢捻㉞抹㉟复挑㊱,初为《霓裳》㊲后《六幺》㊳。

大弦㊴嘈嘈㊵如急雨,小弦㊶切切㊷如私语。

嘈嘈切切错杂弹,大珠小珠落玉盘。

间关㊸莺语花底滑,幽咽㊹泉流水下滩㊺。

水泉冷涩弦凝绝㊻,凝绝不通声暂歇。

别有幽愁暗恨生,此时无声胜有声。

银瓶乍破水浆迸㊼,铁骑突出刀枪鸣。

曲终㊽收拨㊾当心画㊿,四弦一声如裂帛。

东船西舫㉛悄无言,唯见江心秋月白。

沉吟放拨插弦中,整顿衣裳起敛容㉜。

自言本是京城女,家在虾蟆陵㉝下住。

十三学得琵琶成,名属教坊㉞第一部。

曲罢曾教善才服,妆成每被秋娘㉟妒。

五陵㊱年少争缠头㊲,一曲红绡㊳不知数。

钿头银篦㊴击节㊵碎,血色罗裙翻酒污。

今年欢笑复明年,秋月春风等闲度。

弟走从军阿姨死,暮去朝来颜色故㊶。

门前冷落鞍马稀,老大嫁作商人妇。

商人重利轻别离,前月浮梁㊷买茶去。

去来㊸江口守空船,绕船月明江水寒。

夜深忽梦少年事,梦啼妆泪®红阑干®。

我闻琵琶已叹息,又闻此语重唧唧®。

同是天涯沦落人,相逢何必曾相识!

我从去年辞帝京,谪居卧病浔阳城。

浔阳地僻无音乐,终岁不闻丝竹声。

住近湓江地低湿,黄芦苦竹绕宅生。

其间旦暮闻何物?杜鹃啼血猿哀鸣。

春江花朝秋月夜,往往取酒还独倾。

岂无山歌与村笛,呕哑嘲哳®难为听。

今夜闻君琵琶语®,如听仙乐耳暂®明。

莫辞更坐弹一曲,为君翻作《琵琶行》。

感我此言良久立,却坐®促弦®弦转急。

凄凄不似向前声®,满座重闻皆掩泣®。

座中泣下谁最多?江州司马®青衫®湿。

注释:

① 《琵琶行》原作《琵琶引》,选自《白氏长庆集》。行,又叫"歌行"。

② 白居易(772—846),字乐天,晚年又号香山居士,河南新郑(今郑州新郑)人,我国唐代伟大的现实主义诗人,存诗将近三千首。代表诗作有《长恨歌》《卖炭翁》《琵琶行》等。

③ 左迁:贬官,降职。古以左为卑,故称"左迁"。

④ 明年:第二年。

⑤ 铮铮(zhēng):形容金属、玉器等相击声。

⑥ 京都声:指唐代京城流行的乐曲声调。

⑦ 倡女:歌女。倡,古时歌舞艺人。

⑧ 善才:当时对琵琶师或曲师的通称,是"能手"的意思。

⑨ 委身:托身,这里指嫁的意思。

⑩ 为:做。

⑪ 贾(gǔ)人:商人。

⑫ 命酒:叫(手下人)摆酒。

⑬ 快:畅快。

⑭ 悯(mǐn)然:忧郁的样子。

⑮ 漂沦:漂泊沦落。

⑯ 出官:(京官)外调。

⑰ 恬然：淡泊宁静的样子。

⑱ 迁谪(zhé)：贬官降职或流放。

⑲ 为：创作。

⑳ 长句：指七言诗。

㉑ 歌：作歌。

㉒ 凡：总共。

㉓ 言：字。

㉔ 命：命名，题名。

㉕ 浔(xún)阳：据考，为流经浔阳城中的溢水，即今九江市中的龙开河，经溢浦口注入长江。

㉖ 瑟瑟：形容枫树、芦荻被秋风吹动的声音。

㉗ 主人：诗人自指。

㉘ 回灯：重新拨亮灯光。回，再。

㉙ 转轴拨弦：拨转琵琶上缠绕丝弦的轴，以调音定调。

㉚ 掩抑：掩蔽，遏抑。

㉛ 思：悲，伤。

㉜ 信手：随手。

㉝ 续续弹：连续弹奏。

㉞ 拢：左手手指按弦向里(琵琶的中部)推。

㉟ 捻：揉弦的动作。

㊱ 抹：向左拨弦，也称为"弹"。

㊲ 挑：反手回拨的动作。

㊳ 《霓裳》(ní cháng)：即《霓裳羽衣曲》，本为西域乐舞，唐开元年间西凉节度使杨敬述依曲创声后流入中原。

㊴ 《六幺》：大曲名，又叫"乐世""绿腰""录要"为歌舞曲。

㊵ 大弦：指最粗的弦。

㊶ 嘈嘈：声音沉重抑扬。

㊷ 小弦：指最细的弦。

㊸ 切切：细促轻幽，急切细碎。

㊹ 间(jiàn)关：莺语流滑叫"间关"，鸟鸣声。

㊺ 幽咽：遏塞不畅状。

㊻ 水下滩：《全唐诗简编》作"冰下难"。

㊼ 凝绝：凝滞。

㊽ 迸：溅射。

㊾ 曲终：乐曲结束。

(50) 拨：弹奏弦乐时所用的工具。

(51) 当心画：用拨子在琵琶的中部划过四弦，是一曲结束时经常用到的右手手法。

(52) 舫：船。

(53) 敛容：收敛（深思时悲愤深怨的）面部表情。

(54) 虾蟆（há ma）陵：在长安城东南，曲江附近，是当时有名的游乐地区。

(55) 教坊：唐代官办管领音乐杂技、教练歌舞的机关。

(56) 秋娘：唐时歌舞伎常用的名字。

(57) 五陵：在长安城外，汉代五个皇帝的陵墓。

(58) 缠头：用锦帛之类的财物送给歌舞伎女。

(59) 绡（xiāo）：精细轻美的丝织品。

(60) 钿（diàn）头银篦（bì）：此指镶嵌着花钿的篦形发饰。

(61) 击节：打拍子。

(62) 颜色故：容貌衰老。

(63) 浮梁：古县名，唐属饶州。在今江西景德镇市，盛产茶叶。

(64) 去来：走了以后。

(65) 梦啼妆泪：梦中啼哭，搽过脂粉的脸上带着泪痕。

(66) 阑干：纵横散乱的样子。

(67) 唧唧：叹息声。

(68) 呕哑嘲哳（ōu yā zhāo zhā）：形容声音嘈杂。

(69) 琵琶语：琵琶声，琵琶所弹奏的乐曲。

(70) 暂：突然。

(71) 却坐：退回到原处。

(72) 促弦：把弦拧得更紧。

(73) 向前声：刚才奏过的单调。

(74) 掩泣：掩面哭泣。

(75) 江州司马：指诗人自己。

(76) 青衫：唐朝八品、九品文官的服色。白居易当时的官阶是将侍郎，从九品，所以服青衫。

思考与探究

1. 你比较喜欢诗中关于音乐描写的哪些句子？说一说为什么。
2. 选一段你喜欢的音乐，试着写出你的欣赏感受。
3. 请以小组合作的方式把这首诗改编成课本剧，并在课堂上进行表演。

生活·语文

楹联两副

课文导读

《岳阳楼长联》共 102 字,全联引用北宋著名文学家范仲淹的名作《岳阳楼记》,读来熟悉可亲,意义深刻。

《昆明大观楼长联》共 180 字,内容深刻,对仗工整,传颂海内,被称为"古今第一长联"。

其一 岳阳楼长联

窦 垿

一楼何奇?杜少陵①五言绝唱②,范希文③两字关情④,滕子京⑤百废俱兴,吕纯阳⑥三过必醉⑦。诗耶?儒耶?吏耶?仙耶?⑧前不见古人,使我怆然涕下⑨;

诸君试看,洞庭湖南极潇湘⑩,扬子江⑪北通巫峡⑫,巴陵⑬山西来爽气⑭,岳州⑮城东道岩疆⑯。潴者⑰,流者,峙者⑱,镇者⑲,此中有真意,问谁领会得来⑳。

注释:

① 杜少陵:即杜甫。汉宣帝许后之陵在陕西长安县南,其地称少陵原,杜甫曾在此居住,自号"少陵野老"。

② 五言绝唱:是指杜甫的《登岳阳楼》五言律诗:"昔闻洞庭水,今上岳阳楼。吴楚东南坼,乾坤日夜浮。亲朋无一字,老病有孤舟。戎马关山北,凭轩涕泗流。"

③ 范希文:即范仲淹。范仲淹(989—1052),北宋政治家、文学家。江苏吴县人。有《范文正公集》传世。其中《岳阳楼记》最为著名,尤以其中的"先天下之忧而忧,后天下之乐而乐"的名句为世人所传诵。

④ 两字关情:即指范仲淹名句中的"忧""乐"两字。

⑤ 滕子京:即滕宗谅,字子京。北宋河南人。与范仲淹同举进士,历任殿中丞、

知州、天章阁待制,因故被贬到岳阳,次年他主持重修岳阳楼。范仲淹在《岳阳楼记》中写道:"庆历四年春,滕子京谪守巴陵郡,越明年,政通人和,百废俱兴,乃重修岳阳楼,增其旧制。"

⑥ 吕纯阳:即吕洞宾,名岩,自号纯阳子。唐代进士。传说他后来入终南山修道成仙,为"八仙"之一。

⑦ 据《岳阳风土记》载,吕洞宾好酒,曾三醉岳阳楼,楼上有他留的字。他的《绝句》诗云:"三醉岳阳人不识,朗吟飞过洞庭湖。"

⑧ 诗耶、儒耶、吏耶、仙耶:诗人吗?儒家吗?官吏吗?神仙吗?

⑨ 前不见古人,使我怆然涕下:这是改用陈子昂《登幽州台歌》:"前不见古人,后不见来者。念天地之悠悠,独怆然而涕下。"

⑩ 南极潇湘:这里当指南边直到潇水和湘水。

⑪ 扬子江:即长江。

⑫ 巫峡:为长江三峡之一,在湖北巴东县西,与四川巫山县接界。

⑬ 巴陵:岳阳古为巴陵郡。古代传说夏后羿曾斩巴蛇于洞庭湖,积骨成丘陵而得名。

⑭ 爽气:即指明朗开豁的自然景象。刘义庆《世说新语·简傲》:"西山朝来,致有爽气。"

⑮ 岳州:隋代置岳州,治所在巴陵(今岳阳市),元改为路,明改为府,南朝宋置巴陵郡。岳州城即今之岳阳市。

⑯ 东道岩疆:指东西接连高山。岩疆,指山岩之边界。亦有解作"崖州边疆"者,言"崖州指今广东南部一带",意恐联想过远。

⑰ 潴者:潴一作渚,水停聚之地。唐代韩愈《岳阳楼别窦可直》诗有"潴为七百里,吞纳各殊状"句。

⑱ 峙者:直立、耸立着的。

⑲ 镇者:一方的主山称镇,描绘山势雄镇一方的样子。

⑳ 此中有真意,问谁领会得来:改用陶渊明《饮酒》诗中佳句。《饮酒》诗云:"结庐在人境,而无车马喧。问君何能尔?心远地自偏。采菊东篱下,悠然见南山。山气日夕佳,飞鸟相与还。此中有真意,欲辩已忘言。"

其二 昆明大观楼长联

孙　髯

五百里①滇池,奔来眼底,披襟②岸帻③,喜茫茫空阔无边。看东骧神骏④,西翥⑤灵仪⑥,北走蜿蜒⑦,南翔缟素⑧。高人韵士,何妨选胜登临。趁蟹屿螺洲⑨,梳裹就风鬟雾鬓⑩;更苹天苇地⑪,点缀些翠羽⑫丹霞,莫孤负⑬四围香稻,万顷晴沙,九夏⑭芙蓉,三春杨柳。

　　数千年往事,注到心头,把酒凌虚⑮,叹滚滚英雄谁在。想汉习楼船⑯,唐标铁柱⑰,宋挥玉斧⑱,元跨革囊⑲。伟烈丰功,费尽移山心力。尽珠帘画栋,卷不及暮雨朝云;便断碣残碑⑳,都付与苍烟落照。只赢得几杵疏钟,半江渔火,两行秋雁,一枕清霜。

注释:

① 五百里:滇池周广五百余里,围湖造田后,今仅八十里长。

② 披襟:披开衣襟。

③ 岸:动词,推开的意思;帻,古时的一种头巾。

④ 神骏:指昆明东面的金马山。骧:昂头奔跃的马。

⑤ 翥(zhù):飞起。

⑥ 灵仪:凤凰一类的鸟,指滇池西面的碧鸡山。

⑦ 蜿蜒:指昆明北面的蛇山(长虫山)。

⑧ 缟素:白色的绢帛,指昆明西面的白鹤山。

⑨ 蟹屿螺洲:滇池中以蟹与螺壳堆成的小岛或小沙洲。

⑩ 风鬟(huán)雾鬓(bìn):鬟,环形发髻;鬓,耳边垂发。喻风中垂柳。

⑪ 苹:水草。苇:芦苇。"天"和"地"形容数量之多。

⑫ 翠羽:翠绿的小鸟。丹霞:红色的云霞。

⑬ 孤负:辜负,意思是枉然,白费。

⑭ 九夏:指夏季的九十天。

⑮ 把酒凌虚:对天空举起酒杯。

⑯ 汉习楼船:汉武帝修昆明湖、治楼船以习水军。

⑰ 唐标铁柱:唐中宗时平吐蕃之乱,"建铁柱于滇池以勒功"。

⑱ 宋挥玉斧:玉斧为文房古玩,作镇纸用。为阻止宋徽宗在大渡河畔和大理购买战马,当时的边官编造宋太祖曾在版图上用玉斧"画大渡河为境界"的谣传:以玉斧画大渡河以西曰:"此外非吾有也!"

⑲ 元跨革囊:指忽必烈征大理过大渡河至金沙江,乘革囊及皮筏以渡。

⑳ 断碣残碑:历代帝王所立的功德碑,随时间而断裂残破。

思考与探究

1. 结合课文,查找关于对联的一些资料,以小组为单位尝试归纳对联的写作要求。

2. 请任选学校一场所(学校大门、课室、实验室、图书馆、饭堂等)拟一副对联。

语文综合实践活动

对联赏析

活动目的

1. 了解对联的有关常识,会欣赏对联。

2. 掌握对联知识,学习拟写对联,提高学生运用语言文字的能力。

3. 激发学生学习语文的兴趣和参与竞争的欲望,了解中国传统文化,增强爱国意识,提高审美水平。

活动过程

一、活动准备

以小组为单位,每个小组收集 1～3 个对联趣味故事、10 副对联。

二、活动过程

(1) 讲故事:各小组以 PPT 的形式展示所搜集的对联趣味故事。

(2) 背对联:请每组推荐代表参加比赛,在规定的时间内比比哪个小组背得最多。

(3) 谈对联:请每组推荐一副最喜欢的对联,组内研讨,可从多角度考虑,说明理由。

(4) 对对联:首先给对联找朋友。教师出示几副打乱次序的对联,学生配对上下联。然后小组互考,出上联让其他小组对下联。最后,小组合作,为学校的 30 周年校庆创作一副对联。

示例指导

甘洒汗水春满园　　　　　春风桃李苦乐卌载立德器学登云路启九天梦
桃李芬芳遍神州　　　　　沧浪云帆踌躇五洋成人修才渡水花开四海香

丹桂飘香笑纳四海学子　　校是慈母 莘莘学子沾化雨
秋菊溢金喜迎八方宾朋　　友如兄弟 济济英才竞荣光

语文综合实践活动学习小组评价表

评价项目	评价内容	评价结果		
		优秀	良好	待努力
学习态度	对学习始终抱有极大热情,认真对待,积极参与			
学习方法	找到适合的方法,能与其他小组交换、共享信息,善于请教			
组织合作	分工明确、合理,配合默契			
工作能力	信息筛选、整理、加工			
	多媒体制作			
	成果展示			
	创新			
	沟通协调			
学习反思	最大的收获是什么? 活动中有遗憾吗? 谈谈此次学习活动的感受吧!			

单元学习小档案

序号	项 目	内 容	备 注
1	单元作家谈		
2	单元新字词		
3	成语巧积累		
4	单元找佳句		
5	佳句我来写		
6	单元我最爱		
7	巧用网络搜		
8	单元练习我来出		
9	单元学习小疑问		
10	单元学习来拾趣		
11	意外小收获		
12	学习小建议		
注	1. 佳句我来写:对你所选出的单元佳句进行仿写,创造属于自己的佳句。 2. 单元我最爱:单元学习结束后,选出一篇你最喜欢的文章。 3. 巧用网络搜:查找一篇你喜欢的,并与本单元体裁相同的文章,可以小组内或全班分享。 4. 单元练习我来出:结合本单元的学习内容,为自己出一套单元过关测试题。 5. 单元学习来拾趣:谈谈自己在本单元学习中遇到了哪些有趣的事。		

单元六 文 言 文

单元导语

畅 古 游 今

在源远流长的中华文化里,文言的世界是那样的博大精深,异彩纷呈,令人叹为观止。子曰:"智者乐水,仁者乐山。"古人或凭吊古迹发思古之幽情,或因山川湖泊触发哲理情思,充分显示了情感世界的丰富与深邃。

通过本单元的学习,识记与理解文言词语、句式,揣摩情景交融的抒情方法,提高阅读古代散文的能力。在学习古文基础知识的同时感受华夏大好河山的壮丽与秀美,徜徉在山水天地之间,与古人同游共乐。

本单元安排了与饮食相关的古文篇目,目的是通过阅读古代文学作品提高同学们文化素养的同时,让同学们对中国古代饮食文化有更深的了解。"语文综合实践活动"设计了"走进成语世界",我国成语大部分源自古代文献,想要正确运用成语,就必须要了解每个成语的出处与由来。希望同学们认真完成每一个活动,提高语文修养并将掌握的成语学以致用。

经典·语文

过 秦 论①

（汉）贾　谊②

课文导读

　　这是一篇史论文。文章通过对秦国日渐强盛以至统一中国而行暴政，导致陈涉起义、秦王朝迅速灭亡的历史事实的记述和分析，说明秦王朝灭亡的主要原因是"仁义不施"，提出了以施行仁义为长治久安的政治主张。作者意在借古喻今，劝说汉文帝对人民实行宽松的政策。

　　通过叙事来说理是本文最大的特点，同时语言也颇具特色，运用多种修辞手段，富有文采。阅读时，要好好体会这些特点。

　　秦孝公③据崤函④之固，拥雍州之地，君臣固守以窥周室，有席卷天下，包举宇内，囊括四海之意，并吞八荒之心⑤。当是时也，商君佐之，内立法度，务耕织，修守战之具，外连衡而斗诸侯⑥。于是秦人拱手⑦而取西河之外。

　　孝公既没，惠文、武、昭襄⑧蒙⑨故业，因⑩遗策，南取汉中，西举⑪巴、蜀，东割膏腴⑫之地，北收要害之郡。诸侯恐惧，会盟而谋弱秦⑬，不爱⑭珍器重宝肥饶之地，以致⑮天下之士，合从缔交，相与为一⑯。当此之时，齐有孟尝，赵有平原，楚有春申，魏有信陵⑰。此四君者，皆明智而忠信，宽厚而爱人，尊贤而重士，约从离衡⑱，兼韩、魏、燕、楚、齐、赵、宋、卫、中山之众。于是六国之士，有宁越、徐尚、苏秦、杜赫⑲之属为之谋；齐明、周最、陈轸、召滑、楼缓、翟景、苏厉、乐毅⑳之徒通其意；吴起、孙膑、带佗、倪良、王廖、田忌、廉颇、赵奢㉑之伦制其兵。尝以十倍之地，百万之众，叩关㉒而攻秦。秦人开关延敌，九国之师，逡巡㉓而不敢进。秦无亡矢遗镞之费㉔，而天下诸侯已困矣。于是从散约败，争割地而赂秦。秦有余力而制其弊㉕，追亡逐北㉖，伏尸百万，流血漂橹㉗；因利乘便，宰割天下，分裂山河。强国请服，弱国入朝。延及孝文王、庄襄王㉘，享国之日浅，国家无事。

　　及至始皇，奋六世之余烈㉙，振长策而御宇内㉚，吞二周而亡诸侯㉛，履至尊而制六合㉜，执敲扑㉝而鞭笞天下，威振四海。南取百越㉞之地，以为桂林、象郡；百越之君，俯首系颈㉟，委命下吏㊱。乃使蒙恬北筑长城而守藩篱㊲，却匈奴㊳七百余里；胡

人不敢南下而牧马,士不敢弯弓而报怨。于是废先王之道,焚百家之言⑩,以愚黔首⑪;隳名城⑫,杀豪杰,收天下之兵,聚之咸阳,销锋镝⑬,铸以为金人⑭十二,以弱天下之民。然后践华为城,因河为池⑮,据亿丈之城⑯,临不测之渊⑰,以为固。良将劲弩守要害之处,信臣精卒陈利兵而谁何⑱。天下已定,始皇之心,自以为关中之固,金城⑲千里,子孙帝王万世之业也。

始皇既没,余威震于殊俗㉑。然陈涉瓮牖绳枢㉑之子,氓隶㉒之人,而迁徙㉓之徒也;才能不及中人㉔,非有仲尼、墨翟之贤,陶朱、猗顿㉕之富;蹑足㉖行伍之间,而崛起阡陌㉗之中,率疲弊之卒,将数百之众,转而攻秦,斩木为兵,揭㉘竿为旗,天下云集响应,赢粮而景从㉙。山东㉚豪俊遂并起而亡秦族矣。

且夫天下非小弱也,雍州之地,殽函之固,自若㉛也。陈涉之位,非尊于齐、楚、燕、赵、韩、魏、宋、卫、中山之君也;锄耰棘矜,非铦于钩戟长铩㉜也;谪戍㉝之众,非抗㉞于九国之师也;深谋远虑,行军用兵之道,非及向时㉟之士也。然而成败异变,功业相反也。试使山东之国与陈涉度长絜大㊱,比权量力,则不可同年而语矣。然秦以区区之地,致万乘㊲之势,序八州㊳而朝同列㊴,百有余年矣;然后以六合为家,殽函为宫;一夫作难㊵而七庙隳㊶,身死人手㊷,为天下笑者,何也?仁义不施而攻守之势异也。

![注释图标] 注释:

① 选自《新书》,个别字句从《史记》和《昭明文选》。

② 贾谊(公元前 200—前 168),西汉洛阳(今河南洛阳)人,西汉初期政论家、文学家,年轻时有才名,被召为梁怀王太傅。怀王坠马身亡,贾谊自惭失职,郁郁而死。《过秦论》有上、中、下三篇,本文选的是上篇。过秦,指出秦的过失。"过"用作动词。

③ 秦孝公:秦国国君。他采用商鞅的主张,变法图强。下文的商君即指商鞅。

④ 殽(xiáo)函:殽山和函谷关。殽山,在今河南西部,位于函谷关之东。函谷关,在今河南灵宝县。

⑤ 有席卷天下……并吞八荒之心:意思是秦孝公有吞并天下的野心。席卷、包举、囊括,都是吞并的意思。宇内、四海、八荒,都指整个天下的意思。八荒,原指八方荒远的地方。

⑥ 外连衡而斗诸侯:对外采用连衡的策略使诸侯各国自相争斗。连衡,是一种分散六国的策略,使它们各自同秦国联合,从而将它们各个击破。衡,通"横"。

⑦ 拱手:两手在胸前相抱,形容毫不费力气。

⑧ 惠文、武、昭襄:秦孝公之后、秦始皇之前的几个国君。

⑨ 蒙:承受,接受。

⑩ 因:沿袭。

⑪ 举：攻取。

⑫ 膏腴：肥沃。

⑬ 弱秦：削弱秦国。弱，在这里是形容词的使动用法。

⑭ 爱：吝惜。

⑮ 致：招致，招纳，吸引。

⑯ 合从(zòng)缔交，相与为一：采用合从的策略缔结盟约，成为一体。合从，联合六国共同对付秦国的策略。从，通"纵"。

⑰ 齐有孟尝……魏有信陵：孟尝君，齐国贵族，姓田名文。春申君，楚国贵族，姓黄名歇。他们同赵国的平原君(赵胜)和魏国的信陵君(魏无忌)并称"战国四公子"，是当时仅次于国君的当政者。

⑱ 约从离衡：相约采取合从政策，离散秦国的连衡政策。

⑲ 宁越、徐尚、苏秦、杜赫：宁越，赵人。徐尚，宋人。苏秦，洛阳人，是当时的"合纵长"。杜赫，周人。

⑳ 之属：之类，这些人。

㉑ 齐明、周最、陈轸(zhěn)……乐毅：齐明，东周臣。周最，东周君的儿子。陈轸，楚人。召滑，楚臣。楼缓，魏相。翟景，魏人。苏厉，苏秦的弟弟。乐毅，燕将。

㉒ 吴起……赵奢：吴起，魏将，后入楚。孙膑，齐将。带佗，楚将。倪良、王廖，都是当时的兵家。田忌，齐将。廉颇、赵奢，都是赵将。

㉓ 叩关：攻打函谷关。叩，击。

㉔ 逡巡(qūn xún)：迟疑徘徊、欲行又止的样子。

㉕ 无亡矢遗镞之费：没耗费一支箭、一个箭头。镞，又叫镝，箭的尖端，一般用金属制成。

㉖ 制其弊：(乘着他们的)困顿而制服他们。弊，通"敝"。

㉗ 追亡逐北：追逐逃走的败兵。北，溃败(的军队)。

㉘ 流血漂橹：血流成河，可以漂浮起盾牌。橹，大盾牌。

㉙ 孝文王、庄襄王：孝文王，昭襄王的儿子，在位只有三天就死了。庄襄王，孝文王的儿子，在位三年。

㉚ 奋六世之余烈：发扬六世遗留下来的功业。六世，指孝公、惠文王、武王、昭襄王、孝文王和庄襄王。烈，功业。

㉛ 振长策而御宇内：举起长鞭要驾驭整个天下。振，举起。策，马鞭子。御，驾驭、统治。

㉜ 吞二周而亡诸侯：吞并二周，使诸侯灭亡。二周，东周和西周。

㉝ 履至尊而制六合：登上皇帝的位子控制全天下。履，踏，登上。六合，天地四方，即天下。

㉞ 敲扑：刑具，短的叫"敲"，长的叫"扑"。

㉟ 百越：古代越族居住在江、浙、闽、粤各地，各部落各有名称，而统称百越，也叫百粤。

㊱ 俯首系颈：低着头，颈上拴着绳子。系颈，颈上系绳，表示投降。

㊲ 委命下吏：（百越之君）把自己的生命交给秦国的狱吏。下吏，狱吏。

㊳ 藩篱：篱笆。这里比喻边疆上的屏障。

㊴ 却匈奴：使匈奴退却。这里是使动用法，故可译作“击退”。

㊵ 百家之言：指春秋战国时期各个学派的书籍。言，言论。这里指著作。

㊶ 愚黔首：使百姓变得愚蠢。秦朝称百姓为“黔首”。

㊷ 隳(huī)名城：拆毁著名城市(战略要地)的城墙。

㊸ 销锋镝(dí)：销毁兵器。销，熔化。锋，兵刃。镝，箭头。

㊹ 金人：铜人。

㊺ 践华为城，因河为池：凭着华山当作城墙，就着黄河当作护城河。践，践踏，登上。池，护城河。

㊻ 亿丈之城：指高耸的华山。

㊼ 不测之渊：指黄河。

㊽ 谁何：他是谁。这里有缉查盘问之意。

㊾ 金城：坚固的城防。金，比喻坚固。

㊿ 殊俗：不同的风俗，指边远的地方。

(51) 瓮牖绳枢：用（破）水缸做窗户，用草绳拴住门枢。这里指贫穷的人家。瓮，瓦缸。

(52) 甿隶：甿，通“氓”，耕田的人。隶，奴。

(53) 迁徙(xǐ)：（被）征发。指陈涉被征发戍守渔阳。

(54) 中人：平常的人，中等的人。

(55) 陶朱、猗(yī)顿：陶朱，就是春秋时期越国的范蠡(lǐ)。他帮助越王勾践灭吴以后，离开越国，到陶（今山东定陶）经商，自称陶朱公。他善于经营生计，家资丰厚，所以后人常以“陶朱”为富人的代称。猗顿，春秋时鲁国人。他向陶朱公学习致富之术，在猗氏（今山西临猗）喂养牛羊而成巨富。

(56) 蹑足：这里指“置身于……”的意思。

(57) 崛起阡陌：从农民中突起。阡陌，田间小路，借指陈胜为农民出身。

(58) 揭：高举。

(59) 云集响应：像云彩那样聚拢，如同回声一样应和。响，回声。

(60) 赢粮而景(yǐng)从：（许多人）担着粮食如影随形地跟着。赢，担负。景，通“影”。

(61) 山东：指殽山以东、秦以外的东方诸国。

(62) 自若：如常，依然如故。

㊌ 锄耰(yōu)棘矜(qín):锄耙等农具和做载柄的木棒。棘,通"戟"。矜,戟柄。

㊍ 非铦(xiān)于钩戟长铩(shā):并不比钩戟长矛等兵器锋利。铦,锋利。铩,长矛。

㊎ 谪戍(zhé shù):(被)征发戍边。

㊏ 抗:高,强。

㊐ 向时:从前。这里指六国与秦对抗时。

㊑ 度(duó)长絜(xié)大:量量长(短),比比大(小)。絜,衡量。

㊒ 万乘(shèng):兵车万辆。表示军事力量强大。

㊓ 序八州:统治八州。序,原指排列次序,这里引申为控制、统治。八州,兖(yǎn)州、冀州、青州、徐州、豫州、荆州、扬州、梁州。古时天下分为九州,秦居雍州,六国分别居于其他八州。

㊔ 朝同列:使六国诸侯来朝拜秦国。同列,指原本与秦国地位相同的六国。

㊕ 一夫作难(nàn):指陈涉起义。

㊖ 七庙隳:国家灭亡。七庙,天子的宗庙。

㊗ 身死人手:指秦王子婴被项羽所杀。

思考与探究

1. 贾谊认为秦亡的原因是什么?他是怎么论证这个观点的?

2. 第二段列举了战国四公子、九个国家、四个谋士、八个说客以及八位名将,这样不厌其烦地铺陈是为了什么,与下文有什么关系?

游褒禅山记①

（宋）王安石②

课文导读

本文以游山探胜而未能"极夫游之乐"为出发点,说明"非常之观"常在险远之处,想要到达那里,必须具备坚强的意志和足够的力量,同时还需辅以一定的物质条件。作者还从"灭""华""花"音谬的情况联想到学习,从中悟出做学问的道理,提出"深思慎取"的告诫。阅读时,应注意体会文中阐发的思想,还要了解文章叙、议是怎样有机结合的。

　　褒禅山亦谓③之华山，唐浮图④慧褒⑤始舍⑥于其址，而卒葬之⑦；以故其后名之曰"褒禅"。今所谓慧空禅院⑧者，褒之庐冢⑨也。距其院东五里，所谓华山洞⑩者，以其乃⑪华山之阳名之也。距洞百余步，有碑仆道⑫，其文漫灭⑬，独其为文犹可识，曰"花山"⑭。今言⑮"华"如"华实"之"华"者，盖音谬也⑯。

　　其下平旷⑰，有泉侧出⑱，而记游⑲者甚众，——所谓前洞也。由山以上五六里，有穴窈然⑳，入之甚寒，问其深，则其好游者不能穷也，——谓之后洞。余与四人拥火㉑以入，入之愈深，其进愈难，而其见愈奇。有怠㉒而欲出者，曰："不出，火且尽。"遂与之俱出。盖㉓余所至，比好游者尚不能十一㉔，然视其左右，来而记之者已少。盖其又深，则其至又加少㉕矣。方是时㉖，余之力尚足以入，火尚足以明㉗也。既其出㉘，则或咎㉙其欲出者，而余亦悔其㉚随之而不得极㉛夫游之乐也。

　　于是余有叹㉜焉。古人之观于天地、山川、草木、虫鱼、鸟兽，往往有得㉝，以其求思之深而无不在也㉞。夫夷以近㉟，则游者众；险以远，则至者少。而世之奇伟、瑰怪㊱、非常之观㊲，常在于险远，而人之所罕至焉，故非有志者不能至也。有志矣，不随以止㊳也，然力不足者，亦不能至也。有志与力，而又不随以怠，至于幽暗昏惑㊴而无物以相㊵之，亦不能至也。然力足以至焉㊶，于人为可讥㊷，而在己为有悔㊸；尽吾志也而不能至者，可以无悔矣，其㊹孰能讥之乎？此余之所得也。

　　余于仆碑㊺，又以㊻悲夫古书之不存，后世之谬其传而莫能名者㊼，何可胜道㊽也哉！此所以学者不可以不深思而慎取之也。

　　四人者㊾：庐陵㊿萧君圭君玉，长乐[51]王回深父[52]，余弟安国平父[53]、安上纯父[54]。至和元年[55]七月某日，临川王某[56]记。

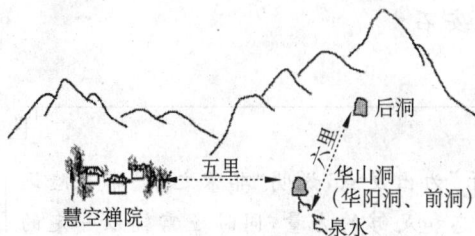

褒禅山空间方位图

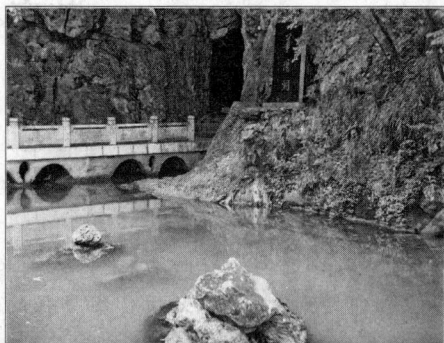

褒禅山华阳洞

注释：

① 选自《临川先生文集》。

② 王安石（1021—1086），字介甫，北宋临川（今江西临川）人，政治家，文学家。褒禅山，旧名华山，在安徽含山城北，山峦起伏，有泉有洞，风景秀美。宋仁宗至和元年（1054）四月王安石从舒州（今安徽潜山）通判任上辞职，在回家探亲途中游览了此山，同年七月以追记形式写下此文。

③ 谓：叫作，称为。

④ 浮图：梵（fàn）语（古代印度语）音译，也写为"浮屠"或"佛图"，本意是佛或佛教徒，这里指和尚。

⑤ 慧褒：唐代高僧。

⑥ 舍：筑舍定居。

⑦ 卒葬之：死后葬在那里。

⑧ 慧空禅院：寺院名。

⑨ 庐冢（zhǒng）：也作"庐墓"。古时为了表示孝顺父母或尊敬师长，在他们死后的服丧期间，为守护坟墓而盖的屋舍，叫作"庐冢"。这里指慧褒的弟子在慧褒墓旁盖的屋舍。庐，屋舍。冢，坟墓。

⑩ 华山洞：南宋王象先《舆地纪胜》作"华阳洞"。看文章下句，应作华阳洞。

⑪ 乃：表示判断，有"为""是"的意思。

⑫ 仆（pū）道："仆于道"的省略，倒在路旁。仆，向前跌倒。

⑬ 其文漫灭：碑文模糊、磨灭。文，指碑文。

⑭ 独其为文犹可识，曰"花山"：只有从它残存的文字还可以辨认出"花山"的名称。

⑮ 言：这里是"念"或"读"的意思。

⑯ 盖音谬（miù）也：大概是读音错误。谬，错误。

⑰ 平旷：平坦宽阔。

⑱ 侧出：从旁边涌出。

⑲ 记游：指在洞壁上题诗文留念。

⑳ 窈（yǎo）然：深远幽暗的样子。

㉑ 拥火：拿着火把。拥，持、拿。

㉒ 怠：懒惰，懈怠。

㉓ 盖：发语词，有"大概"的意思。

㉔ 不能十一：不及十分之一。不能，不及、不到。

㉕ 其至又加少：那些到（的人）更加少。加少，更少。

㉖ 方是时：正当这个时候。方，当、正在。是时，指决定从洞中退出的时候。

㉗ 明：照明，这里用作动词。

㉘ 既其出：已经出洞。其，助词，无实在意义。

㉙ 咎：责怪。

㉚ 其：这里指自己。

㉛ 极：尽，这里有“尽情享受”的意思。

㉜ 叹：感慨。

㉝ 得：心得，收获。

㉞ 以其求思之深而无不在也：（是）因为他们探究、思考得深入而且广泛。无不在，没有不探究、思考到的。

㉟ 夷以近：（路）平坦而近便。夷，平坦。以，而。

㊱ 瑰怪：珍贵奇特。

㊲ 观：景象。

㊳ 随以止：随从（别人）而停止（不前）。

㊴ 幽暗昏惑：幽深昏暗、叫人迷乱（的地方）。昏惑，迷乱。

㊵ 相（xiàng）：帮助。

㊶ 力足以至焉：下面省去“而不至”之类的话，意思是力量足以达到那里（却没有达到）。

㊷ 于人为可讥：在别人（看来）是可以嘲笑的。于，在。

㊸ 有悔：有所悔恨的。

㊹ 其：岂，难道。

㊺ 仆碑：倒下来的石碑。

㊻ 以：“以之”的省略，因此，由此。

㊼ 悲：感叹。

㊽ 谬其传而莫能名者：弄错了它的流传（文字），而没有人能够说明白的（情况）。谬，弄错，使……错。其，指古书。名，这里是“说明白，讲清楚”的意思，用作动词。

㊾ 何可胜道：哪能说得完。胜，尽。

㊿ 慎取：谨慎地采取。

(51) 四人者：（同游的）四个人。

(52) 庐陵：今江西吉安。

(53) 萧君圭君玉：萧君圭，字君玉。

(54) 长乐：今福建长乐。

(55) 王回深父（fǔ）：王回，字深父，北宋理学家。父，通“甫”，下文“平父”“纯父”的“父”同。

(56) 安国平父：王安国，字平父。安国、安上都是王安石的弟弟。

㊄ 安上纯父：王安上，字纯父。

㊅ 至和元年：公元 1054 年。至和，宋仁宗的年号。

㊆ 王某：王安石。古人作文起稿，写到自己的名字，往往只作"某"，或在"某"上冠姓，以后誊写时才把姓名写出。根据书稿编的文集，也常保留"某"的字样。

思考与探究

1. 本文是如何介绍褒禅山的概况的？

2. 作者是如何详记游后洞的经过的？又写了出后洞后怎样的心情？

3. 作者游山有怎样的心得？其中有哪些观点对你有启发？

石钟山记①

(宋)苏 轼

课文导读

　　《石钟山记》不是单纯的游记，而是具有一定的考察报告性质与驳论特点的游记。苏轼是带着石钟山"独以钟名，何哉"的疑问去游山观水的，同时它也印证了一个哲理，而这个哲理正是作者生活经历、政治遭遇的一种折射。

　　关于石钟山命名的原因，历来有不同的说法。作者借记游阐述了自己的见解，他对以往的说法提出了怎样的怀疑，自己又是如何进行实地考察的，阐述了怎样的见解，我们可以得到什么启示？这些问题应在阅读中寻求答案。

　　《水经》②云："彭蠡③之口有石钟山焉。"郦元④以为下临⑤深潭，微风鼓⑥浪，水石相搏⑦，声如洪钟⑧。是说⑨也，人常疑之。今以钟磬⑩置水中，虽大风浪不能鸣也，而况石乎！至唐李渤⑪始访其遗踪⑫，得双石于潭上，扣而聆之，南声函胡⑬，北音清越⑭，桴止响腾⑮，余韵徐歇⑯。自以为得之⑰矣。然是说也，余尤⑱疑之。石之铿然⑲有声者，所在皆是⑳也，而此独以钟名，何哉？

　　元丰㉑七年六月丁丑㉒，余自齐安㉓舟行适㉔临汝㉕，而长子迈将赴㉖饶之德兴尉㉗，送之至湖口㉘，因得观所谓石钟者。寺僧使小童持斧，于乱石间择其一二扣之,硿硿焉⊗,余固笑而不信也。至莫夜⊗月明,独与迈乘小舟,至绝壁㉛下。大石侧立千尺,如猛兽奇鬼,森然⊗欲搏⊗人;而山上栖鹘⊗,闻人声亦惊起,磔磔⊗云霄间;又有若老人咳且笑于山谷中者,或曰此鹳鹤⊗也。余方心动⊗欲还,而大声发于水上,噌吰⊗如钟鼓不绝。舟人⊗大恐。徐而察之,则山下皆石穴罅⊗,不知其浅深,微波入焉,涵淡澎湃⊗而为此㊷也。舟回至两山间,将入港口,有大石当中流⊗,可坐百人,空中⊗而多窍⊗,与风水相吞吐,有窾坎⊗镗鞳⊗之声,与向之噌吰者相应,如乐作焉。因笑谓迈曰:"汝识之乎⊗?噌吰者,周景王之无射⊗也;窾坎镗鞳者,魏庄子之歌钟⊗也。古之人不余欺也㊶!"

事不目见耳闻,而臆断⊗其有无,可乎?郦元之所见闻,殆⊗与余同,而言之不详;士大夫终⊗不肯以小舟夜泊绝壁之下,故莫能知;而渔工水师⊗虽知而不能言⊗。此世所以不传也⊗。而陋者⊗乃以斧斤考击而求之⊗,自以为得其实⊗。余是以记之,盖叹郦元之简,而笑李渤之陋也。

石钟山风景图

石钟山记图

注释:

① 选自《苏东坡全集》。宋神宗元丰七年(1084)六月,苏轼由黄州团练副使调任汝州(今河南临汝)团练副使时,顺便送他长子苏迈到饶州德兴县(今江西德兴)任县尉,途经湖口,游览了石钟山,写了这篇文章。石钟山,在今江西湖口鄱(pó)阳湖东岸,有南、北二山,在县城南边的叫上钟山,在县城北边的叫下钟山。

②《水经》:是我国第一部记述河道水系的专著。现流传的版本是郦道元的《水经注》。

③ 彭蠡(lǐ):鄱阳湖的又一名称。

④ 郦元:即郦道元。北魏地理学家、散文家,范阳涿县(今河北涿县)人,撰《水经注》一书,是有文学价值的地理巨著。

⑤ 临:面对。

⑥ 鼓:鼓动、振动,这里有"激起"的意思。

⑦ 搏:撞击。

⑧ 洪钟:大钟。

⑨ 是说:这个说法。

⑩ 磬(qìng):古代打击乐器,形状像曲尺,用玉或石制成。

⑪ 李渤:唐朝洛阳人,写过一篇《辨石钟山记》。

⑫ 遗踪:旧址,陈迹。这里指所在地。

⑬ 南声函胡:南边(那块山石)的声音重浊而模糊。函胡,通"含糊"。

⑭ 北音清越:北边(那块山石)的声音清脆而响亮。越,高扬。

⑮ 桴(fú)止响腾:鼓槌停止了(敲击),声音还在传播。腾,传播。

⑯ 余韵徐歇:余音慢慢消失。韵,这里指声音。徐,慢。

⑰ 得之:找到这个(原因)。之,指石钟山命名的原因。

⑱ 尤:尤其,更加。

⑲ 铿(kēng)然:形容敲击金石所发出的响亮的声音。

⑳ 所在皆是:到处都(是)这样。

㉑ 元丰:宋神宗的年号。

㉒ 六月丁丑:农历六月初九。古人常用"天干"(甲、乙、丙、丁等)十个字和"地支"(子、丑、寅、卯等)十二个字循环相配来表示年月日的次序。

㉓ 齐安:在今湖北黄州。

㉔ 适:到……去,往。

㉕ 临汝:在今河南临汝。

㉖ 赴:这里是"赴任、就职"的意思。

㉗ 饶之德兴尉:饶州德兴县(今江西德兴)的县尉(主管一县治安的官吏)。

㉘ 湖口:今江西湖口。

㉙ 硿硿(kōng kōng)焉:硿硿的(发出声响)。焉,相当于"然",形容词词尾。

㉚ 莫(mù)夜:晚上。莫,通"暮"。

㉛ 绝壁:极陡峭不能攀援的山崖。

㉜ 森然:阴森、恐怖的样子。

㉝ 搏：抓，扑。

㉞ 栖鹘(hú)：宿巢的老鹰。鹘，鹰的一种。

㉟ 磔磔(zhé zhé)：鸟鸣声。

㊱ 鹳(guàn)鹤：水鸟名，似鹤而顶不红，颈和嘴都比鹤长。

㊲ 心动：这里是“心惊”的意思。

㊳ 噌吰(chēng hóng)：这里形容钟声洪亮。

㊴ 舟人：船夫。

㊵ 罅(xià)：裂缝。

㊶ 涵淡澎湃：波浪激荡。涵淡，水波荡漾。澎湃，波浪相激。

㊷ 此：指噌吰之声。

㊸ 当中流：在水流的中心。

㊹ 空中：中间是空的。

㊺ 窍：窟窿。

㊻ 窾坎(kuǎn kǎn)：击物声。

㊼ 镗鞳(tāng tà)：钟鼓声。

㊽ 汝识(zhì)之乎：你知道那些(典故)吗？识，知道。

㊾ 周景王之无射(yì)：《国语》记载，周景王二十三年(公元前520)铸成“无射”钟。

㊿ 魏庄子之歌钟：《左传》记载，鲁襄公十一年(公元前561)郑人以歌钟和其他乐器献给晋侯，晋侯分一半赐给晋大夫魏绛。庄子，魏绛的谥号。歌钟，古乐器。

(51) 古之人不余欺也：古代的人(称这山为“石钟山”)没有欺骗我啊！不余欺，倒装，就是“不欺余”。

(52) 臆断：凭主观推测而判定。

(53) 殆：大概。

(54) 终：终究。

(55) 渔工水师：渔人(和)船工。

(56) 言：指用文字表述、记载。

(57) 此世所以不传也：这(就是)世上没有流传下来(石钟山得名由来)的缘故。

(58) 陋者：浅陋的人。

(59) 以斧斤考击而求之：用斧头敲打石头的办法来寻求(石钟山得名的)原因。斧斤，斧头。考，敲。

(60) 实：指事情的真相。

思考与探究

1. 郦道元、李渤认为石钟山得名的原因是什么？对他们的观点为什么"人常疑之""余尤疑之"？

2. 作者探明石钟山得名由来后抒发了什么感想，你如何看待苏轼的见解和做法？

专业·语文

庖丁解牛

(先秦)庄　子

课文导读

　　解牛是很复杂的一项技术,庖丁解牛,能一刀下去,刀刀到位,轻松简单,原因是什么? 是因为掌握了牛的肌理。牛与牛当然各不相同,但不管是什么牛,它们的肌理都是一样的;每个人的生活也各有各的面貌,其基本原理也是近似的。庖丁因为熟悉了牛的肌理,自然懂得何处下刀。生活也一样,如果能领悟了生活的道理,摸准了其中的规律,就能和庖丁一样,做到目中有牛又无牛,就能化繁为简,真正获得轻松。

　　庖丁①为文惠君②解牛③,手之所触,肩之所倚,足之所履,膝之所踦④,砉然⑤向然,奏刀騞然⑥,莫不中音,合于《桑林》⑦之舞,乃中《经首》⑧之会⑨。

　　文惠君曰:"嘻⑩,善哉! 技盖⑪至此乎?"

　　庖丁释刀对曰:"臣之所好者道也,进⑫乎技矣。始臣之解牛之时,所见无非全牛者。三年之后,未尝见全牛也。方今之时,臣以神遇而不以目视,官⑬知止而神⑭欲行。依乎天理⑮,批⑯大郤⑰,导⑱大窾⑲,因⑳其固然;技经㉑肯綮之未尝,而况大軱㉒乎! 良庖岁更刀,割也㉓;族㉔庖月更刀,折也㉕。今臣之刀十九年矣,所解数千牛矣,而刀刃若新发㉖于硎㉗。彼节㉘者有间㉙,而刀刃者无厚。以无厚入有间,恢恢乎㉚其于游刃必有余地矣,是以十九年而刀刃若新发于硎。虽然,每至于族㉛,吾见其难为,怵然㉜为戒,视为止,行为迟,动刀甚微。謋然㉝已解,如土委地㉞。提刀而立,为之四顾,为之踌躇满志,善㉟刀而藏之。"

　　文惠君曰:"善哉,吾闻庖丁之言,得养生㊱焉。"

注释:

① 庖(páo)丁:名丁的厨工。先秦古书往往以职业放在人名前。

② 文惠君:即梁惠王,也称魏惠王。

③ 解牛：宰牛，这里指对整个牛体进行剖割。

④ 踦(yǐ)：指用一条腿的膝盖顶住。

⑤ 砉(huā)然：象声词，形容迅速动作的声音。

⑥ 骎(huō)然：象声词，形容比砉然更大的进刀解牛声。

⑦《桑林》：传说中商汤王的乐曲名。

⑧《经首》：传说中尧乐曲《咸池》中的一章。

⑨ 会：音节。以上两句互文，即"乃合于桑林、经首之舞之会"之意。

⑩ 嘻：赞叹声。

⑪ 盖：同"盍"，何。

⑫ 进：超过。

⑬ 官：这里指视觉。

⑭ 神：指精神活动。

⑮ 天理：指牛体的自然的肌理结构。

⑯ 批：击，劈开。

⑰ 郤：同"隙"。

⑱ 导：顺着。

⑲ 窾(kuǎn)：骨节空穴处。

⑳ 因：依。

㉑ 固然：指牛体本来的结构。

㉒ 技经：犹言经络。技，据清俞樾考证，当是"枝"字之误，指支脉。经，经脉。

㉓ 肯綮(qìng)：肯，骨肉相连处。綮，筋骨相连处。技经肯綮之未尝，即"未尝技经肯綮"的宾语前置。

㉔ 軱(gū)：股部的大骨。

㉕ 割：这里指生割硬砍。

㉖ 族：众，指一般的。

㉗ 折：用刀折骨。

㉘ 发：出。

㉙ 硎(xíng)：磨刀石。

㉚ 节：骨节。

㉛ 间：间隙。

㉜ 恢恢乎：宽绰的样子。

㉝ 族：指筋骨交错聚结处。

㉞ 怵(chù)然：警惧的样子。

㉟ 謋(zhé)然：形容牛体骨肉分离。謋，同"磔"。

㊱ 委地：散落在地上。

㊲ 善：拭，清理。

㊳ 养生：指养生之道。

思考与探究

1. 文章有哪些词对庖丁解牛的技术进行了细致生动的描写，说一说它们的作用。

2. 庖丁的对话可以分几个层次，说说它们是如何阐述庖丁的"经验之谈的"。

3. 文惠君听庖丁介绍后，说自己懂得了"养生之道"，解牛之道和这种"养生之道"有什么联系？

东京梦华录·饮食果子①

（宋）孟元老②

课文导读

北宋亡，便有《东京梦华录》出，缅怀往昔的繁盛。此书对于北宋末年首都东京的地理、风俗、典祀等做了翔实的记载。其中一些篇章叙述简略，如本篇课文《饮食果子》只列一份长长的"菜单"，具体情况，概不相告。繁华的东京，经过金兵的蹂躏，风光不再；后又被黄河挟带的泥沙掩埋于地下，踪影难寻。幸有《东京梦华录》和《清明上河图》这样的现实主义杰作流传下来，一书一画，相得益彰，珠联璧合。

凡店内卖下酒厨子，谓之"茶饭量酒博士③"。至店中小儿子，皆通谓之"大伯"。更有街坊妇人，腰系青花布手巾，绾危髻④，为酒客换汤斟酒，俗谓之"焌⑤糟"。更有百姓入酒肆，见子弟少年辈饮酒，近前小心供过，谓之"闲汉"。又有向前换汤斟酒歌唱，或献果子香药之类，客散得钱，谓之"厮波"。又有卖药或果实萝卜之类，不问酒客买与不买，散与坐客，然后得钱，谓之"撒暂"。如此处处有之。唯州桥炭张家、乳酪张家，不放前项人入店，亦不卖下酒，唯以好淹藏菜蔬，卖一色好酒。所谓菜饭者，乃百味羹、新法鹌子羹、三脆羹、二色腰子、虾蕈⑥、鸡蕈、浑炮等羹、旋索粉、玉棋子、群仙羹、假河豚、白渫齑⑦货、鳜鱼、假元鱼、决明兜子、决明汤齑、肉醋托胎衬肠、沙鱼两熟、紫酥鱼、假蛤蜊、白肉⑧、夹面子、茸割肉、胡饼⑨、汤骨头、乳炊、羊闹厅、羊角、炙腰子、鹅鸭、排蒸荔枝腰子、还元腰子、烧臆子、入炉细项、莲花鸭签、酒炙肚胿、虚汁垂丝羊头、入炉羊、羊头签、鸭鹅签、鸡签、盘兔、炒兔、葱泼兔、假野狐、金丝肚羹、石肚羹、假炙獐、煎鹌子、生炒肺、炒蛤蜊、炒蟹、渫蟹、洗手蟹之类，逐时旋行索唤，不许一味有阙。或别呼索变造下酒，亦即时供应。又有外来托卖炙鸡、爊鸭、羊脚子、点羊头、脆筋巴子、姜虾、酒蟹、獐巴、鹿脯、从食蒸作、海鲜时果、旋切莴苣生菜、西京笋。又有小儿子，着白虔布衫，青花手巾，挟白磁缸子，卖辣菜。又有托小盘卖干果子，乃旋炒银杏、栗子、河北鹅梨、梨条、梨干、梨肉、胶枣、枣圈、梨圈、桃圈、核桃肉、牙枣、海红、嘉庆子⑩、林檎旋、乌李、李子旋、樱桃煎、西京雪梨、夫梨、甘棠梨、凤栖梨、镇府浊梨、河阴石榴、河阳查子⑪、查条、沙苑榅桲⑫、回马孛葡⑬、西川乳糖⑭、狮子糖⑮、霜蜂儿、橄榄、温柑⑯、绵枨、金桔、龙眼、荔枝、召白藕、甘蔗、漉梨、林檎干、枝头干、芭蕉干、人面子⑰、马览子⑱、榛子、榧子、虾具之类。诸般蜜煎香药、果子罐子、薰梅、柿膏儿、香药、小元儿、小腊茶⑲、鹏沙元之类。更外卖软羊诸色包子，猪羊荷包，烧肉干脯，玉板鲊把⑳、鲊片酱㉑之类。其余小酒店，亦卖下酒，如煎鱼、鸭子、炒鸡兔、煎爊肉、梅汁、血羹、粉羹之类。每份不过十五钱。诸酒店必有厅院，廊庑掩映，排列小阁子，吊窗花竹，各垂帘幕，各得稳便。

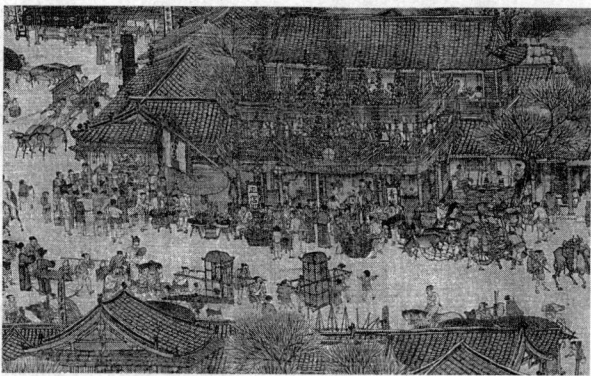

《清明上河图》局部（酒楼） （宋）张择端

注释：

① 选自《东京梦华录》。

② 孟元老：宋朝人，生平所知甚少，从此书推断他的家庭是有地位、富有的家庭。本书写成时作者已年近六十。

③ 博士：古代对具有某种技艺或专门从事某种职业的人的尊称，犹后世称人为师傅。

④ 危髻：高髻。髻，梳在头顶上的发结。

⑤ 焌(qū)：指一种烹调方法，把蔬菜放入热油锅内迅速炒熟。

⑥ 虾草(xūn)：一种茶食点心。

⑦ 白渫齑：瘦肉汁。渫，除去。齑，通"斋"。

⑧ 白肉：砧压去油之肉；亦泛指熟猪肉。

⑨ 胡饼：一种烧饼，因胡人所常食而得名。

⑩ 嘉庆子：一种李子。程大昌《演繁露》："韦述《两京记》：'东都嘉庆坊有李树，其实甘鲜，为京城之美，故称嘉庆李。'今人但言嘉庆子，岂称谓既熟，不加李亦可记也？"

⑪ 河阳查子：查子即楂(zhā)子，落叶小灌木，茎高一二尺，叶倒卵形，春日花开，黄赤色，实圆，色微黄，味甚酸，一名木桃。

⑫ 沙苑榲桲(wēn po)：榲桲，落叶灌木或小乔木，叶椭圆形，背面密生绒毛，花淡红色或白色。果实也叫榲桲，有香气，味酸，可制蜜饯(jiàn)。

⑬ 李萄：即葡萄。

⑭ 乳糖：冰糖。

⑮ 狮子糖：做成狮子状的冰糖。

⑯ 温柑：温州出产的柑子。

⑰ 人面子：果实名，嵇含《南方草木状》卷下："人面子，树似含桃，结子如桃实，无味，其核正如人面，故以为名。"以蜜煎甘酸可食。

⑱ 巴览子：即巴旦杏。亦作"把旦""巴览"，伊朗语 badam 的音译。一名扁桃。

⑲ 小臈(là)茶：茶名。

⑳ 鲊(zhǎ)把：一种腌制的鱼，十几条鱼束成一把，故名鲊把，又称把鲊。

㉑ 鲊片酱：鱼肉酱。

思考与探究

1. 文中提到的宋代都城的食物你吃过哪些？它与我们今天的饮食有区别吗？

2. 你了解这些食物几百年来制作方法上的变化与发展吗？选择其中的几种食物进行了解。

生活·语文

红楼美食·茄鲞[①]

（清）曹雪芹

课文导读

在《红楼梦》中，曹雪芹用了很大的篇幅，描述众多人物丰富多彩的饮食文化活动，展现的饮馔以淮扬风味为主，反映了中华美食的精致与华丽，一直为红学家、美食家们津津乐道。《红楼梦》中有一道菜"茄鲞"，曹雪芹用了不少的笔墨，不仅详细地道出了"茄鲞"的制作过程，就连它的主料、配料及口味等都介绍得相当详细。

话说刘姥姥两只手比着说道："花儿落了结个大倭瓜。"众人听了哄堂大笑起来。于是吃过门杯，因又逗趣笑道："实告诉说罢，我的手脚子粗笨，又喝了酒，仔细失手打了这瓷杯。有木头的杯取个子来，我便失了手，掉了地下也无碍。"众人听了，又笑起来。凤姐儿听如此说，便忙笑道："果真要木头的，我就取了来。可有一句先说下：这木头的可比不得瓷的，他都是一套，定要吃遍一套方使得。"

刘姥姥听了心下战敠[②]道："我方才不过是趣话取笑儿，谁知他果真竟有。我时常在村庄乡绅大家也赴过席，金杯银杯倒都也见过，从来没见有木头杯之说。哦，是了，想必是小孩子们使的木碗儿，不过诓[③]我多喝两碗。别管他，横竖这酒蜜水儿似的，多喝点子也无妨。"想毕，便说："取来再商量。"

凤姐乃命丰儿："到前面里间屋，书架子上有十个竹根套杯取来。"丰儿听了，答应刚才要去，鸳鸯笑道："我知道你这十个杯还小。况且你才说是木头的，这会子又拿了竹根子的来，倒不好看。不如把我们那里的黄杨根整抠的十个大套杯拿来，灌他十下子。"凤姐儿笑道："更好了。"鸳鸯果命人取来。

刘姥姥一看，又惊又喜：惊的是一连十个，挨次大小分下来，那大的足似个小盆子，第十个极小的还有手里的杯子两个大，喜的是雕镂[④]奇绝，一色山水树木人物，并有草字以及图印。因忙说道："拿了那小的来就是了，怎么这样多？"凤姐儿笑道："这个杯没有喝一个的理。我们家因没有这大量的，所以没人敢使他。姥姥既要，好容易寻了出来，必定要挨次吃一遍才使得。"刘姥姥唬[⑤]的忙道："这个不敢。好姑奶奶，饶了我罢。"

贾母、薛姨妈、王夫人知道他上了年纪的人，禁不起，忙笑道："说是说，笑是笑，不可多吃了，只吃这头一杯罢。"刘姥姥道："阿弥陀佛！我还是小杯吃罢。把这大杯收着，我带了家去慢慢的吃罢。"说的众人又笑起来。鸳鸯无法，只得命人满斟了一大杯，刘姥姥两手捧着喝。贾母、薛姨妈都道："慢些，不要呛了。"

薛姨妈又命凤姐儿布了菜。凤姐笑道："姥姥要吃什么，说出名儿来，我搛⑥了喂你。"刘姥姥道："我知什么名儿，样样都是好的。"贾母笑道："你把茄鲞搛些喂他。"凤姐儿听说，依言搛些茄鲞送入刘姥姥口中，因笑道："你们天天吃茄子，也尝尝我们的茄子弄的可口不可口。"刘姥姥笑道："别哄我了，茄子跑出这个味儿来了，我们也不用种粮食，只种茄子了。"众人笑道："真是茄子，我们再不哄你。"刘姥姥诧异道："真是茄子？我白吃了半日。姑奶奶再喂我些，这一口细嚼嚼。"凤姐儿果又搛了些放入口内。刘姥姥细嚼了半日，笑道："虽有一点茄子香，只是还不像是茄子。告诉我是个什么法子弄的，我也弄着吃去。"凤姐儿笑道："这也不难。你把才下来的茄子把皮削了，只要净肉，俱切成碎钉子，用鸡油炸了，再用鸡脯子肉并香菌、新笋、蘑菇、五香腐干、各色干果子，俱切成钉子，用鸡汤煨了，将香油一收，外加糟⑦油一拌，盛在瓷罐子里封严，要吃时拿出来，用炒的鸡瓜一拌就是。"刘姥姥听了，摇头吐舌说道："我的佛祖！倒得十来只鸡来配他，怪道这个味儿！"一面说笑，一面慢慢的吃完了酒，还只管细玩那杯。

凤姐笑道："还是不足兴，再吃一杯罢。"刘姥姥忙道："了不得，那就醉死了。我因为爱这样范⑧，亏他怎么作了。"鸳鸯笑道："酒吃完了，到底这杯子是什么木的？"刘姥姥笑道："怨不得姑娘不认得，你们在这金门绣户的，如何认得木头！我们成日家和树林子作街坊，困了枕着他睡，乏了靠着他坐，荒年间饿了还吃他，眼睛里天天见他，耳朵里天天听他，口儿里天天讲他，所以好歹真假，我是认得的。让我认一认。"一面说，一面细细端详⑨了半日，道："你们这样人家断没有那贱东西，那容易得的木头，你们也不收着了。我掂着这杯体重，断乎不是杨木，一定是黄松的。"众人听了，哄堂大笑起来。

注释：

① 本文节选自《红楼梦》第四十一回《栊翠庵茶品梅花雪 怡红院劫遇母蝗虫》。茄鲞（xiǎng）：茄干

② 战敠（diān duo）：用手估量物体轻重，同"掂掇"。引申为揣度、估量。

③ 诓（kuāng）：欺骗。

④ 镂：雕刻。

⑤ 唬（hǔ）：虚张声势、夸大事实来吓人或蒙混人。

⑥ 搛（jiān）：（用筷子）夹。

⑦ 糟(zāo)油:用酒糟调制的油,用来拌菜。

⑧ 样范:模样之意。

⑨ 端详(duān xiáng):仔细地看。

思考与探究

1. 茄鲞的制作方法是什么？它体现了贾府怎样的饮食特点？

2. 美食家将《红楼梦》视为饮食宝典,你能找出原文中的几种食物并介绍它的制作方法吗？

语文综合实践活动

走进成语世界

活动主题

我们祖国的语言丰富多彩,成语是人民在长期的语言实践中提炼出来留给我们的宝贵的财富。学习成语,积累成语,正确地运用成语对提高我们的语言表达力有着至关重要的作用。今天我们开展一次走进成语世界的语文综合性学习活动的目的,就是要让同学们掌握运用成语的能力。

活动目的

1. 培养自觉主动地学习、积累、运用成语,同时将掌握的成语灵活运用,或用到作文中,或用在交谈中。

2. 体会成语的魅力,了解博大精深的中华文化,提高自身文化素养。

活动过程

一、活动步骤

1. 通过网络搜索,查阅典籍,归纳成语的起源并简要记录。

2. 小组成员分工协作,根据不同的主题积累成语。

3. 了解成语背后的故事,组内通过工具书或上网查找成语故事,并在班级上分享。

二、活动展示

1. 请说出 10 个含有十二生肖的成语。

2. 看图猜成语:用图画的形式表现成语,请其他同学来猜。

3. 成语大接龙:给出开头的成语,下面接的人必须接上一个成语的最后一个字(也可以说同音字),接得最多的为胜者。

4. 你演我猜:每组派两人,一人表演一人猜,每个成语可用语言做间接提示,但不能说出这个成语中的任何一个字,限定时间内猜得多者为胜。

示例指导

很多成语来自我国古代的寓言故事和历史故事。如："画蛇添足""狐假虎威""掩耳盗铃""鹬蚌相争""刻舟求剑""杞人忧天""坐井观天""指鹿为马""画龙点睛""杯弓蛇影""草木皆兵""邯郸学步""掩耳盗铃""守株待兔"等都是。例如"邯郸学步"：《庄子·秋水》说：燕国寿陵地方有一个青年，到赵国的国都邯郸去学走路。他没有把本领学到手，反而把自己原来走路的步法也丢掉了，只好用两只手爬着回家。后来用"邯郸学步"比喻模仿别人不到家，反而连自己原有的本领也丢掉了。再如"掩耳盗铃"：《吕氏春秋》有一个故事说：晋国有个人得到了一口大钟，想要把它背走。钟太大，没法背，于是这人就用锤子去把它砸碎，这样钟又轰轰地响起来，这人怕别人听到响声来抢这口大钟，赶忙把自己的耳朵堵起来，以为自己听不见，别人也就听不见了。这个成语比喻骗人者所用的办法非常笨拙，他自己却以为能骗得了人。

有的成语是自西汉末年佛教传入我国以后，才开始广为传播的。佛教对我国的政治、经济、文化、艺术产生了较大影响，于是也就出现了许多来自佛经或与佛教有关的成语。"当头棒喝"就是一个例子。禅宗和尚在接待初学弟子时，常不问情由，即给以一棒，或大喝一声，要他不假思索，立即回答问题，以考验他对佛理领会的程度。此类成语还有"一尘不染""五湖四海""心心相印""想入非非""立地成佛""唯我独尊""借花献佛"等。

相关阅读

1. 《现代汉语成语词典》。
2. 手机成语大全。

语文综合实践活动学习小组评价表

评价项目	评价内容	评价结果		
		优秀	良好	待努力
学习态度	对学习始终抱有极大热情,认真对待,积极参与			
学习方法	找到适合的方法,能与其他小组交换、共享信息,善于请教			
组织合作	分工明确、合理,配合默契			
工作能力	信息筛选、整理、加工			
	多媒体制作			
	成果展示			
	创新			
	沟通协调			
学习反思	最大的收获是什么?活动中有遗憾吗?谈谈此次学习活动的感受吧!			

单元学习小档案

序号	项　目	内　　容	备　　注
1	单元作家谈		
2	单元新字词		
3	成语巧积累		
4	单元找佳句		
5	佳句我来写		
6	单元我最爱		
7	巧用网络搜		
8	单元练习我来出		
9	单元学习小疑问		
10	单元学习来拾趣		
11	意外小收获		
12	学习小建议		
注	1. 佳句我来写：对你所选出的单元佳句进行仿写，创造属于自己的佳句。 2. 单元我最爱：单元学习结束后，选出一篇你最喜欢的文章。 3. 巧用网络搜：查找一篇你喜欢的，并与本单元体裁相同的文章，可以小组内或全班分享。 4. 单元练习我来出：结合本单元的学习内容，为自己出一套单元过关测试题。 5. 单元学习来拾趣：谈谈自己在本单元学习中遇到了哪些有趣的事。		

附　录

应用文写作

一、应用文的定义

国家机关、企事业单位、社会团体以及人民群众在日常工作和生活中办理公私事务时使用的具有传播信息、表述意愿等实用价值和惯用格式的文体。

二、应用文的特点

(1) 内容的实用性。它是人们交流思想、互通情况、解决问题、处理事务的工具。其内容务实,对象具体,要求明确,讲求实效。

(2) 格式的规范性。和其他文体相比,应用文有特别规定的写作格式。不同的文种格式会有所不同。

(3) 表达的简约性。应用文在语言表达上力求简洁。在表达方式上多用说明,也用叙述、议论,抒情、描写用得较少。在语言运用上,应用文贵在精要,要根据事务和文种要求,用精要的语言平实明确地表达。

三、应用文的写作要求

(1) 应用文是为解决具体问题而进行的写作,因此其主题必须单一、明确,读者对主题的理解更不允许多元,而要求理解得同一。主题具有统率作用,依据主题,选择材料,确立文种、表达方式等。

(2) 应用文在选择材料时,必须遵循以下标准:

① 确凿。即真实、准确,是指写进应用文书里的材料,必须做到一真二准,确凿无误,这是应用文书选择材料必须坚持的一条基本原则。

② 切题。是指写进应用文书里的材料,必须有针对性,能紧扣写作主旨,有实用性,能具体显示或说明观点。材料是否切题的实质是观点和材料是否统一的问题,我们应当做到观点统率材料、材料表现观点,材料与观点分离是应用文书写作的大忌。

③ 典型。是指写进应用文书里的材料,应该是深刻地揭示事物的本质,又具有代表性与说服力的材料。典型的材料能以一当十,起到支撑观点的作用。

④ 新颖。是指写进应用文书里的材料必须有强烈的时代感,能够表现客观事物的发展变化趋势,反映客观事物的最新面貌,以及现实生活中人们关心的那些新人、新事、新思想、新成果和新问题。

（3）应用文写作要求有严密的思路，表现在结构上要求清晰有条理。凡文种都有相对稳定的结构样式，即在长期写作实践中形成的比较固定的写作结构。

（4）应用文的语言及表达方式：应用文写作主要采用叙述、说明和议论的表达方式。它的语言与文学创作的语言有较大的差别，其主要特点是：程式性、明确性、平实性、文明性、简要性。

四、常用应用文写作

1. 通知

（1）定义：通知是向特定受文对象告知或转达有关事项或文件，让对象知道或执行的公文。

（2）写作格式：包括标题、称呼、正文、落款。

① 标题：写在第一行居中。可只写"通知"二字，如果事情重要或紧急，也可写"重要通知"或"紧急通知"，以引起注意。有的在"通知"前面写上发通知的单位名称，还有的写上通知的主要内容。

② 称呼：写被通知者的姓名或职称或单位名称。在第二行顶格写。有时，因通知事项简短，内容单一，书写时略去称呼，直接写正文。

③ 正文：另起一行，空两格写正文。正文因内容而异。开会的通知要写清开会的时间、地点、会议的内容，还要写清要求。布置工作的通知，要写清所通知事件的目的、意义以及具体要求和做法。

④ 落款：分两行写在正文右下方，一行署名，一行写日期。

写通知一般采用条款式行文，可以简明扼要，使被通知者能一目了然，便于遵照执行。

（3）通知写作要求：

① 内容明确，措施具体。

② 文字简洁明了，时间、地点、要求等表述准确。

③ 明确通知范围和对象，恰当使用行文格式。

✅ 通知例文

物业公司关于规范代收邮件的通知

尊敬的业主住户：

您好！

为了进一步做好物业公司代收邮件的工作，更是为了广大业主的切身利益着想，我公司从实际情况出发，××公寓项目规模较大，租户较多，在网上购物的人也较多，所以在代收邮件的过程中一定要规范化。

根据对快递行业的了解，将物品送达收件人是快递行业的基本要求，也就是说物

业所做的代收快递只能是在快递人员递送不便或收件人取件不便的情况下所做出的非常规服务。这样的性质应与物业服务公司的基本日常服务区别开来。

目前来说,我公司前台代收的邮件都是和业主的口头协议,并无相关的文字作为依据,这样一来,物业公司承担了风险,在前段时间的代收邮件过程中,有出现物品丢失或损坏、业主长时间不来领取等情况,不仅给我公司工作带来了不便,更是给业主带来了不便,为了让广大业主能够及时收到邮件,便于我公司能更好地服务业主,避免丢件、落件的情况发生,更是为了明确送件方、接收方和物业公司三者的责任,以免在今后的代收邮件过程中产生不必要的纠纷,请广大业主看到通知后,如有需要我公司代收邮件的业主,请于 10 月 15 日前到我公司前台签订《邮件代收委托协议》,谢谢您的配合。

××公寓客服中心
2014 年 10 月 7 日

评析:这是一则告知性通知,主要用于告知事项、传递信息,正文首先交代了发布通知的缘由,其次通知了具体事项,时间、地点、事件交代清晰,语言也简洁明了。

2. 条据

(1) 定义:条据是写条人交给对方的一种书面凭据。

(2) 常见条据格式有如下几种:

① 请假条。格式:先顶格写向谁请假,并在后面写上冒号。再另起一行,开头空两格,写请假人、请假的原因和请假多长时间。最后,在右下方写上请假人的姓名和日期。

✔ 请假条例文

××系主任:

我是今年即将毕业的××专业(1)班的学生,因与××电脑公司预约 6 月 3 日上午面试,为此,3 日上午请假,恳请批准。

　　此致

敬礼

请假人:×××
2014 年 6 月 1 日

② 借条、收条和领条。这是借用或收(领)到钱物时,写给对方作为凭证的条子。格式:第一行,中间写"今借(或收、领)到"。第二行,空两格开始写正文:向谁借(收、领),借(收、领)到什么东西,数量多少。数字要大写。常用大写数字有:壹、贰、叁、肆、伍、陆、柒、捌、玖、拾、佰、仟、万。借条上一般还应写明物品什么时候归还。最后,写上借(收、领)东西人的单位、姓名和借(收、领)东西的日期。

✅借条例文

借　　条

今借到萧明(身份证号码:1234567890)人民币贰万元整,年利率 3.5%,2015年 7 月 3 日前本息一并归还。

特立此据

借款人:张三(身份证号码:0987654321)

2014 年 4 月 3 日

③ 留言条(便条)。这是指找人没有找到,又没有时间等候,只能留给对方一个简短而明了的条据。留言条的格式也分三部分:称呼、正文、署名和日期。称呼要顶格写,条子留给谁就称呼谁。在称呼下一行空两格写正文,简单明了地把要跟对方说的事情写清楚。在正文下面写清楚谁留的条子,并在署名的下一行写清年、月、日。

✅留言条例文

小张:

　　我们单位明天上午特邀健康专家××来做饮食养生报告。现托小王转交入场券一张,欢迎你来听听。

×××

即日

(3) 条据的写作要求:①内容清楚,表达准确;②数字书写要规范;③一文一事。

3. 启事

(1) 定义:启事是机关团体、企事业单位、公民个人有事情需要向公众说明,或者请求有关单位、广大群众帮助时所写的一种说明事项的实用文件。

(2) 写作格式:包括标题、正文、落款。

① 标题:写在第一行居中,可选用文种式标题即"启事"或说明事项内容加文种式标题,如"招生启事""征稿启事""招聘中学教师启事"等。还有一种写明启事单位名称加内容加文种,如"北京显像管厂聘请法律顾问启事"等。

② 正文:在第二行空两格写正文。正文因启事所说明的事项不同而异。总的要求是要说得有条理,清楚明白,简明扼要。正文后可以写上"此启"或"特此启事"的结束语,现在一般启事都不写这些套话了。

③ 落款:在正文后面右下方,写上启事单位名称,如"××公司""××人"。单位名称已写入标题,后边就不必再写了,只写联系地址、电话号码、邮政编码、联系人、年月日。

(3) 启事的写作要求:①标题注明启事的类型;②正文写明启事的目的、事项

等；③语言表达简洁明了；④联系方式不要遗漏。

✔ 启事例文

启　　事

"城市管理大家谈"论坛将于本月 20 日 9 时到 11 时在佛山市传媒大楼演播厅举行，讨论公众如何参与城管工作。现邀请 50 位热心市民参加本论坛，报名截至本月 15 日，查询详情及报名请致电 88118118。

佛山市城市管理委员会

2014 年 12 月 13 日

4. 申请书

(1) 定义：申请书是单位或个人因某种需要，向有关部门提出某种请示的专用书信。

(2) 写作格式：包括标题、称呼、正文、结束语、落款。

① 标题：一般由申请内容和文种名共同构成。如"入团申请书"。题目要在申请书第一行的正中书写，而且字体要稍大。

② 称呼：通常称呼要在标题下空一两行顶格写出接受申请书的单位名称，并在称呼后面加冒号。

③ 正文：先作自我介绍，再写上申请理由、事项。

④ 结束语：一般写上"此致""敬礼"之类表示敬意的话即可。

⑤ 落款：即要署上申请人姓名和成文日期。

(3) 写作要求：申请的事项要写清楚、写具体，涉及的数据要准确无误。理由要充分、合理，实事求是，不能虚夸和杜撰，否则难以得到上级领导的批准。语言要准确、简洁，态度要诚恳、朴实。

✔ 申请书例文

助学贷款申请书

尊敬的中国银行××分理处领导：

我叫××，系××学院××级××专业学生，身份证号码：×××××××××××××××。我来自××省××市一个贫穷落后的山区，一家五口人全部生活费用源自父母微薄的农业收入。由于我是自费生，家里已为我欠下了近万元的债务，近期爷爷奶奶又重病入院，父母已无力支付我的学杂费。为了顺利完成学业，我特向贵行提出申请，希望可以获得国家助学贷款，请求贵行依据国家助学贷款的相关政策及本人的实际情况，贷给我三年的学杂费共计贰万元整。

本人愿意遵守与贵行所签订的贷款合同所有条款并承担相应的法律责任和经济责任，认真履行相关义务，按时缴付利息和到期还本付息，保证按期还清所有贷款。恳请批准我的申请！

此致

敬礼

学生：××

××年×月×日

评析：这是一份因家庭经济困难而向银行写的助学贷款申请书。正文首先介绍自己的基本情况，接着说明申请的理由，继而陈述申请事项，并做出承诺，全文结构完整，条理清晰，语言谦和。

5. 邀请书

(1) 定义：也称为邀请函，是邀请收信人前来参加某项活动的一种应用文书。

(2) 写作格式：包括标题、称呼、正文、结束语和落款。

① 标题：由礼仪活动名称和文种名组成，如"阿里巴巴年终客户答谢会邀请函"。

② 称呼：邀请函的称谓使用"统称"，并在统称前加敬语。如"尊敬的××先生(××女士)"或"尊敬的××总经理(局长)"。

③ 正文：邀请书的正文是指商务礼仪活动主办方正式告知被邀请方举办礼仪活动的缘由、目的、事项及要求，写明礼仪活动的日程安排、时间、地点，并对被邀请方发出得体、诚挚的邀请。

④ 结束语：结尾一般要写常用的邀请惯用语。如"敬请光临""欢迎光临"。

⑤ 落款：写明礼仪活动主办单位的全称和成文日期。

(3) 写作要求：①内容简明清晰；②语言文雅大方。

✔ 邀请书例文

邀 请 函

尊敬的李校长：

您好！我班拟定于 2014 年 11 月 25 日早 8 点在本班(B 座教学楼 403 室)举行"放飞梦想"班会活动。诚邀您出席班会，并恳请您在班会开始时作即席发言。

此致

敬礼！

2015 届高三(8)班班委会

2014 年 11 月 22 日

6. 表扬信

(1) 定义：表扬信是向特定受信者表达对被表扬者优秀品行颂扬之情的一种专用书信。它主要用于作者在日常工作、生活中受益于被表扬者的高尚品行(或被其品行所感动)，特向被表扬者所在单位或其上级领导致信，以期使其受到表彰、奖励，使其精神发扬光大。

（2）写作格式：表扬信通常由标题、称呼、正文、结尾和落款五部分构成

① 标题：一般而言，表扬信标题单独由文种名称"表扬信"组成，位置在第一行正中。

② 称呼：表扬信的称呼语多为能够给予被表扬人以表扬的对象，多为被表扬人所在的单位或新闻媒体机构等。应在开头顶格写，后边加冒号。若直接张贴到某机关、单位、团体的表扬信，开头可不必再写受文单位。

③ 正文：正文的内容要另起一行，空两格写。一般要求写出下列内容。

a. 交代表扬的理由，用概括叙述的语言，重点叙述人物事迹的发生、发展、结果及其意义。叙述要清楚，要突出最本质的方面，要让事实说话，少讲空道理。

b. 指出行为的意义，在叙事的基础上进行评价、议论，赞颂该人所作所为的道德意义。如指出这种行为属于哪种好思想、好风尚、好品德。

④ 结束语：该部分要提出对对方的表扬，或者向对方的单位提出建议，希望对某某给予表扬。如"某某同志的优秀品德值得大家学习，建议予以表扬"。写给本人的表扬信，则应适当谈些"深受感动""值得我们学习"等方面的内容。并要求在结尾处写上"此致敬礼"等结束用语。但"此致""祝""谨表""向你"等字写在末尾，或另起一行前空两格，其余的字要另起一行顶格写。

⑤ 落款：应写明发文单位名称或个人姓名，并在右下方注明成文日期。

（3）表扬信的写作要求：①表扬的事实要清楚，这是表扬的基础；②表扬要恰如其分，要与事迹相称；③语言要热情简朴，条理要清楚。

📋 表扬信例文

表 扬 信

××出租汽车公司：

5月3日下午，我公司业务员××乘坐贵公司出租车，下车时不慎将皮包遗落在车内。内有人民币1万余元、身份证一个、护照一本、空白支票三张及各种票据若干张。在我们焦急万分之时，贵公司司机×××先生主动将捡到的皮包送至我公司，使我公司避免了一次重大损失。为此，我们再三表示感谢并拿出部分现金作为酬谢，但×××先生却说："这是我应当做的。"坚决不接受。

×××先生这种拾金不昧的高尚品德，使我们公司的员工深受感动，纷纷表示要向×××先生学习，同时也希望贵公司对×××先生的高尚行为予以表扬。

此致

敬礼！

××公司

×年×月×日

评析：这封表扬信首先概括被表扬者的事迹，而后对被表扬者进行评价，同时表明向被表扬者学习的态度,并向其所在单位提出了给予表扬的希望。全文格式完整,内容明确,语言简洁,感情诚挚。

7. 感谢信

(1) 定义:感谢信是集体单位或个人对关心、帮助、支持本单位或个人表示衷心感谢的专用书信。

(2) 写作格式:一般由标题、称呼、正文、结束语、落款五部分构成。

① 标题:可只写"感谢信"三字;也可加上感谢对象,如"致平安物业公司的感谢信";还可再加上感谢者,如"赵明康全家致××社区居委会的感谢信"。

② 称呼:写感谢对象的单位名称或个人姓名。

③ 正文:主要写两层意思,一是写感谢对方的理由,即"为什么感谢";二是直接表达感谢之意。

④ 结束语:一般用"此致敬礼"或"再次表示诚挚的感谢"之类的话结束,也可自然结束正文,不写结束语。

⑤ 落款:写感谢者的单位名称或个人姓名和写信的时间。

(3) 感谢信的写作要求:①感谢的事项必须真实准确,时间、地点、人物、事件要交代清楚;②赞扬与评价要恰如其分,不可滥用溢美之词;③感激之情要真挚,态度要诚恳。

☑感谢信例文

李连杰致广大网友的感谢信

诸位网友:

我是李连杰,在四川灾区向大家汇报工作。

首先,请让我们对在此次灾难中受难的群众表示沉重的哀悼。其次,请允许我代表壹基金及受到帮助的灾区人民感谢你们,请允许我代表壹基金的所有义工感谢你们。

在你们的大力支持下,在 2 亿多网友的大力支持下,在各家爱心平台、公司的大力支持下,壹基金的赈灾工作进展顺利,并已建立起独立、高效的赈灾通道。

5 月 12 日当晚,壹基金立即调拨了 100 万元善款购置救灾物资;当晚,壹基金还联手各爱心公司,通过第三方平台支付宝,共同发起网络救助活动,希望"早一点到达,多一份希望"。

从 5 月 12 日到 20 日,壹基金一直冲在灾区前线。17 日,我也赶赴四川加入这一行列。5 月 21 日,壹基金成立"5·12四川地震赈灾指挥部",这标志着壹基金此次赈灾转入长期持续的灾后重建阶段。近期会先在江油等地建立壹基金之家,帮助 130 多所学校的学生复课。而壹基金灾后重建的重点将帮助受灾的老人、孤儿和残障人士。

这是壹基金首次成立实体进行自然灾难救助,但我们非常有信心,坚信自己能够在灾后重建中尽一份自己的绵薄之力。

因为我们不孤独。在前线拼搏的我们,有你们在后方的坚定支持,有2亿多网友在后方的支持,有各家爱心平台、公司的支持。

我的同事告诉我,截至5月21日12时,此次壹基金已获捐款5654.57万元,有超过66万人次参与捐款,其中网络及个人的捐款高达4223.38万元。

淘宝网公司的朋友告诉我,从淘宝网通道捐赠的1900多万元就有诸多爱心网站网友的大力支持,比如天涯,比如搜狐,比如阿里巴巴集团的其他子公司。大家携起手来,各擅其长,创造了中国网络赈灾的奇迹。

壹基金将会继续秉承对每一位捐款人负责的态度,定期向社会公布善款使用报告,不辜负每一颗爱心。此次赈灾善款的使用,将特别邀请德勤会计师事务所全程监控、审计。

请允许我再次替获得壹基金帮助的灾区人民感谢你们。预祝我们灾后重建每天有进展。

壹基金:李连杰
2008年6月5日

评析:这是一份个人给网友群体的感谢信,文章首先表达谢意,接着说明感谢的原因:数十万网友为四川灾区向壹基金捐款数千万元,这是对灾区人民的帮助,是对壹基金的信任,作者对救灾及善款的使用作了简要的说明,表达了"不辜负每一颗爱心"的决心,最后再次表达谢意。全文语言朴实,感情真挚,结构完整,条理清晰。

8. 说明书

(1) 定义:说明书是关于物品的用途、规格、性能和使用方法等的文字说明。

(2) 写作格式:商品说明书一般包括:标题、正文、落款三部分。

① 标题:有两种:一种是只写文种,如"使用说明书";另一种是商品名称加文种,如"美的洗衣机使用说明书"。

② 正文。

a. 开头:主要写商品概况,包括名称、规格、产地、厂名等。(也可略写)

b. 主体:这是商品说明书的主要部分,详细介绍商品有关知识。包括:商品的成分、原料、制作方法;商品的性能、特点;商品的用途或适用范围;商品的使用方法和注意事项;商品的保养、维修、"三包"等。有的产品说明书还会配以图表,甚至以动态音像画面来说明产品的性能。

c. 结尾:写一些开头、主体未包括进去的内容,如运输、保存等方面的禁忌,有效期限,到什么地方选购等;也可不写结尾。

③ 落款:厂名、厂址、传真、电话号码等。

(3) 写作要求如下。

① 讲究科学性,说明书的内容要符合实际情况,不能出现知识性的错误。

② 全面说明事物,不仅要介绍产品的优点,还要说清楚注意事项和可能产生的问题。

③ 抓住重点,突出特点,并运用恰当的说明顺序。

④ 在表达上注意通俗性、条理性,不要滥用科学术语和行业用语。

说明书例文

香雪牌抗病毒口服液使用说明书

本品系以板蓝根、藿香、连翘、芦根、生地、郁金等中药为原料,用科学方法精心研制而成。是实施新药审批法以来通过的第一个用于治疗病毒性疾患的纯中药新药。

本品经中山医科大学附属第一医院、第一军医大学南方医院和广州市第二人民医院等单位严格的临床验证,证明对治疗上呼吸道炎、支气管炎、流行性出血性结膜炎(红眼病)、腮腺炎等病毒性疾患有显著疗效,总有效率达 91.27%。其中,对流行性出血性结膜炎(红眼病)和经病毒分离阳性的上呼吸道炎疗效均为 100%,并有明显缩短病程的作用。

本品疗效确切,服用安全、方便,尤其适用于儿童患者,是治疗病毒性疾病的理想药物。

[性状]本品为棕红色液体,味辛,微苦。

[功能与主治]抗病毒药。功效清热祛湿、凉血解毒,用于治疗风热感冒、瘟病发热及上呼吸道感染、流感、腮腺炎等病毒感染疾患。

[用法与用量]口服,一次 10mL,一日 2~3 次,宜饭后服用,小儿酌减。

[注意事项]临床症状较重,病程较长或合并有细菌感染的患者应加服其他治疗药物。

[规格]每支 10mL。

[贮藏]置阴凉处保存。

9. 欢迎词、欢送词和答谢词

(1)适用范围。欢迎词、欢送词和答谢词,都是在社交公关中迎送宾客或集会时表示礼仪的讲话稿。欢迎词是在欢迎客人的酒会、宴会及其他仪式上,或在会议开始时,主人对宾客或会议代表的到来表示欢迎的讲话稿。欢送词是在为客人举行的告别酒会、宴会及其他仪式上,或在会议结束时,主人对宾客或会议代表的离去表示欢送的讲话稿。答谢词是客人在欢迎或告别仪式上,对主人的盛情款待表示谢意的讲话稿。

(2)作用。在宾主之间制造一种和谐融洽的气氛,交流感情,增进了解,从而促成一种相互尊重、以诚相待的氛围,进而达到促进国际及国内各地区、各行业、各单位之间的友好往来、经济合作的目的。

(3)写作格式。欢迎词、欢送词和答谢词的结构和写法基本相同,一般都由以下几部分组成。

① 标题。有两种形式：一种是只写文种；另一种则是由致词人姓名(有时还加其职务)、会议(或仪式)名称、文种三部分构成，这种标题使用较普遍。

② 称呼。其共同特点是要用尊称，具体使用哪些敬辞，要因人而异，可根据不同的对象恰当选择。

③ 正文。

a. 开头部分一般要写出致词人以什么身份、代表何人或何单位、向谁表示欢迎或欢送或感谢，用以表达致词人的感情。

b. 欢迎词的主体部分，应该简单回顾双方以往的友好往来、传统友谊及其影响、意义，赞扬对方为此做出的努力，对双方关系的进一步发展提出良好的祝愿。如果是欢迎会议代表，则要概述当前的政治、经济形势以及与会议有关的社会背景，召开会议的意义，对这次会议的希望等。

c. 欢送词的主体部分，要对客人来访期间所取得的成就，包括为双方的友好交往或经济合作作出的贡献，表示肯定和祝贺，说明这次来访的意义及将要产生的影响。欢送会议代表，要对会议的圆满结束表示祝贺，对代表们的辛勤工作表示慰问，预示会议将起到的作用和将产生的影响等。

d. 答谢词的主体部分，首先应感谢主人的盛情接待，回顾此期间内双方愉快的会议，成功的合作；其次赞扬主人为发展双方的友谊或合作作出的贡献；还要肯定这次来访或会议的成功及其意义、影响；提出自己的希望等。

④ 结尾。通常是一两句表示祝愿的话。

（4）写作要求及注意事项：①要热情而有礼貌，体现出真情实感；②要善于巧妙地表达自己的原则立场；③要尊重对方的风俗习惯、宗教信仰等，不讲对方忌讳的内容；④语言要精练、明快，语气要热情、友好，篇幅要简短适当。

☑ 欢迎词例文

女士们、先生们，朋友们：

值此×××厂 30 周年厂庆之际，请允许我代表×××厂，并以我个人的名义，向远道而来的朋友们表示热烈的欢迎！

朋友们不顾路途遥远，专程前来贺喜并洽谈贸易合作事宜，为我厂 30 周年厂庆增添了一份热烈和祥和。我由衷地感到高兴，并对朋友们为增进双方友好关系所做出的努力表示诚挚的谢意！

今天在座的各位朋友中，有许多是我们的老朋友，我们之间有着良好的合作关系。我厂建厂 30 年能取得今天的成绩，离不开老朋友们的真诚合作和大力支持。对此，我们表示由衷的钦佩和感谢。同时，我们也为能有幸结识来自全国各地的新朋友感到十分高兴。在此，我谨再次向新朋友们表示热烈欢迎，并希望能与大家密切协作,发展相互间的友好合作关系。

"有朋自远方来,不亦乐乎"。在此新朋老友相会之际,我提议:

为今后我们之间的进一步合作,

为我们之间日益增进的友谊,

为朋友们的健康幸福,

干杯!

10. 海报

(1)海报的概念和特点。海报是在一定范围内向公众报道或介绍有关戏剧、电影、比赛、报告会、展销等消息的一种招贴式应用文。海报的名称最早出现于上海。那时,人们习惯把职业性的戏剧表演界叫作"海",而把那些从事职业戏剧表演的人称为"下海",那些作为演出剧目信息的招贴就被叫作"海报"。海报具有张贴性、宣传性和灵活性的特点。

(2)海报的写作与创意。海报的告知性和宣传性,以及海报文体的特殊形式,决定了海报的整体创意必须在一瞬间留给人们强烈的印象,"一见钟情"地了解海报的全部内容,这要求海报既重宣传又重美感。

① 海报的写作。海报写作的内容和结构基本包括:标题、正文、结语、落款四部分,以及整体创意和美术设计。海报的美术设计,形式灵活多样,讲究新颖独特。

a. 标题。海报的标题相当关键,这是海报的主题和内容的焦点。有两种形式:一种形式是直接采用"海报"做标题;另一种形式是根据活动内容拟定标题,适当使用修辞手法可以突出海报的效果,比如"奇异的世界——海洋生物展览"。

标题必须醒目、简洁、新颖。设计时要在字体的大小、颜色和形式上下功夫。

b. 正文。正文部分因海报的种类不同而不同。可以有这样两项内容:

第一,必备内容。明确活动名称、种类(电影、报告、比赛等)。简要交代活动具体情况。比如,比赛的是什么球队;演出的是什么剧种;报告会的内容和报告人;展览的主题和内容等。

第二,辅助内容。交代举行活动的时间、地点、票价等。时间、地点要写得明白具体,准确清楚,切忌写出大概范围,比如,报告会只写×日而不写具体时间,地点只写大概位置而不写准确地点,必要时还要标出乘车路线。票价也要明确标出。有的海报还有一些说明性文字。

正文部分的文字可根据版面的大小设计格式和字体以及文字位置。以清晰、美观为标准。

c. 结束语。海报可以有结束语,在正文之后另起一行,书写"欢迎参加""机不可失"等,也可没有。

d. 落款。结语之后另起一行靠右下角写落款部分:举办单位名称;在名称下

面一行,右下角书写海报的张贴日期。

②海报的整体创意与美术设计。

整体创意和美术设计在海报这种招贴式的应用文中越来越受到重视。比如电影海报,它就像影片的"名片",它以影片最精彩的镜头,配以最美的广告语言加以推介,同时具有艺术性和文化特征。电影海报作为电影的一种衍生品,必将带给人们更多的经典回味。电影是流动艺术,而电影海报是凝固艺术,一幅海报往往浓缩了一部电影的精华,欣赏海报就是欣赏艺术品。两者互相补充,带给观众完整的艺术体验。

✔ 海报例文

体育海报

足球友谊赛

大学生足球队——解放军足球队

对抗激烈 扣人心弦

时间:9 月 15 日 15 时

地点:八一体育馆

门票:五元

×××市体育局

2014 年 9 月 10 日

后　记

　　本书收入了大量的优秀文章,我们在编写过程中,与这些文章的作者进行了广泛的联系,得到了他们的大力支持和帮助,在此特地表示衷心的感谢! 但是由于种种原因,仍有部分作者未能联系上,还请这些文章的作者与我们联系,以便及时沟通,支付稿酬。

　　非常感谢!

联 系 人:刘彦
联系电话:广东省广州市新滘西路 15 号广州市旅游商务职业学校
邮　　编:510280
电　　话:02084342575